古籍保护研究

《古籍保护研究》编委会 编

第四辑

中原出版传媒集团
中原传媒股份公司
大象出版社
·郑州·

图书在版编目(CIP)数据

古籍保护研究. 第四辑 /《古籍保护研究》编委会编. — 郑州：大象出版社, 2019.12
ISBN 978-7-5711-0482-5

Ⅰ.①古… Ⅱ.①古… Ⅲ.①古籍-图书保护-中国-文集 Ⅳ.①G253.6-53

中国版本图书馆 CIP 数据核字(2019)第 282238 号

古籍保护研究(第四辑)
GUJI BAOHU YANJIU(DI-SI JI)
《古籍保护研究》编委会 编

出 版 人	王刘纯
责任编辑	吴韶明
责任校对	安德华　万冬辉
装帧设计	付锬锬

出版发行	大象出版社(郑州市郑东新区祥盛街 27 号　邮政编码 450016)
	发行科　0371-63863551　总编室　0371-65597936
网　　址	www.daxiang.cn
印　　刷	郑州新海岸电脑彩色制印有限公司
经　　销	各地新华书店经销
开　　本	720 mm×1020 mm　1/16
印　　张	13
字　　数	225 千字
版　　次	2019 年 12 月第 1 版　2019 年 12 月第 1 次印刷
定　　价	46.00 元

若发现印、装质量问题，影响阅读，请与承印厂联系调换。
印厂地址　郑州市鼎尚街 15 号
邮政编码　450002　　　　电话　0371-67358093

国家古籍保护中心主办
天津师范大学古籍保护研究院承办

编辑委员会

顾　　　问：李致忠　刘惠平　安平秋　顾　青
　　　　　　史金波　杨玉良　王余光　程焕文
　　　　　　郑杰文　李　培　王刘纯　沈　津
　　　　　　艾思仁（美）

主　　　任：饶　权　高玉葆
副　主　任：张志清　钟英华
编　　　委：陈红彦　王红蕾　杜伟生　接　励
　　　　　　顾　钢　黄显功　杨光辉　林　明
　　　　　　刘家真　孔庆茂　陈　立　刘　强
　　　　　　朱本军　吴晓云　刘心明　韦　力

主　　　编：饶　权　钟英华
常务副主编：张志清　姚伯岳
副　主　编：林世田　李国庆
编辑部主任：王振良
编　　　辑：周余姣　凌一鸣　王鸶嘉　付　莉
　　　　　　强　华　胡艳杰
编　　　务：李　理

目　录

古籍保护综述

近年来我国古籍保护工作的探索与实践
　　——在中国古籍保护协会 2019 年度理事会辅导讲座上的主题报告
………………………………………………………………… 周和平　001

"中华古籍普查文化志愿服务行动"的收获与启示 ………… 刘惠平　015

探索与交流

关于在高等教育学科专业目录中增设"文化遗产保护"学科门类的建议和设想 …………………………………………………………… 姚伯岳　033

历史与人物

王重民先生 1939—1949 年的古籍保护实践 ……………… 向　辉　043
国家图书馆藏《永乐大典》的旧藏印和旧藏家 …………… 赵爱学　055

版本与鉴定

明中期苏州新型版刻风格起因考 …………………………… 李开升　065

河南博物院藏《佛母大孔雀明王经》来源及时代考述 ········· 崔晓琳 072
孔子博物馆藏《乾隆御定石经》初拓本的论证及价值 ········· 王 沛 080

保藏与修复

古籍写印材料的保护与修复：传统与现代 ················ 刘家真 091
十年来中国古籍书库研究情况概述 ····················· 刘 繁 100
从"非遗"手工纸的现状看古籍修复用纸的选购 ············ 汪 帆 109
古代地图的特性与修复案例分析
　　——以北京大学图书馆藏舆图修复为例 ··············· 吴晓云 116

再生与传播

我国古籍文创产品开发现状调研报告
　　——以古籍元素研发的实体文创为中心
　　　············ 赵大莹　曹菁菁　朱默迪　朱婷婷　孟 月　孟 化 133

书评与书话

收束与发端
　　——刘家真著《古籍保护原理与方法》平议 ············ 凌一鸣 173
《海峡两岸中华古籍保护论著提要（2011—2015）》说略 ··· 王永华 181

研究生园地

"黄装"技艺流程浅探 ······························· 王雪华 189

编后记 ·· 王振良 195

CONTENTS

1. Recent Exploration and Practice of Ancient Book Preservation and Conservation in China—The Keynote Speech at the Lecture held by Ancient Book Preservation and Conservation Association of China in 2019 ·············· Zhou Heping 001

2. The Achievement and Inspiration of the Cultural Volunteer Project of the Chinese Ancient Book Survey ···················· Liu Huiping 015

3. A Proposal on Adding "Cultural Heritage Preservation and Conservation" as a Discipline to the Specialty Catalogue of Higher Education ·········· Yao Boyue 033

4. Wang Zhongmin's Practice of the Rare Books Preservation in 1939-1949 ··· ·· Xiang Hui 043

5. The Ancient Collectors and Their Seals on *The Yongle Encyclopedia* Collected in the National Library of China ···················· Zhao Aixue 055

6. A Study on the Origin of the New Style of Engraving in Suzhou in the Mid-Ming Dynasty ·· Li Kaisheng 065

7. On the Origin and the Production Time of *The Mahamayuri Vidyarajni Sutra* Collected in Henan Museum ···················· Cui Xiaolin 072

8. The Demonstration and Value of Confucius Museum's Stone Classics of *Qianlong Reign Initial Rubbing* ·················· Wang Pei 080

9. Preservation and Restoration of Writing and Printing Materials of Rare Books: Tradition vs. Modernity ·················· Liu Jiazhen 091

10. A Review of the Research on Ancient Book Stacks in China Since 2007 ·················· Liu Fan 100

11. A Study on Selection and Purchase of Paper for Restoration of Ancient Books from the Present Situation of "Intangible cultural heritage" Handmade Paper ·················· Wang Fan 109

12. The Characteristics of Ancient Maps and A Case Study of Map Restoration in Peking University Library ·················· Wu Xiaoyun 116

13. A Current Survey Report of the Develoment of Cultural and Creative Products in China: Based on the Elementns of Ancient Books ··················
    Zhao Daying, Cao Jingjing, Zhu Modi, Zhu Tingting, Meng Yue, Meng Hua 133

14. An Enlightening Summary and Generalization: A Review on Liu Jiazheng's *Conservation Methods and Principles for Ancient Chinese Books* ·················· Ling Yiming 173

15. A Brief Introduction of *The Abstracts of Research Papers and Works on the Protection and Conservation of Ancient Chinese Books Published in the Mainland and Taiwan (2011-2015)* ·················· Wang Yonghua 181

16. An Preliminary Analysis of Huang Pilie's Technique of Book Decoration ·················· Wang Xuehua 189

近年来我国古籍保护工作的探索与实践

——在中国古籍保护协会2019年度理事会辅导讲座上的主题报告

Recent Exploration and Practice of Ancient Book Preservation and Conservation in China—The Keynote Speech at the Lecture held by Ancient Book Preservation and Conservation Association of China in 2019

周和平

摘　要：古籍是中华民族文化传承的重要渠道之一，古籍保护工作是党和政府长期给与高度重视的一项事业。自2007年"中华古籍保护计划"实施以来，中国古籍保护事业取得了显著的成绩。但是我国的古籍保护工作仍然处于开始阶段，还存在一些突出的问题亟待解决。今后应当在做好基础工作的前提下，在各方面予以创新与突破，以期使古籍能够真正活在当代，传之久远。

关键词：古籍保护；中华古籍保护计划；文化传承

中华文明博大精深，源远流长，是世界上唯一未曾中断的文明，具有举世公认的重要地位和影响。中华民族文化传承有三个渠道：第一个是物质形态的文物；第二个是非物质文化遗产；第三个是古籍，也是更为重要的一个渠道。中华民族不同于其他民族的一个重要标志和特质就是用文字记载历史，从而使中华民族屹立于世界民族之林，这是我们文化自信的基石。

第一种形态是物质形态的文物，如经文物发掘确认的河姆渡文化，距今至少有7000年的历史。第二种形态是活态传承的非物质文化遗产。所谓非物质文化遗产是各族人民创造并世代相承，与人们生产、生活活动密切相关的各种传统文化表现形式，它活在当代，植根于祖先。我国的非遗保护工作在社会上引起了巨大反响，已成为继承和弘扬中华民族传统文化的重要组成部分。第三种形态更为重要,即古籍文献。在甲骨文之前,中国还发现过一些不构成文字形态的符号。在河南安阳小屯村发现的殷商时期的甲骨文距今3300年,目前有十几万片的甲骨分藏于国内外各机构。以后又陆续出现了竹木简、帛书、纸书等典籍,这些典籍准确记载了大量中华民族文化形态和民族发展历史,是中华民族特有的精神价值、思维方式和想象力、创造力,是中华民族绵延不断、一脉相承的历史见证,也是人类文明的瑰宝。因此,做好古籍保护工作意义重大。

尽管我国古籍浩如烟海,但由于历史久远,又因朝代更迭、战争、自然灾害等各种原因,很多古籍不断遭到了破坏,留存至今的古籍万不存一。中华人民共和国成立以来,党和政府高度重视古籍保护,为保护古籍做了大量工作,特别是改革开放以来,我国古籍保护工作取得了显著成绩。但是,我国古籍保护还存在很多问题,如古籍底数不清,部分古籍破损严重,古籍保护和修复人才匮乏,有的珍贵古籍面临失传危险,还有大量的珍贵古籍流失海外等,古籍保护工作亟待加强。为加强古籍保护工作,2007年1月19日,国务院办公厅发布了《国务院办公厅关于进一步加强古籍保护工作的意见》(国办发〔2007〕6号)(以下简称《意见》),正式实施"中华古籍保护计划"。同时,建立了由文化部(现文化和旅游部)牵头,国家发展和改革委员会等十部委共同组成的全国古籍保护工作部际联席会议,负责全国古籍保护工作的组织协调、指导推动和督促检查。"中华古籍保护计划"是中华人民共和国成立以来,第一次由中央政府全面部署和领导的古籍保护工作,具有划时代的意义。根据《意见》精神,并经中央编办批准,在国家图书馆挂牌成立国家古籍保护中心,担负全国古籍保护业务指导中心、培训中心和研究中心的职责;组建全国古籍保护工作专家委员会,为计划实施提供智力支持。全国各省、自治区、直辖市也相继建立了省级古籍保护工作厅际联席会议、省级古籍保护中心和专家委员会。为调动社会力量参与古籍保护工作,2015年,由国家古籍保护中心和国内古籍保护专家发起,成立了全国古籍保护的社会组织中国古籍保护协会。一个由国家统筹领导,各级各类古籍存藏机构及古籍工作者协调合作,社会各界共同支持和参与的全国古籍保护工作格局逐步完善,为古籍保护工作提供了坚实的组织保障。

《意见》对古籍保护工作的开展发挥了重要的作用,充分调动了各地积极性,全国古籍保护工作围绕"保护为主、抢救第一、合理利用、加强管理"的总方针,在中央和地方各级财政的大力支持下,在全国古籍保护工作部际联席会议的正确领导下,经过全国古籍保护工作者的不懈努力,古籍保护在完善机制、古籍普查、人才培养、科学修复、整理研究、数字出版、保护宣传等方面取得了重要进展。

2017年5月31日,文化部简报第43期编发题为《"中华古籍保护计划"实施十周年成效显著》的文章,引起中央领导重视并做出重要批示,对"中华古籍保护计划"实施十年来的工作成绩予以充分肯定和高度评价。

一、近些年我国古籍保护的主要工作

(一)全面开展古籍普查

为摸清家底,建立国家登记制度,2007年按照国务院文件部署,文化部颁布了《文化部关于印发〈全国古籍普查工作方案〉等文件的通知》(文社图发批〔2007〕31号),古籍普查登记试点工作正式启动。鉴于古籍种类多、载体多、版本复杂,且收藏单位分散,国家古籍保护中心先后制定了古籍普查登记规范,研制古籍普查平台并在全国推广使用,并根据工作实际避繁就简,最终形成便于操作又能明确描述古籍的著录标准。结合几年的实践探索,2011年国家古籍保护中心确立了普查古籍、出版目录、编纂《中华古籍总目》(分省卷)三步走的方式,开始全面推进古籍普查登记工作,并实现与可移动文物普查对接,共享成果。基本完成古籍普查工作是《"十三五"时期全国古籍保护工作规划》的明确要求,是全国古籍保护重中之重的工作。截至目前,全国古籍普查登记工作已累计完成260余万条另14500函,占预计古籍总量的80%以上,全国24个省份基本完成汉文古籍普查工作;共2315家单位完成古籍普查登记工作,占预计单位总量的78%以上;累计出版225家收藏单位的《全国古籍普查登记目录》共计68部111册779220条款目;"全国古籍普查登记基本数据库"累计发布169家单位数据672467条。

从2015年至2018年,中国古籍保护协会连续4年组织开展"中华古籍普查文化志愿服务行动",来自全国130所高校的759名大学生志愿者与百余名图书馆业务骨干,深入全国15个省份158家基层古籍公藏单位开展古籍普查,完成整理编目登记古籍120余万册(件),有力地促进了全国古籍普查工作。

目前,在古籍普查登记基础上,已陆续启动《中华古籍总目》国图卷、天津卷、水文卷等编纂工作。

(二)建立《国家珍贵古籍名录》

《意见》明确要求"建立《国家珍贵古籍名录》,逐步形成完善的古籍保护制度"。为发挥各级政府对古籍保护的彰显作用,以引起全社会对珍贵古籍的重视,《国家珍贵古籍名录》由国务院公布、文化部颁发证书,对入选的每部古籍颁发"身份证"。截至目前,国务院已先后公布五批《国家珍贵古籍名录》,收录古籍 12274 部;20 个省区建立《省级珍贵古籍名录》,收录古籍 24790 部;有的地市也相继建立市级珍贵古籍名录。各地对入选名录的古籍加大了保护力度,配备函套、书盒,完善保护措施,名录制度的建立有效发挥了政府对古籍保护的彰显作用。

(三)命名全国古籍重点保护单位

《意见》明确要求"改善古籍保管条件,命名全国古籍重点保护单位",对古籍收藏量大、善本多、具备一定保护条件的单位,经国务院批准,命名为"全国古籍重点保护单位",并作为财政投入和保护的重点。截至目前,国务院已命名五批 180 家"全国古籍重点保护单位",19 个省份命名 243 家"省级古籍重点保护单位"。通过评审和命名,政府加大了对古籍保护的投入,推动各单位根据《图书馆古籍书库基本要求》等国家标准新建或改建古籍库房,完善库房管理制度,带动全国 1000 余家古籍收藏单位不同程度地改善库房条件,配备古籍保护专门设施设备,使超过 2000 万册(件)古籍得到妥善保护。

(四)加强原生性保护

2010 年,文化部命名 12 家"国家级古籍修复中心",修复场所总面积约 7250 平方米;带动全国各级各类古籍存藏机构建立专业古籍修复室 247 个,总面积超过 1.6 万平方米。国家级古籍修复中心充分发挥辐射带动作用,组织开展国家图书馆藏"天禄琳琅"清宫珍籍、山西省国家珍贵古籍、云南"纳格拉洞藏经"、陕西图书馆《古今图书集成》等大型古籍修复项目,累计修复古籍超过 330 余万页。

为使古籍修复技艺得到传承,"古籍修复技艺"被列入"国家级非物质文化遗产名录",杜伟生等二人还被确定为国家级非物质文化遗产项目代表性传承人。部分省份也设立了省级传承人,古籍修复技艺传承体系逐步建立。国家图书馆、天津图书馆、山东省图书馆、宁波市天一阁博物馆、南京图书馆、云南省图书馆、上海图书馆、浙江图书馆等 8 家"国家级古籍修复中心"已陆续获得国家可移动文物修复资质。

2007 年建成的国家图书馆古籍保护实验室,在古籍修复用纸、古籍文献装具、古籍库房环境、脱酸以及古籍文献材料的性能和老化等问题的研究上均达到或接近国际先进水平,被认定为古籍保护科技文化和旅游部重点实验室。

(五)加大再生性保护力度

《意见》要求"在保护古籍的同时,应加强利用,采用数字化和整理再造等方式,使珍稀古籍化身千百,服务社会",明确提出要利用科学技术作为古籍保护和古籍传承的重要渠道。古籍数字化作为保护与传承珍贵古籍的重要手段之一,可以真实、清晰地反映古籍原貌,借助互联网等媒介提供大众使用,极大地促进了古籍传播,开创了古籍服务的新模式。古籍原件可以得到长期保存和更妥善的保护,有效解决了古籍保护和利用的矛盾。古籍数字化不仅是解决古籍保护与利用问题的有效手段,也是建设国家文献战略储备库、保障我国文化安全的一项重要基础工程。截至目前,"中华古籍资源库"发布资源总量超过 3.2 万部,国家图书馆超过三分之二的善本古籍实现了在线阅览,相当于 8 部《四库全书》的规模;带动全国 21 家古籍收藏单位共同发布资源 1.7 万部。截至目前,全国累计在线发布古籍资源已超过 6.5 万部,使古籍中蕴藏的文化得到了更有效和更广泛的传播。

(六)开展古籍整理与出版

在古籍整理出版等再生性保护方面,先后规划和实施《中华再造善本》《中华再造善本续编》《中华医藏》《中华续道藏》《中国古籍珍本丛刊》《国学典籍基本丛刊》《稀见方志丛刊》《孔子博物馆藏孔府档案汇编》等多个古籍整理项目。2014 年 12 月 20 日,习近平主席在澳门大学考察时向该校赠送了由国家图书馆组织仿真影印的《永乐大典》和《北京大学图书馆藏稀见方志丛刊》,并指出阅读中华文化典籍开卷有益,传递的是正能量。

《中华再造善本》以"继绝存真,传本扬学"为宗旨,影印出版各类古籍善本 1341 种 2377 函 13395 册另 5 轴,先后入藏国家图书馆、31 家省级图书馆、100 所高等院校以及国内外学术机构,赢得学界广泛好评。《中华再造善本》精选重要和珍贵的古籍版本,扩大了古籍收藏范围,增加了珍贵古籍的保护渠道。2011 年 8 月 18 日,在香港访问的中共中央政治局常委李克强同志出席香港大学百年校庆典礼,向香港大学赠送一套《中华再造善本》,各界反响良好。

(七)加强古籍保护队伍建设

人才队伍是事业成功的保证。人才匮乏是制约古籍保护工作的一个瓶颈。从事古籍保护工作,需要古籍版本专家、古籍保护科学家、古籍保护修复专家、文献研究学者、古籍保护管理者、古籍保护一线业务工作者和社会志愿者形成合力,因此既要培养高素质的专业人才队伍,又要建立一支热心的志愿者队伍。

针对这个问题,"中华古籍保护计划"将专业人才队伍建设作为首要任务,通过多种渠道开展人才培养工作,探索出一条培训基地、高等院校、传习所"三位一体"的古籍保护人才培养之路,在全国建立 12 家"国家古籍保护人才培训基地"和 1 家"国家级古籍修复技艺传习中心"(附设 25 家国家级古籍修复技艺传习所),传习导师 19 位,收徒 223 人。举办古籍保护各类培训班 199 期,培训学员

9737人次,涵盖全国1900余家古籍收藏单位。

古籍保护学科体系建设取得重要突破,联合高校培养古籍保护专业人才成效显著。目前,中国社科院研究生院、中山大学、复旦大学、天津师范大学已累计招收古籍保护专业硕士研究生126人。复旦大学已经成功申办古籍保护一级学科,并成功申请古籍保护博士学位点。复旦大学、天津师范大学建立了古籍保护研究院。

(八)开展海外古籍的调查与合作

存世的中华文献典籍,还有数以百万册留存于海外,不仅数量多,还有相当一部分是存世孤本,有较高的文献价值与文物价值。但是,海外古籍的流布和存藏情况至今并没有全面掌握,只有全面了解存藏情况才能开展有效的合作和各种形式的回归。因此,了解海外古籍存藏情况非常必要。

国家古籍保护中心积极利用影印、缩微、数字化等方式复制海外中华古籍,推进海外中华珍贵古籍文献的调查摸底。2016年,启动建设"海外中华古籍书目数据库",累计收录包括美国、加拿大、西班牙、日本等十余个国家和地区的书目信息72.6万条(含子目);启动《日本藏中国古籍总目》《韩国藏中国古籍总目》编纂出版项目;法国国家图书馆藏全部敦煌写本数字资源实现回归并在线发布,在海内外中国学研究领域产生重大影响;开展海外藏《永乐大典》数字化回归工作,现累计出版海外藏《永乐大典》57册;推动《海外中华古籍珍本丛刊》《海外中华古籍书目书志丛刊》等出版项目,《美国哈佛大学哈佛燕京图书馆藏善本方志书志》《哈佛燕京图书馆藏稀见方志丛刊》《哈佛燕京图书馆藏古籍珍本丛刊·史部》《美国埃默里大学神学院图书馆藏中文古籍目录》等正式出版。

2014年,北京大学斥资18亿日元(约合人民币1.1亿元)从日本大仓集古馆购得"大仓文库"古籍,共有931种28143册,具有很高的文物价值和文献价值,其中文津阁《四库全书》抽出本,被专家鉴定为存世孤本。这是近年来我国首次大批量回购留存于海外的典籍。

2018年6月26日,日本永青文库36部4175册汉籍入藏国家图书馆,成为海外中华古籍实体回归的重要成果,书写了新时代中日友好交往新的佳话。这次捐赠是中华人民共和国成立以来日本友人向中国捐赠汉籍数量最多的一次,是重要的海外中华古籍实体回归成果。目前,围绕捐赠汉籍的阅览服务、数字化、影印出版等相关工作正在展开。

另外,2018年山东大学组织开展的"全球汉籍合璧工程"作为国家重大工程纳入"中华古籍保护计划",该工程的主要任务是对世界各地存藏的中华古文献资源进行调查摸底；对境外存藏、国内缺失汉籍进行遴选，并以数字化、缩微复制、拍照扫描等多种方式实现再生性回归；加强对境外汉籍的整理出版、学术研究，建立境外汉籍目录等数据库，形成面向全社会开放的文献检索系统，实现工程成果面向全社会的公益使用和科学研究，向公众揭示中华古籍蕴含的深厚文化内涵。目前，该工程各项工作正在有序推进中。

（九）大力加强少数民族地区古籍保护工作

为加强西藏、新疆地区古籍保护工作，2009年，文化部、教育部、科技部、国家民委、新闻出版总署、国家宗教局、国家文物局、国家中医药局联合下发《关于支持西藏古籍保护工作的通知》及《西藏古籍保护工作方案》，设立西藏古籍保护工作专项；2011年，八部委又联合下发《关于支持新疆维吾尔自治区古籍保护工作的通知》，设立新疆古籍保护工作专项，逐步形成了符合两个地区实际、体现地域特色、科学有效的古籍保护制度，开创了少数民族古籍保护工作的全新局面。通过举办大型展览宣传优秀民族文化，先后在乌鲁木齐和北京举办了"新疆历史文献暨古籍保护成果展"，受到党和国家领导人以及广大群众的一致好评，在社会上引起了巨大反响，成为弘扬中华优秀传统文化、促进民族团结和国家统一的生动教材。积极推进新疆、西藏地区古籍普查和普查目录出版工作，新疆地区已完成19家古籍收藏单位共计14980条汉文古籍普查登记数据；西藏地区已完成820家古籍收藏单位共计14360函藏文古籍普查登记数据。加强少数民族地区古籍保护人才培养，选派新疆、西藏两地学员参加各类培训班，并在云南等地举办少数民族古籍修复培训班，推动西南民族地区古籍保护工作。2018年12月正式发布《中国少数民族文字古籍定级》（GB/T 36748—2018）国家标准。2018年底，中国古籍保护协会成立"少数民族古籍保护专业委员会"，由18位全国少数民族古籍保护领域具有重要影响力的专家组成，旨在凝聚社会力量，促进少数民族古籍保护工作。2019年初，中国政府每年投入3000万元专项资金，开展为期10年的布达拉宫古籍文献保护利用工程。

（十）大力开展古籍保护宣传推广工作，弘扬中华优秀典籍文化

一是建立国家典籍博物馆。2012年7月，中央编委批准在国家图书馆加挂"国家典籍博物馆"牌子，正式成立国家典籍博物馆。国家典籍博物馆以揭示典籍、传播文化为宗旨，让大众走近古籍，让古籍活起来。2014年9月10日，国家典籍博物馆正式对公众开放，首展"国家图书馆馆藏精品大展"展出包括善本古籍、金石拓片、敦煌遗书、名家手稿、样式雷图档、舆图、少数民族文字古籍、西文善本、中国古代典籍简史9个专题展览，展出800余件馆藏精品，在全社会引起热

烈反响。截至 2018 年 12 月底，国家典籍博物馆已经举办"甲骨文记忆展""旷世宏编　文献大成——国家图书馆藏《永乐大典》展"等大展。依托典籍博物馆展示传统典籍的方式，也影响带动了国内一批图书馆陆续建立典籍博物馆，使古籍里的文字活起来，对推动社会发展发挥了良好作用。

二是开展各种形式的展览。早在 2006 年，国家图书馆就举办"文明的守望"展览，以国家图书馆藏善本珍品为主线，展示了古籍保护、修复的相关理念和成果，成为"中华古籍保护计划"项目正式启动的预热，引发了社会广泛关注。随着"中华古籍保护计划"的不断推进和五批《国家珍贵古籍名录》的评审，以"国家珍贵古籍特展"的形式让群众在典籍博物馆中欣赏中华传统文化精粹也一次次引发社会热点。国家古籍保护中心策划的"册府千华"系列专题珍贵古籍展现已在全国 16 省陆续举办 23 场，成为古籍保护宣传的品牌展览。特别是 2018 年以来，"册府千华"系列展览以党的十九大精神为指归，将典籍中的历史智慧和地方文献相结合，展示了十九大报告中重要用典的出处，成为新时代坚定文化自信的重要手段。

三是广泛开展讲座。讲座已成为各级图书馆的基本文化服务形式。近几年，国家古籍保护中心联合各高校和科研机构陆续举办"国家珍贵古籍系列讲座""中华古籍保护名师讲堂""讲好中国典籍故事""孔子·儒学·儒藏——儒家思想与儒家经典名家系列讲座""格致·考工·源流——中国古代重要科技发明创造名家讲座""稽古·贯通·启新——北京大学中国古代史名家讲座"等不同主题特色讲座，得到了读者观众的广泛好评，各地图书馆举办的讲座已经成为揭示馆藏、传播文化的重镇。

四是推动古籍保护进校园。通过举办各类活动拓宽传统文化向校园的传播渠道，如举办"尊师重教，修学研艺——古籍保护技艺传承活动""古籍修复进校园""走近《四库全书》"等活动，提高了人民群众和青年学子对古籍保护的参与感、获得感与归属感，更让校园成为弘扬中华优秀传统文化的沃土，取得良好社会反响。

五是围绕建党 80 周年、辛亥革命等重大事件开展专题活动，展示革命文献。如 2017 年国家古籍保护中心启动《赵城金藏》重要历史资料抢救性摄录工作，纪念抗战时期中国共产党为抢救《赵城金藏》所付出的卓绝努力和巨大牺牲，充分体现了我党对中华优秀传统文化的重视，也充分说明我党在斗争中孕育的革命文化深深植根于中华优秀传统文化之中，又成为社会主义先进文化发展的直接来源，是我党重视古籍保护的重要范例。为纪念这段历史，国家古籍保护中心组织专家团队赴山西 6 个地区收集抗日战争时期中国共产党领导抗日武装抢救《赵城金藏》的有关资料,行程 2000 公里,逾 20 个市县,走访各类单位、机构近 30 家,采访 50 余位知情人士,对《赵城金藏》的传承保护和学术研究具有重要意义。通过文献展示等方式,古籍保护与民国文献保护实现结合,图书馆文化传统功能得到发挥。

六是多措并举建立古籍保护宣传阵地。充分延伸和发挥图书馆"为书找人、为人找书"的职能,通过传统媒体、网络媒体、新媒体等多渠道立体揭示馆藏、宣传古籍保护,依托中国古籍保护网、国家古籍保护中心微信公众号、《中国文化报》、《藏书报》"古籍保护专刊"、《图书馆报》"文献保护专刊"等宣传阵地,使古籍保护受到各界广泛关注。

以上成绩,是在党和政府的领导和关心支持下,通过部际联席会议成员单位的鼎力配合、社会力量的广泛参与,全国古籍保护工作者奋力拼搏、勇于创新、默默奉献取得的。在这里,我特别向广大古籍保护工作者表示敬意。

二、当前古籍保护工作存在的问题

中华古籍保护各项工作取得了突出成就,在国内外产生了积极影响,"中华古籍保护计划"呈现出良好的发展势头。但是我们必须清醒地看到,我国的古籍保护工作刚刚开始,还存在一些突出的问题需要解决,主要表现在以下方面:

(一)对古籍保护的重要性认识不够

一些地方没有把古籍保护工作放到中华民族伟大复兴的历史视野中对待,没有放到维系中华文明根脉和维护国家文化安全的高度来认识,特别是没有意识到这是一项和时间赛跑的伟大事业,缺乏紧迫感。

古籍不同于文物,绝大部分收藏在公共图书馆,但我国尚无专门针对古籍保护的法律法规,相关法律不完备,古籍在保护方式和提供服务上受到很大制约;古籍保护学科体系尚未建立;经费投入不足等制约着古籍保护工作深入开展。

(二)"重申报轻保护"的问题不同程度存在

一些地方只重视珍贵古籍和重点单位申报,不重视古籍保护和利用,对"保护为主、抢救第一、合理利用、加强管理"方针理解不到位,造成基础工作不扎实,专业人才缺乏,人员岗位配备不足,缺乏严格有效的管理督导,工作的科学化、规范化水平仍有待提高。如有的省虽建立了古籍保护中心,但并未落实编制和专职管理人员,人员基本以兼职为主,严重制约古籍保护事业发展。

(三)动员社会力量参与不够

古籍保护不仅是收藏单位的职责,更是全民族义不容辞的责任。近几年,虽然各地进行了多项动员社会力量参与的有益尝试,但是总体讲还是专业力量参与多,社会力量参与少,特别是古籍保护与相关企业缺乏有效沟通渠道,社会力量参与古籍保护的相关政策和机制还不完备。如何让社会力量广泛参与进来,依然是古籍保护工作者需要不断探索的重要课题。

(四)古籍的整理和挖掘力度不够

目前,古籍保护主要局限在文献收藏单位中开展,未能充分调动社会力量的积极性,造成对古籍内涵的挖掘和揭示手段不够,利用形式较为单一,特别是关注当下社会经济发展的相关产业和项目策划不多,古籍保护与当前社会经济发展联系不紧密。可以说,古籍如何服务当代、服务社会、造福民众,这项工作还没有真正做起来。

如何挖掘和利用古籍、密切古籍与社会生活的关系,已成为关系古籍保护未来发展方向的关键。让古籍中的文字活起来,不单单是形式上的传承,还要更多通过生动多样的介质和手段揭示利用古籍中所蕴含的智慧经验,并加以转化利用、传承发展。古籍保护只有和社会发展、产业发展、人们的生产生活密切地联系起来,才能动员社会力量广泛地参与古籍保护工作,形成氛围和合力,社会大众才会更加关注古籍保护,古籍保护才能像非遗保护一样真正推向全社会并得到广泛支持。这是古籍保护未来发展的一个方向,如何破解这个课题,还需要我们不断探索,勇于创新,走出一条新路。

三、对今后古籍保护工作的建议和设想

(一)继续推进并做好古籍保护各项基础工作

首先,保护好古籍是古籍保护工作的基础和立身之本。要继续推进做好古籍保护各项基础工作,加大全国古籍普查登记力度,在"十三五"末基本完成全国古籍普查登记工作;继续推进《中华古籍总目》编纂工作,促进古籍普查数据开放共享;切实加大古籍保护力度,加强珍贵古籍保护,改善古籍存藏环境,推进国家图书馆国家文献战略储备库建设;促进海外中华古籍调查和回归,有计划、分步骤开展海外中华古籍调查和回归工作;全面提升古籍修复能力,加强珍贵古籍修复,谋划实施一批新的修复项目,促进古籍修复技艺传承发展,加强古籍保护技术研究;继续加强古籍整理出版和数字化建设,推进珍贵古籍缩微复制保存,促进资源共享,提高利用效率;加快古籍保护立法,推进古籍保护条例,加强古籍保

护制度和标准建设等。

其次,建议大家要特别关注对田野石刻文献的保护。众所周知,我国历史悠久、典藏宏富,除纸质古籍外,还留存有大量的石刻文献,如碑铭、摩崖、墓志等,近年来还不断有出土石刻,这些石刻文献内容十分丰富,可以说是刻在石头上的地方志、家谱和国史,是保存和传播中国文化、记录中华民族历史的重要载体,具有重要的历史文物价值、文献版本价值和书法艺术价值。目前,有大量石刻文献散布于广袤的田野之间,缺乏最基本的保护条件。许多碑刻散落野外,历经风雨剥蚀,文字图像日渐消损,还有一些随着城镇化、新农村建设的推进陆续消失损坏,存在严重的安全隐患,状况令人担忧。例如,安徽天柱山三祖寺旁"山谷流泉摩崖石刻",刻满了自唐代以来1200余年间的摩崖石刻,据说大概有四五百块,其中不乏王安石、李师中、苏东坡、黄庭坚等名家大家的刻记,因受到酸雨、风化等影响,正在逐步损毁。类似上述情况的石刻各地还有很多。

因此,加强对田野石刻文献的保护,已是刻不容缓。希望有关方面能够引起重视,一方面设立保护专项,将石刻文献作为特殊的文献类型列入古籍保护范围,使之成为古籍保护的基础工作之一,并尽快在全国范围内开展调查,改善石刻文献的存藏条件,采用合适的方式对濒危石刻实施抢救性传拓和影像记录,并通过数字化方式建设石刻文献资源库,使这一珍贵历史文献能够收录下来,传之后世;另一方面,广泛动员社会力量,充分利用社会资金,如中国古籍保护协会可设立一个专业委员会,结合整理出版,促进石刻文献保护和利用;各省、自治区、直辖市等也可以结合自身实际情况,在本地区范围内因地制宜,探索采用多种灵活的方式开展石刻文献保护。

(二)深入挖掘古籍内涵,服务当代,服务社会

中华民族在五千多年的发展进程中,创造了高度发达的文明,造纸术、火药、印刷术、指南针"四大发明"为世界文明进步做出贡献,天文、算学、医学、农学等多个领域的发明和创造硕果累累,大量文明成果通过典籍的记载和流传,为世界文明进步和科技发展做出了突出贡献,带来了深远影响。

古籍文献中可供挖掘的内容十分丰富,其中很多内容又与当下的社会经济发展和当代人的生活有十分密切的联系。例如,我国中医典籍十分丰富,人们耳熟能详的如《黄帝内经》《伤寒论》《针灸大成》及各种药典等,中医重要观念如"治未病""药食同源"等,都凝结着古人的思想和智慧。屠呦呦从东晋葛洪《肘后备急方》记载的"青蒿一握,以水二升渍,绞取汁,尽服之"获得启发,通过现代科技手段成功提取了有效治疗疟疾的青蒿素,为人类健康做出贡献,获得2015

年诺贝尔生理学或医学奖。古代典籍中这种类似的案例还有很多,如唐代孙思邈《备急千金方》记载的"治小儿疣目方:以针及小刀子决目四面,令似血出,取患疮人疮中汁、黄脓敷之,莫近水三日,即脓溃根动自脱落",说明我国在唐朝时已发明类似于今日种痘的方法。中国传统藏医药也是一座宝库,其中包括天文历算、藏医药浴、药物炮制等大量智慧和创造,凡此种种,不一而足。

再如,我国很多传统经验和技艺在流传过程中失传,这也需要我们更加注重挖掘古籍内容和深厚内涵。我国传统产业在古籍中都有大量详细记载,比如茶叶,我国作为茶叶大国,种茶历史悠久,茶叶品种多,制茶工艺完备,但英国作为一个不产茶的国家,在引进中国种茶技艺之后,其茶叶销售量却占到了世界市场的80%。实际上,中国唐代陆羽所著《茶经》就已对茶叶历史、产地、功效、栽培、采制、煎煮、饮用等知识技术作了阐述,是中国古代最完备的一部茶书。如果我们能够进一步深入挖掘和利用《茶经》等古代典籍的智慧,不断继承和创新中国传统种茶和制茶技艺,将有助于开发出更多在国际市场上适销对路的产品,促进我国茶叶产业的发展。

我国现在的传统制造业、旅游业、文化事业,甚至外交国防事务,都可以从典籍中寻根溯源、汲取智慧,服务当代。

古籍保护应该更加关注当下经济社会发展,以融入现代生活为导向,紧密结合当代社会和经济发展需要,重点关注社会发展的重要领域,通过策划专题项目,以选题带动整理,在传统产业、文化创意、健康养生、文化旅游等领域积极探索,使古籍成为推动社会发展和经济发展的重要源泉和智力支持,为产业发展提供原创和动力,促进传统文化与现代生产生活的融合,推动古籍创造性转化、创新性发展,使传统文化服务社会经济和人民生活需要,真正做到"让书写在古籍里的文字都活起来"。

(三)调动和动员社会力量,形成全社会广泛参与古籍保护的社会氛围

古籍保护需要社会力量的参与。四年来,中国古籍保护协会围绕中华古籍保护计划目标任务,秉持动员和引导社会力量参与古籍保护的使命,不断寻找工作抓手,不断延伸工作触角,做了大量卓有成效的工作。今后应继续扩大联系社会力量参与古籍保护事业,找准切入点,形成关注点,注重联合古籍收藏单位、研究机构、文化企事业单位和新闻媒体等不同行业,在古籍的收藏保护、整理研究、文创产品开发、传统产业发展、宣传传播等方面分工合作,广泛调动社会力量,用人民喜闻乐见的方式引导社会力量关注、参与古籍保护,让古籍融入当代生活,让古籍的文化内涵成为推动社会经济发展的思想根源和智力支撑,引起全社会

广泛关注,形成全社会参与古籍保护的良好局面。

一是要积极与相关企业合作,使古籍的发掘利用能够为企业带来财富。企业是最具活力的市场主体,只有通过市场主体的作用,古籍才能够与当代人的吃穿住行联系起来,才能够推动市场发展,推动社会发展。例如西安永兴坊,通过挖掘古籍文献,将文献记载中的各种陕西小吃汇聚一地,在占地不足一公顷的地方创造了商业奇迹,成为餐饮市场上的范例式旅游点。因此,要善于借助市场主体进行导入,让古籍更加贴近人们的生产生活、贴近人们的吃穿住行,才能够更好地传承优秀传统文化,使古籍真正发挥作用。

二是积极与科研单位合作,使古籍能够为科研提供思想源泉和智力支持。"中华古籍保护计划"实施以来,在古籍普查、文献修复、书库建设以及人才培养等方面不懈努力,取得了令人瞩目的成果,但这些成果主要着力于对古籍的原生性和再生性保护,在古籍内容的揭示力度方面还存在很大发展空间。我们要发挥研究机构在古籍整理研究方面的特长和优势,积极策划并开展各类合作,提高揭示和利用古籍的水平,使古籍活在当代、造福社会。

三是积极与高校和教育机构开展合作,为古籍保护培养各类人才。人才是事业发展的基础,培养人才是古籍事业得以传承发展的关键。古籍保护是没有阶段性的,中华民族存在多久,古籍保护工作就要进行多久。随着历史的发展,目前存在的大量文献可能在未来也会成为古籍,这就需要我们一代接一代继续保护传承下去。今天的数字图书馆,无法取代纸质文献。我们应该清醒认识到古籍保护的重要性,充分发挥高校和教育机构的作用,从娃娃抓起,立足长远,不断加大人才培养力度,使我国的古籍保护队伍不断壮大。

四是发挥民间组织的作用。要充分发挥古籍保护、非遗保护、印刷造纸等相关社团和机构的作用,让民间力量广泛地参与进来,进一步形成合力。中国古籍保护协会成立以来已在志愿者古籍普查方面做了有益探索和尝试,取得了不小的成果和经验,应在此基础上进一步扩大志愿活动范围和规模。

五是发挥媒体宣传作用。现代社会中媒体在文化传播方面具有十分重要的作用,应更多关注媒体、善用媒体。除传统媒体外,网络媒体和自媒体的力量不容忽视,如现在比较流行的"抖音"等新媒体、自媒体形式,还在不断地创新和涌现。媒体是实现图书馆功能的重要渠道,和图书馆"采、编、阅"中的"阅"是相通的,是"阅"的重要驱动力,需要引起图书馆界和古籍保护工作者的高度关注。建议古籍保护可以选择一些普及性、传播性较强的项目先"抖"起来,采用新媒体形式,扩大传播范围,提高传播影响力。同时,也可以积极利用阿里巴巴、京东等渠道,扩大非遗、古籍等文创的销售范围,在创造经济效益的同时,更能取得良好的社会效益。

要进一步完善鼓励社会力量参与古籍保护的政策支撑体系,尽快搭建社会参与平台,形成有效的工作机制,营造良好的社会氛围,鼓励各地开展创造性探索,以充分发挥社会力量在古籍保护工作中的重要作用。

四、结语

总之,古籍是祖先留给我们的宝贵遗产,保护和传承好这些遗产,是我们义不容辞的重要责任,使命光荣,责任重大。希望大家不怕坐冷板凳,尽职尽责地保护好古籍,同时放开眼界,特别要关注古籍和当代社会经济发展的关系,让古籍活在当代、传之久远,把古籍保护事业做好、做大、做精彩。

以上是我个人的一些想法和建议,仅供大家参考,如有不妥之处,希望大家批评,谢谢大家!

(周和平,原文化部副部长,国家图书馆原馆长)

"中华古籍普查文化志愿服务行动"的收获与启示

The Achievement and Inspiration of the Cultural Volunteer Project of the Chinese Ancient Book Survey

刘惠平

摘　要:2018年是国家重大文化工程"中华古籍保护计划"实施11周年,中华人民共和国成立以来首次在全国开展的古籍普查是此项工程的重要组成部分。为实现"十三五"期间基本完成该项普查的目标任务,2015年以来,中国古籍保护协会秉承社会组织的职能定位,以"中华古籍普查文化志愿服务行动"为抓手,动员社会力量积极投入全国古籍普查工作,与国家古籍保护中心形成自下而上和自上而下共同推进古籍保护的工作局面,取得了可喜的成效与工作经验。本文回顾了组织"中华古籍普查文化志愿服务行动"的缘起和工作历程,剖析活动典型案例,总结收获与启示,旨在团结和动员更多的社会力量参与古籍保护文化志愿服务,使其成为助推中华古籍保护工作一项长抓常新的工作。

关键词:志愿服务;古籍普查;启示

近年来,中华古籍保护工作向"公众参与时代"持续迈进,政府主导、社会参与的理念深入人心。为实现"十三五"期间基本完成全国古籍普查的目标任务,中国古籍保护协会自2015年成立以来,在社会各界支持下,积极开展了以中华古籍普查为主题的文化志愿服务。从2015年到2018年,"中华古籍普查文化志愿服务行动"从试点到大范围推进,得到全国古籍公藏单位的广泛认可和欢迎。据统计,活动开展以来,来自全国130所高校的759名大学生志愿者,深入15个省(自治区、直辖市)158个基层受援单位,完成古籍普查125万册(件)。古籍保护文化志愿服务活动不仅有力地推进了全国古籍普查进程,也使古籍保护、社会参与的理念进一步为公众所接受,更在青年学生中倡导了奉献社会的责任意识,培育了古籍保护后备力量,取得了良好的社会效益。

2018年4月,在中央宣传部、中央文明办开展的全国学雷锋志愿服务"四个100"先进典型评选表彰活动中,经宣传发动、择优推荐、集中展示、群众投票、专家评审、网上公示等环节,中国古籍保护协会"中华古籍普查文化志愿服务行动"被评为"最佳志愿服务项目",天津师范大学石祥副教授荣获"最美志愿者"称号。

一、活动缘起

2007年,国家正式实施"中华古籍保护计划",为顺利推动这一国家重大文化工程,国家建立了由文化部牵头,国家发展和改革委员会等10部委共同组成的全国古籍保护工作部际联席会议,经中编办专项批准,国家图书馆加挂"国家古籍保护中心"牌子,成为政府职能转移后承担组织实施全国性古籍保护工作职能的管理机构。之后的十余年,国家古籍保护中心按照"保护为主、抢救第一、合理利用、加强管理"的方针,在全国建立了180个古籍重点保护单位、12个国家级古籍修复中心、22家古籍修复技艺传习所和一系列培训基地和学科建设基地,使中华古籍保护工作取得一系列重要成果。

2013年,党的十八届三中全会胜利召开,中央发布了《中共中央关于全面深化改革若干重大问题的决定》,其中调动社会力量参与文化建设,构建现代公共文化服务体系,成为深化文化体制改革的重要举措。2014年初,为贯彻十八届三中全会精神,一批国内古籍保护专家和国家古籍保护中心联合发起成立中国古籍保护协会,旨在动员社会力量参与国家公共文化建设,加快推动全国古籍保护事业发展。在民政部、文化部(现文化和旅游部)重视支持下,中国古籍保护协会于2015年1月正式成立。自此,国家古籍保护中心受政府委托,作为"中华古籍保护计划"业务实施单位,自上而下地组织全国古籍保护工作;中国古籍保护协会作为参谋助手,自下而上地调动社会力量参与古籍保护工作。两者按照各自职能定位,相互支撑、优势互补,最终形成较为完整的全国古籍保护工作体系。

协会的成立标志着全国古籍保护工作进入了政府主导与社会参与的全新时代。如何围绕实施"中华古籍保护计划",秉承动员和引导社会力量参与古籍保护的职能定位,选准角度、找好抓手,扎实推进各项工作,协会成立伊始,便确定了持续开展中华古籍普查文化志愿服务的目标任务。中华人民共和国成立以来首次在全国开展的古籍普查是"中华古籍保护计划"的重要组成部分。截至2015

年，在国家古籍保护中心的组织领导下，全国古籍普查工作在公藏单位已完成多半，成绩斐然，但是由于种种原因，仍有部分地区工作进展较为缓慢。按照"十三五"时期全国古籍保护工作规划，到 2020 年末要基本完成全国古籍普查工作，任务相当艰巨。从尚未完成古籍普查的地区来看，以两部分公藏单位比例较大：一是图书馆系统规模较小的基层古籍存藏单位，一是非图书馆系统跨界公藏单位，如研究所、高校等。这些单位有的存在重视不够、排不上工作日程的问题，更大部分确实存在缺乏专业人员、缺乏经费的现实问题。

从 2015 年起，中国古籍保护协会在国家古籍保护中心支持下，联合各省级古籍保护中心，连续四年利用暑期在全国组织开展了"中华古籍普查文化志愿服务行动"。这项工作以协会为发起单位，以各省级古籍保护中心为主要实施单位，从高校招募具有古典文献学、历史学专业背景的学生，经过考试培训，组成志愿者团队，在古籍保护专业老师带领下，深入基层公藏单位开展普查。从实践结果看，高校学生（以研究生为主）教育基础较好，学习新知识能力强，经过短期培训，较好地达到了工作预期。2015 年古籍普查文化志愿服务试点在河北一炮打响，2016 年山西、安徽、广东、四川率先参与，2017 年、2018 年，参与省（区、市）扩展至北京、山西、吉林、辽宁、上海、江苏、安徽、江西、山东、湖北、四川、云南、西藏、新疆等。在文化部支持下，2017 年、2018 年，吉林、云南、新疆、西藏古籍普查文化志愿服务，同时被列入全国"春雨工程——全国文化志愿者边疆行"重点需求项目。

二、工作历程

(一) 试点河北，摸索经验

2015 年，协会发起的古籍普查文化志愿服务从河北省试点起步。在认真学习国家关于社团管理和开展志愿服务系列文件基础上，协会秘书处开展了深入细致的前期调研，摸清古籍公藏单位待普查现状，预估志愿者数量、志愿服务所需时限，走访拟开展志愿者招募工作的高校，最终在国家古籍保护中心指导下，会同河北省古籍保护中心研究制定了工作方案，确定河北大学、河北师范大学、河北博物院、定州市博物馆、保定市图书馆为试点工作的 5 个受援单位。

古籍普查文化志愿者招募通知在北京大学、中国人民大学、首都师范大学、天津师范大学、河北大学、河北师范大学 6 所高校发布后，反响热烈，短短一周，报名参加志愿服务的学生达 115 人。在校团委、学生会、学工部等支持下，经过遴选，确定了 76 名具备古典文献学、历史学专业背景的大学生参加首批古籍普查志愿服务,其中本科生 26 名、硕士生 43 名、博士生 7 名。7 月 19—22 日,志愿者们在国家图书馆接受了为期 4 天的专业培训,协会对授课教师的选派、课程内容、培训教材做了精心安排。与此同时,国家古籍保护中心在石家庄举办了师资培训。各个受援单位对普查工作场所、设备设施以及志愿者的生活保障也做了充分准备。

7 月 23 日,"中华古籍普查文化志愿服务行动"进入实施阶段。活动正值一年中最炎热的季节,各普查单位条件参差不齐,河北大学图书馆建筑老旧,没有空调;定州市博物馆地处文庙,没有空调,潮湿闷热。志愿者们在指导老师带领下,克服重重困难,从除尘整理到清点著录,认真工作,一丝不苟,圆满完成普查任务。受协会委托,国家图书馆古籍馆选派专家到各普查点进行指导,专家们不辞辛苦为普查工作提供专业帮助,解决疑难问题。《中国文化报》对活动给予强有力支持,派出公共文化部副主任李静全程跟踪志愿者服务试点活动,持续写出了数篇很有影响力的报道。8 月 25 日,"2015 年中华古籍普查文化志愿服务行动"圆满结束。9 月,协会在国家图书馆召开了总结表彰会。据不完全统计,本次活动共清点登记古籍约 1.5 万种 19 万册(件),在当年文化部组织的"全国文化志愿服务评选表彰活动"中,该项目被评为"文化志愿服务活动典型案例",受到表彰和奖励。试点工作使协会积累了组织志愿服务的初步经验,为翌年开展文化志愿服务做好准备工作。

(二)4 省并进,完善机制

2016 年,协会选取山西、安徽、广东、四川 4 省继续组织实施"中华古籍普查文化志愿服务行动"。在总结上一年工作经验基础上,协会注重工作秩序的建立,梳理了志愿普查工作流程,在志愿者招募遴选、志愿服务管理、经费筹集使用等方面完善了工作机制。

主要工作流程为:3—4 月前期调研,协会制定工作方案并召集当年报名开展古籍保护文化志愿服务的省级古籍保护中心部署工作,搭建工作机制;各地开展调研,走访高校并制定实施方案,就受援单位、普查文献、志愿者需求、项目实施、经费筹集等做好前期准备。5—6 月志愿者招募,协会与各省级古籍保护中心就联合开展活动签署协议;联名在本地开展志愿者招募工作,依靠高校党团组织和学工部门招募具有古典文献学、历史学等专业背景的学生;各地古籍保护中心组织考试和遴选,与志愿者签订工作协议和承诺书。6—7 月业务培训,由国家古籍保护中心组织对指导教师和拟开展古籍普查志愿服务的受援单位工作人员进行培训;由协会联合各省级古籍保护中心组织对新招募志愿者进行专业培训,通过专家授课、古籍著录练习,使志愿者初步了解古籍保护知识和普查登记基本要求与技能。7—8月实施普查,协会秘书处指导各省级古籍保护中心举行"中华古籍普查文化志愿服务行动"启动仪式;各地组织志愿者编组入驻各普查点,受援单位提供工作场所、设备设施、志愿者衣食住行等配套服务保障;在指导教师率领下,志愿者按照国家古籍保护中心关于古籍普查登记著录的要求,对古籍进行除尘整理、登记著录、扫描书影、统计造册;协会组织专家到基层普查点开展慰问、中期巡察指导和解疑释惑。8—9月总结表彰,各地古籍普查志愿服务结束后,由省级古籍保护中心召开本地总结表彰会,为志愿者颁发社会实践证书(协会印制),向所在院校提供志愿服务工作鉴定,向协会提交书面总结和志愿者名录;中国古籍保护协会召开由省级古籍保护中心代表、基层受援单位代表、志愿者代表、指导教师代表、志愿者输出高校代表参加的总结座谈会,对年度"中华古籍普查文化志愿服务行动"进行全面总结。

这一年古籍普查文化志愿服务成绩斐然,来自全国39所高校的192名大学生志愿者,分赴4省的46个受援单位,帮助整理、编目古籍(含部分民国线装书)60885种431785册,另编目雕版7种1854版。较之2015年,无论是体量还是数量都有较大的增幅。

(三)覆盖10省(自治区、直辖市),规范管理

2017年,"中华古籍普查文化志愿服务行动"参与地区扩大至山西、吉林、上海、江苏、安徽、山东、湖北、四川、云南、新疆等10省(自治区、直辖市)。在文化部公共文化司支持下,吉林、云南、新疆3个边疆省区的古籍普查志愿服务列入文化部2017年"春雨工程"重点需求项目。协会成立了"中国古籍保护协会古籍保护志愿服务专业委员会"和"中国古籍保护协会文化志愿者工作委员会"分支机构,努力推进对古籍普查文化志愿服务的规范管理。从这年起,凡申请参加"中华古籍普查文化志愿服务行动"且通过考试录用的志愿者即注册登记为协会"文化志愿者工作委员会"会员,并获得由文化部印制的中国文化志愿者注册服务证。古籍保护志愿服务汇入了全国公共文化服务领域文化志愿服务的洪流。

根据国家古籍保护中心的统计,当年报名参加文化志愿服务的省级古籍保护中心约占尚未完成古籍普查任务省份一半以上,说明各地对"十三五"时期基本完成全国古籍普查目标任务的倒计时给予了充分重视,有了明显的紧迫感,拟借助文化志愿服务的外力,促进本地区普查工作按时完成。江苏、安徽等省在总结中提到,由于志愿服务活动的开展,本省的普查工作得以提前完成。参加该年古籍普查的文化志愿者是三年以来人数最多的,而且来源广泛,有高校学生、大

学教授、中学教师、企业退休员工。高校学生中有北大、北师大、民大、复旦、武大、吉大、山大等国内名牌大学的,也有正在国外大学学习的中国留学生。可喜的是,在这次志愿服务中,还有一批图书馆系统业务骨干的参与,他们有的是指导老师,有的则是普查人员,使这项活动更接地气。较之以往,2017年古籍普查文化志愿服务触角深、覆盖面更广,62家受援单位中公共图书馆有53家,约占总数的85.5%,其中地市级图书馆21家,县市级图书馆31家,受援点绝大多数在基层。本次古籍普查文化志愿服务中,多个省份发现了珍贵善本文献,如山西屯留一中藏明万历七年至清康熙四十六年刻印的《径山藏》,吉林社会科学院藏清乾隆十六年武英殿刻四色套印本《御选唐宋诗醇》四十六卷,湖北省安陆市图书馆藏明末刻本《增定南九宫曲谱》,四川省井研县图书馆藏明嘉靖内府刻本《文献通考》,山东省图书馆6部《永乐南藏》、4部《永乐北藏》、1部《龙藏》、1部元刻本《碛砂藏》。上万册(件)古籍被陆续整理出来,得以重见天日,堪称三年来古籍普查文化志愿服务中的最大发现。

据统计,整个暑期来自44所高校的271名大学生文化志愿者,与近百名公共图书馆业务骨干一起,深入基层受援单位,帮助整理、编目古籍51079种363111册,其中含少数民族文字古籍2684部2701册,另编目雕版60种1004版。

(四)10地联动,扫尾攻坚

2018年,报名开展古籍普查文化志愿服务的有辽宁、山西、上海、安徽、江西、山东、湖北、四川、云南、西藏等10个省(自治区、直辖市)及中国科学院自然科学史研究所和中央民族大学,云南、西藏两地同时列入文化和旅游部"春雨工程——文化志愿者边疆行"重点需求项目。

2018年的古籍普查志愿服务的显著特点是,各省级古籍保护中心的普查重点由公共图书馆逐渐转向跨界单位。当年度受援的45个单位中,公共图书馆27家,占60%;高校、科研院所、文博单位等18家,占40%。与上年度公共图书馆占85.5%相比,情况发生较大变化,大部分公共图书馆已基本完成古籍普查,跨界普查随之成为工作重点并取得显著成效。跨界单位是以往古籍普查中的难点,往往是古籍普查登记的死角。江西宜春档案馆存有若干古籍,但尚未纳入普查范围中,该馆藏有一部经书被慎重地存放于当地银行的保险柜里。江西省图书馆副馆长何振作一直想调研这部经书,但数次被婉言谢绝。在本次古籍普查志愿服务中这项工作有了突破,宜春档案馆不但同意开展古籍普查,同时在宜春文广新局积极斡旋下,古籍普查志愿服务专家巡察组如愿见到了存放在中国银行保险柜里的经书,专家们对该古籍的版本年代进行鉴定,确认为明万历年间泥金写本《金刚经》。北京的中央单位和高等院校同样也一直是跨界普查的难点。2017年底，协会参与了国家古籍保护中心组织的京内中央单位和高等院校古籍普查现状调研，并积极推介文化志愿服务。2018年，中国科学院自然科学史研究所和中央民族大学主动联系协会参与古籍普查文化志愿服务，活动在当年暑期顺利实施。中国科学院自然科学史研究所完成普查量5000多册（件），约占其藏量的四分之一；中央民族大学完成普查量30000多册（件），约占馆藏量的15%。

2018年，全国37所高校220名大学生文化志愿者，同近百名公共图书馆业务骨干投身古籍普查志愿服务，赴45个基层受援单位，帮助整理、编目古籍（含少量民国时期编印古籍）约25万册（件），另有藏文古籍200余函。值得注意的是，在此过程中志愿者们还参与校对整合了一批普查编目数据，为"十三五"时期全国古籍普查基本结束后下一步古籍保护文化志愿服务的转向做出了积极的尝试。

三、典型案例

"中华古籍保护计划"实施后，在国家古籍保护中心指导下，各地陆续成立了省级古籍保护中心，挂靠在省（自治区、直辖市）图书馆，有的地区还建立了由省委、省政府相关部、厅、局组成的古籍保护工作联席会议制度。省级古籍保护中心工作覆盖全省古籍公藏单位，主要职责是：组织指导本地区古籍普查和古籍分级保护，建立古籍综合数据库，完成古籍联合目录编制；组织国家级重点古籍保护单位和《国家珍贵古籍名录》申报；组织本地重点古籍保护单位和珍贵古籍名录评审；承担本地区古籍保护培训、古籍修复和人才培养。各省级古籍保护中心是开展"中华古籍普查文化志愿服务行动"主体实施单位，本文选取6个志愿服务典型案例进行介绍。

（一）新疆：民族语言古籍普查实现突破

新疆维吾尔自治区图书馆（新疆维吾尔自治区古籍保护中心）2017年开展了"中华古籍普查文化志愿服务行动"，新疆成为首个参与本项活动的少数民族地区。作为丝绸之路重要通道和东西方文明交汇之地，新疆拥有丰富的古籍遗存，其中包括以各民族文字书写的古籍，开展民族语言古籍普查对于维护中华民族传统文化完整性意义重大。基于特殊的政治地理环境，在活动启动前，自治区图书馆（古籍保护中心）认真制定了《开展"中华古籍普查文化志愿服务新疆行"地州古籍保护调研与普查实施方案》，并在自治区图书馆党委会上讨论通过。针对民族语言古籍文献存藏分散、区域跨度大、缺乏既懂少数民族文字又熟悉古籍著录人员的问题,在中央民族大学维吾尔语言文学系、新疆大学支持下,协会招募了6名具备良好少数民族语言文字能力的文化志愿者(均为少数民族学生)与自治区古籍保护中心抽调的业务骨干组成小分队,由自治区图书馆党委书记艾尔肯带队,辗转和田、喀什、英吉沙、莎车、伊犁等地,历时一个月,行程上万公里,把散存在各基层点的2684部民族语言古籍文献一举普查完毕。实施中,各古籍存藏单位组织协调力量积极配合此次行动,与志愿者们同吃、同住、同工作,鼓舞了志愿者的工作热情,也使调研和普查工作得以顺利展开。本次志愿服务覆盖南北疆3个地州7家单位。在普查同时,这些单位少数民族古籍、汉文古籍、民国文献得以分类,霉变、虫蛀书籍也得到初步处理。

表1 新疆维吾尔自治区古籍保护中心基本信息表

成立时间	2008年9月
古籍预估藏量	50余万册
普查完成进度	公共图书馆已全部完成普查
全国古籍重点保护单位	2家
列入五批《国家珍贵古籍名录》的古籍	106部

(二)山东:古籍普查重大发现鼓舞人心

山东省图书馆(山东省古籍保护中心)2017年、2018年连续两年组织开展了"中华古籍普查文化志愿服务行动"。省古籍保护中心先通过调研摸底,根据普查工作量制订志愿者招募计划,经笔试及面试招募遴选志愿者。通过专家授课、古籍著录实践等专业培训后,志愿者分别前往省图书馆和基层图书馆开展普查。2017年,54名大学生文化志愿者深入省图、山东师范大学图书馆、青岛市图书馆、平度市图书馆4家古籍存藏单位开展普查。活动于7月12日启动,为期33天,共普查古籍50825册(件)。山东古籍普查文化志愿服务的特点为:活动伊始即引入专家论证并制定实施方案,适时邀请古籍专家、学者对普查新发现进行鉴定,志愿者全程参与、现场学习;志愿者除高校学生外,还有中学教师、业界同行、企业人员,实现了社会力量的广泛参与;省古籍保护中心办公室、历史文献部全体人员(包括修复人员)全程跟进,指导志愿者开展普查工作。从2017年起,通过志愿服务对省图封存几十年的古籍未编书开箱普查,当年即新发现一批珍贵古籍。经专家鉴定,其中包括6部《永乐南藏》、4部《永乐北藏》、1部《龙藏》、1部元刻本《碛砂藏》,这是协会组织古籍普查文化志愿服务以来的最大的发现。

表2　山东省古籍保护中心基本信息表

成立时间	2008年6月
古籍预估藏量	153676种
完成普查量	116509种
全国古籍重点保护单位	14家
列入五批《国家珍贵古籍名录》的古籍	960部
国家级古籍修复中心	1家(山东省图书馆)

(三)江苏:跨界实施古籍普查做出示范

江苏省是现今国内古籍存藏量最大的省区之一,普查任务艰巨。多年来,省古籍保护中心在"省古籍保护工作联席会议"领导下,与省内高校、文博单位、研究单位、医药和宗教系统密切联系,通过不断走访、宣传、游说和协调,把握一切机遇争取支持,真诚地为基层单位服务办实事、培养人才,较好地实现了古籍普查的跨界推进。在古籍普查中,省中心积极引入文化志愿服务,推进古籍普查的跨界实施。中心与南京艺术学院、金陵科技学院以及莫愁中等专业学校保持良好的合作办学关系,依托"三方联动模式",建立起专业性较强、兼具稳定性的古籍保护志愿服务队伍。2015年底,40余名南京艺术学院大学生志愿者在著名古刹栖霞寺开展古籍普查,一年间整理出《龙藏》10432册、散本32664册、《续藏经》1398册、《频伽藏》714册、民国影印宋《碛砂藏》556册。2017年,在开展"中华古籍普查文化志愿服务行动"中,实现对江苏省委党校图书馆和江苏省社科院图书馆古籍存藏量的普查摸底,共完成古籍整理著录2608种15884册,普查中发现了元刻明修本、名家手稿等,大大激发了被普查基层公藏单位开展古籍保护的工作热情。截至目前,全省古籍普查工作已基本完成,其中文化志愿服务功不可没。

表3　江苏省古籍保护中心基本信息表

成立时间	2009年
古籍预估藏量	22万部450余万册
完成普查量	21万部430余万册
全国古籍重点保护单位	21家
列入五批《国家珍贵古籍名录》的古籍	1295部
国家级古籍修复中心	1家(南京图书馆)

(四)安徽:注重机制设计引领志愿服务

安徽省古籍保护中心2016年、2017年、2018年连续三年参加协会发起的"中华古籍普查文化志愿服务行动"。该省在开展活动中注重机制设计,取得了事半功倍的良好效果。活动启动之前,省古籍保护中心制定周详的实施方案,对有受援意向的图书馆进行实地调研,根据普查量确定志愿人员和工作量,并与之签订古籍普查合作协议书,要求各站点认真执行活动计划,做好志愿服务接待准备工作,并实行"一把手负责制"。进入招募阶段,省古籍保护中心将需求信息公布在高校志愿者QQ群,报名者通过招募考试录取,之后由中心为志愿者精心选择培训教材并请名师进行培训,制作《志愿服务手册》,配发普查文具物品及资料。在正式实施过程中,各站点在志愿者进入的第一周忽略人均完成量,帮助志愿者从文献著录入手,加深对普查登记项目的理解,提高对普查工作的适应性;第二周进入提速期,专业人员及时跟进,发现共性问题现场叫停,集中讲解,个性问题一对一指导解决;省古籍保护中心全程关注各受援单位的普查进度,建立志愿者微信群,邀请省厅、各受援单位领导加入,将实地指导和网上数据监控相结合,及时解决普查中出现的问题。截至2017年底,全省四级公共图书馆32家单位收藏的4.2万部古籍完成了普查登记。在志愿服务中,省中心坚持13项数据的录入,认真把控古籍著录数据质量,为未来编纂《中华古籍总目·安徽卷》打下了坚实基础。

表4 安徽省古籍保护中心基本信息表

成立时间	2008年3月
古籍预估藏量	120余万册
完成普查量	117万册
全国古籍重点保护单位	9家
列入五批《国家珍贵古籍名录》的古籍	274部

(五)山西:因地制宜开展古籍普查志愿服务

山西是著名的文物大省,存藏古籍量大质优,分布面广,触角深。"中华古籍保护计划"实施后,省会和地市级较大城市较快完成了普查任务。然而在2015年底前,其县级古籍存藏单位普查工作始终未能有效开展。这些单位存藏总量不大,但分散且存藏条件差,既缺乏专业人员又缺乏资金,急需帮扶。省古籍保护中心2016年、2017年、2018年连续3年参加了协会发起的"中华古籍普查文化志愿服务行动",通过开展志愿服务,较好地解决了困扰全省古籍普查的瓶颈问题。在开展古籍普查志愿服务中,省古籍保护中心重心向下,把古籍存藏量

3000册以上、未完成普查任务的20余家基层单位定为志愿服务重点帮扶对象，从全省选派得力的业务骨干作为领队和指导教师，率领大学生志愿者小分队深入基层开展普查。基于普查点分散、交通不便、专业指导老师紧缺的现状，山西省是第一个建立并利用志愿者微信群和服务单位管理人员微信群开展志愿服务业务指导、业务交流的地区，为其他省中心有效开展志愿服务做出示范。为了克服经费困难，省古籍保护中心积极争取协会的支持，同时因地制宜调动各方积极性。例如，把志愿者培训安排在省职工医学院，既解决培训教室、住宿地问题，还"以做代培"，完成了该院3000册古籍的普查。3年间，山西省通过古籍普查文化志愿服务为20余家基层古籍存藏单位摸清了家底、发掘了馆藏，彰显了珍贵古籍的价值，提高了山西古籍普查的整体水平和普查效率，推动全省古籍普查工作的基本完成。

表5　山西省古籍保护中心基本信息表

成立时间	2007年9月
古籍预估藏量	100万册（含民国线装书）
完成普查量	95万册
全国古籍重点保护单位	6家
列入五批《国家珍贵古籍名录》的古籍	274种
国家级古籍修复中心	1家（山西省图书馆）

（六）西藏：雪域高原首次迎来古籍普查志愿服务

西藏是藏文古籍资源大区，历史久远、卷帙浩繁，收藏单位以寺院为主，数量达千余家，覆盖全区所辖地市的74个县。相比内地较好的古籍存藏保护条件，西藏地区的雪域高原地处偏远、点多面广、交通不便，古籍普查面临普遍困境。"中华古籍保护计划"实施以来，在自治区古籍保护中心组织下，西藏古籍普查取得了令人瞩目的成绩。截至2018年底，按照从远少到近多的顺序，已完成公藏单位普查登记的有那曲、阿里、林芝地区，正在推进的有拉萨、山南、日喀则地区；已进入的普查点有820余家，占预计普查点的68%；已完成普查量14360函，占预计普查量的30.55%。从数据看，该地区的古籍普查仍任重道远。

2018年，西藏首次引入古籍普查文化志愿服务。当年3月，中国古籍保护协会联合西藏自治区古籍保护中心着手筹备，摸排情况，收集数据，形成初步方案。5月，协会在中央民族大学支持下，通过学生信息平台发布西藏古籍普查文化志愿服务招募通知，1周内收到21份报名简历，经过筛选，择优录取了10名藏族大学生文化志愿者，以男生为主，均为在读硕博研究生。6月，协会与西藏自治区古籍保护中心在成都再次召开工作对接会,商讨开展志愿服务具体实施事项。从7月17日至8月8日,赴藏的志愿者在接受国家古籍保护中心专业培训后,由西藏自治区图书馆带队老师率领奔赴日喀则的夏鲁寺、帕拉庄园、白居寺开展普查。通过整理、除尘、清点、建档、拍摄书影等工作,共计普查藏文古籍200余函,5套甘珠尔首函,以及部分散页文献、卷轴装公文和私人信札,发现了两页珍贵的元刻本藏文古籍文献。本次藏文古籍普查志愿服务活动时间虽然不长,但意义深远。对志愿者来说,要会说藏语、会写藏文,要掌握普查专业知识,要进入宗教场所这一特殊普查环境,又因高原缺氧、路途艰险,需要具备适应的身体条件,的确是难得的锻炼机会,但更重要的是,古籍普查文化志愿服务向当地群众进一步宣传了党和国家的民族政策以及对藏族文化的珍视和保护。

表6　西藏自治区古籍保护中心基本信息表

成立时间	2011年11月24日
古籍预估藏量	47000函
完成普查量	14360函
全国古籍重点保护单位	4家
列入五批《国家珍贵古籍名录》的古籍	217部291函

四、主要收获

(一)推进古籍普查按期完成

古籍普查作为实施"中华古籍保护计划"的基础性工作,是古籍抢救、保护与利用工作的重要环节。了解和掌握各级图书馆、博物馆等公藏单位的古籍情况,如期完成全国性的古籍普查,对未来改善古籍保护的存藏环境,推动古籍整理修复和开发利用,建设古籍保护专业人才队伍,建设古籍保护研究的学科体系至关重要,是国家今后有重点、有针对性地实施古籍保护工作的重要前提。《中华人民共和国国民经济和社会发展第十三个五年规划纲要》专栏25"文化重大工程"提出实施"中华古籍保护计划""要基本完成古籍普查工作"。文化和旅游部部长雒树刚在各种场合多次强调,"十三五"期间完成全国古籍普查,是当前实施"中华古籍保护计划"的重中之重。因此,配合推动全国古籍普查工作的完成,也成为协会"十三五"时期首要任务之一。

古籍普查的两项重要内容,一是查未编书,即做好未经编目之书的整理入藏登记。由于历史原因,不少图书馆至今尚有数量不等的未编古籍,国有资产时刻面临着受损和流失的危险;二是查已编书,即进行重新校核,完善鉴定著录,准确揭示原书面貌,促进对古籍资源的研究利用。据国家古籍保护中心的调研数据,截至"十二五"末,全国2300余家公藏单位尚有约1300家未完成普查,这些单位的古籍存量约占全部存量的43%,一些行动滞后的地区仅完成工作总量的三分之一。协会组织开展古籍普查文化志愿服务,一方面通过志愿服务活动在高校学生与古籍收藏单位之间搭建渠道,解决专业人员不足的问题;一方面通过积极发动社会力量给予经费和物资等资助,解决基层开展古籍普查经费缺乏的问题;对一些重视程度和责任心不够所造成工作滞后的地区也形成了倒逼机制。此外,数地联动,比学赶帮超,形成了良好的竞争氛围。这些助力使按期完成全国古籍普查任务成为可能。

(二)践行社会主义核心价值观

人类社会发展历史表明,一个民族、一个国家最持久、最深层的力量来自全社会认同的核心价值观。我们党和政府倡导的社会主义核心价值观,融合了国家、社会、公民正确的价值取向,体现着社会评判是非曲直的标准。大学生文化志愿者积极响应志愿服务的号召,无偿投入古籍普查,其参与动力源于社会主义核心价值观所提倡的个人道德观和社会责任心。崇德修身,既要立意高远,又要立足平实。他们奉献出时间和精力,从做好小事起步,深入基层受援点开展志愿服务,凭借专业知识帮助解决实际困难,向社会展示了当代青年文明进步的时代风貌和"奉献、友爱、互助、进步"的志愿服务精神。与此同时,中华优秀传统文化作为民族的基因,古籍作为这一精神财富的载体,承载了中国人历经苦难、上下求索而确立的理想和信念。开展古籍普查,潜移默化地影响了当代大学生的思想和行为方式。他们投入古籍普查,有老师指点,有同好切磋,以书本理论指导工作实际,将所学知识内化于心,外化于行,既提升了专业水平和业务能力,又与弘扬和传承中华优秀传统文化、践行社会主义核心价值观相辅相成。

"中华古籍普查文化志愿服务行动"开展四年来,参加活动的不仅有国内外高校学生,还有其他社会团体、企事业单位的在职和退休员工,从更广泛的层面展现了新时代公众对社会主义核心价值观的认可。京东方科技集团、浙江财通证券股份有限公司等一系列企业和社会团体的公益资助投入,表达了他们对培育社会主义核心价值观的支持。整个志愿服务活动开展得科学规范,实施得深入顺利,其背后还有着各省文化管理部门、各地古籍保护中心的无私奉献和热情支持。这一切使得核心价值观的影响像空气一样无所不在、无时不有,在提高自己的同时,也影响着他人的进步。

(三)培育古籍保护后备人才

"中华古籍保护计划"这一全国性的保护工程把专业人才队伍建设作为重要任务之一,已经探索出一条培训基地、高等院校、传习所"三位一体"的古籍保护人才创新培养之路。11年来,国家古籍保护中心在全国建设了25家古籍修复技艺传习所,12家国家古籍保护人才培训基地,举办各类培训活动百余期,培训学员近万人次,与多所高校合作,建立古籍保护研究院和专业硕士点。即使如此,目前从事古籍保护的专业队伍人数与全国古籍保护的现实需要之间仍存在很大差距。

将大学生的社会实践活动与古籍普查相结合,是一项双赢的工作。我国高校历来重视学生参加社会实践活动。社会实践不仅可以促进知识转化和拓展,而且有利于增强大学生的社会意识和社会技能,发展创新意识。古籍普查文化志愿服务使一批具备古典文献学、历史学专业背景的高校学生,获得了专业对口机会。他们将书本所学知识运用到古籍普查整理编目中,强化了对古典文献学特别是版本学和目录学的认识和把握;与古籍朝夕相伴、亲密接触,也加深了他们对中华优秀传统文化的理解、热爱和尊重。北京师范大学朱光鑫同学在湖北省志愿服务活动中迅速成长,凭借扎实的专业知识,很快成为解决疑难问题的"小老师",甚至基层图书馆工作人员有时也请教于他。专业知识的学以致用,使大学生志愿者收获了成就感和自信心,不少同学希望日后能有机会从事古籍整理研究工作,文化志愿服务为中华优秀传统文化的传承播下了希望的种子。各省古籍保护中心工作人员在文化志愿服务中也收获颇丰,作为指导教师,他们需要在短时间内将多年的经验融会贯通,手把手地传授给学生;作为普查人员,在你追我赶的工作节奏下,这种"压担子"伴以教学相长,使他们的工作能力和专业水平得到进一步提升。有人说,古籍普查文化志愿服务是培育古籍保护后备人才的又一维度。

(四)引入社会力量参与公共文化建设

古籍普查需要环境安全、工作连续,这是一项相对封闭、时间密集的工作。参加服务的志愿者虽然不取回报,但必要的食宿行、保险、工作辅助品都需要组织方提供经费支持。四年来,协会从社会募集到支持古籍普查的公益资助经费达200余万元。由于实施古籍普查文化志愿服务的省份多,受援基层点多,边疆地区多,活动经费筹集成为项目实施的难点。协会多条腿走路,一方面通过新闻媒体、自媒体和各类活动平台开展古籍保护宣传推广,一方面走出去积极引入社会公益资金支持古籍普查志愿服务。

"中华古籍普查文化志愿服务行动"得到了中国志愿服务基金会、京东方科技集团、浙江财通证券股份有限公司、国家图书馆出版社的专项公益资助,这些国企和社会组织彰显了强烈的文化情怀和社会责任感。各省古籍保护中心、普查受援单位也积极争取和募集配套经费,为古籍普查文化志愿服务活动在基层落地,发挥了至关重要的作用。不少当地企事业单位和个人积极加入志愿服务行列,如山东佳泽睿安信息技术有限公司中标为山东省古籍保护中心提供古籍普查文化志愿服务活动的管理服务。当该公司了解到经费不足的情况,不但不谋取盈利,反而为活动补足了差缺的经费。此外,通过努力,"中华古籍普查文化志愿服务行动"还争取到文化部"春雨工程"文化志愿服务项目经费的支持。2017年,协会向部里申请了"中华古籍普查文化志愿服务行动吉林、云南、新疆行"项目,经评审列入"春雨工程"重点需求项目获得经费补助。2018年,西藏和云南再度列入"春雨工程"重点需求项目。

2018年9月,协会参与由中央网信办、民政部指导,腾讯公益发起,全社会爱心企事业单位和爱心人士共同参与的"99公益日"全民互联网公益众筹活动。协会申报的"中华古籍普查文化志愿服务行动"项目从数千个备选项目中脱颖而出,实现上线众筹的目标。参加"99公益日"众筹活动,是协会探索引入社会力量参与古籍保护的又一尝试,以期通过该活动的宣传推广,使社会公众进一步了解中华古籍保护工作;同时通过"99公益日",拓宽古籍保护公益募集的路径。

五、经验启示

(一)加强领导、统筹协调是活动得以展开的关键

"中华古籍普查文化志愿服务行动"是一项有新意、有诚意、有实效的工作,体现了众筹的理念。四年来,该项活动由协会主办、各地承办,大学生志愿者、国有企业等社会力量参与。协会做的是制度设计、过程指导和经费筹集,各地古籍保护中心承担本地招募、培训和实施推进。各省级古籍保护中心在实施过程中,将该项活动纳入本地区古籍保护工作重要日程,加强组织领导和统筹协调,因地制宜制定实施方案,安排专人组织协调,不断对位、对接基层馆,真正做到工作落地。在湖北,湖北省文化厅高度重视此项活动,专门下发了支持"中华古籍普查文化志愿服务行动"的红头文件,要求全省公共图书馆系统的古籍收藏单位选派古籍保护工作者集中参与培训和实际操作,参与古籍普查志愿服务。新疆维吾尔自治区图书馆针对全疆古籍保护现状和特殊政治环境,在馆党委会上讨论通过开展"中华古籍普查文化志愿服务新疆行"实施方案,并由馆党委书记亲自率

领小分队奔赴各普查点开展志愿服务。吉林、江苏、四川等省古籍保护中心通过省际联席会议、古籍保护培训班等多种途径同跨界单位建立联系，推动古籍普查在图书馆系统以外单位的顺利实施。整个活动充分调动各方积极性，体现"众人拾柴火焰高"，取得了良好的社会效益和工作成绩。

（二）完善机制、规范管理是活动顺利实施的保证

协会在组织开展文化志愿服务四年中，重视制度设计、过程管理和经验总结，逐渐形成较为完善的工作机制，实现对活动的规范管理。据统计，2016年4地投入志愿者192人分赴46个受援单位，普查古籍43万余册（件）；2017年10地投入志愿者271人、专业骨干100人分赴62个受援单位，普查古籍36.3万册（件）；2018年12地投入志愿者220人、专业骨干100人分赴45个受援单位，普查古籍25万册（件）。单从数字看，志愿者人数不断递增，普查总量则在递减；实际情况是：基层受援单位从集中到分散，普查从图书馆系统跨界到其他公藏单位，待普查古籍扩展到难度较大的未编书，并有边疆少数民族语言文献普查的开展，难度在不断加大。面对这些难啃的"硬骨头"，要靠建立良好的工作机制、科学的工作流程、规范的管理才能保证普查任务的顺利完成。协会和各个省级古籍保护中心联合开展"中华古籍普查文化志愿服务行动"，经历了精心设计、科学调研和工作试点，摸索管理规范的工作模式，以及绩效评估总结借鉴的全过程，建立了招募、签约、培训、启动、实施、督导、宣传、总结环环相扣的工作秩序，形成了诸如志愿者招募遴选、志愿服务管理、经费筹集使用、普查工作流程和规范一系列工作机制。2017年，协会还成立了"中国古籍保护协会古籍保护志愿服务专业委员会"和"中国古籍保护协会文化志愿者工作委员会"，进一步推动古籍保护志愿服务走向科学化和规范化。

（三）调查研究、方法创新是活动持续推进的动力

"中华古籍普查文化志愿服务行动"的实施，每年都有新的省份加入，都会出现新的情况和问题，因地制宜，不断总结创新，是活动持续推进的动力。2016年，四川省古籍保护中心在招募高校学生文化志愿者时运用初试、复试的办法，笔试须考古汉语和文史知识，这个做法很快被其他省级古籍保护中心借鉴和复制。山西省古籍保护中心、安徽省古籍保护中心针对受援单位分散且在基层的情况，建立了志愿者和专家共享的微信群，并邀请省厅、各受援单位领导加入，共同关注普查进度，实时指导解决普查中出现的问题和难点，这一做法为各省做出了示范。2017年，云南省古籍保护中心在大理州7个基层点开展志愿服务时，派出了本省古籍修复专家同步进入普查点开展调研，摸清了各基层馆古籍存藏和损毁

情况,为日后的修复保护做出规划。江苏是拥有 400 多万册(件)古籍的古籍存藏大省,在从公共图书馆延伸至博物馆、档案馆、高校、研究机构、宗教系统的跨界古籍普查推进中,有效地发挥了志愿服务的作用,协会及时联系《中国文化报》安排采访,总结宣传南京图书馆的创新做法。每年开展志愿服务时,协会都要召开志愿服务推进会,介绍经验、传授方法、研究问题。在实施过程中,组织专家中期巡察,一方面现场答疑,解决普查中遇到的专业问题;一方面调研各基层点的存藏环境、保护条件、古籍管理、困难问题,收集意见和建议;一方面近距离了解大学生志愿者,关注和发现优秀专业人才,为古籍保护事业后继有人发掘潜在力量。

(四)宣传推广、营造氛围与活动成功举办相辅相成

发挥新闻媒体的传播优势,积极利用社交平台对志愿服务进行宣传推广,营造良好的舆论氛围,是协会历年开展古籍普查志愿服务的必选动作。据不完全统计,四年来《人民日报》《光明日报》《中国文化报》等主流平面媒体以专版、通讯、述评等具有重要影响力的宣传形式,对"中华古籍普查文化志愿服务行动"报道达 20 余次;新华网、央广网、凤凰网、中青网、中国社会科学网等网络媒体对古籍普查志愿服务活动也都进行了报道;各省主流媒体、官网密切关注跟踪本省古籍普查志愿服务活动进程,积极地予以宣传报道。协会和各省古籍保护中心充分发挥利用门户网站、微信公众号,将志愿服务进展情况、典型经验、个人事迹实时通报出来。从协会到省级古籍保护中心,再到分赴基层点的志愿服务小组,均各自建立了 QQ 群或微信群,有效地实现了古籍普查信息传递、疑难问题解答、工作交流和心得体会的分享,形成了你追我赶、互相激励的良好氛围。在"中华古籍保护计划"实施 10 周年之际,在国家图书馆社会教育部支持下,协会组织了摄制组,分批前往 6 个省份 17 个拍摄地对古籍普查志愿服务活动进行拍摄和采访,累计采访近 100 人次,及时留存志愿服务现场工作场景和参与活动者当下感受,为志愿服务积累了鲜活生动的影像资料和宝贵的原始素材。一系列的宣传推广活动有力地促进了志愿服务的展开,扩大了活动影响力,也让志愿服务不断地走入公众视野。

"中华古籍保护计划"已经走过 11 个年头,"十三五"末,全国古籍普查工作即将基本完成其目标和任务,然而"行之力则知愈进,知之深则行愈达",中华古籍保护工作任重而道远。历经四年工作实践,"中华古籍普查文化志愿服务行动"的收获与启示告诉我们:作为古籍保护的行业组织,开展文化志愿服务是引领社会力量参与古籍保护的好抓手,这项利国利民的公益活动应该坚持下去,拓

展开来。习近平同志强调，中国特色社会主义文化，源自中华民族五千多年文明历史所孕育的中华优秀传统文化，要推动中华优秀传统文化在新时代的创造性转化、创新性发展。2018年正式实施的《公共图书馆法》，将古籍保护、行业组织、志愿服务等条款一一写入其中。这一切昭示着古籍保护理念未来将进一步为社会和公众所接受，也必将引导更多有识之士加入到中华古籍保护的行列中来，形成传承发展中华优秀传统文化人人有责的生动局面。我们要乘此东风，团结和动员更多的社会力量投入文化志愿服务，选择更多优质项目，打造服务品牌，使古籍保护文化志愿服务成为协会助推古籍保护、追随时代进步的一项常抓常新的工作。

（刘惠平，中国古籍保护协会会长，研究馆员）

关于在高等教育学科专业目录中增设"文化遗产保护"学科门类的建议和设想

A Proposal on Adding "Cultural Heritage Preservation and Conservation" as a Discipline to the Specialty Catalogue of Higher Education

姚伯岳

摘 要：国务院学位委员会和教育部历年来制定颁布的各种版本的我国高等教育学科专业目录中，都没有对文化遗产保护相关学科的完整设置，也见不到"非物质文化遗产保护""古籍保护"的字样，这是学科设置的严重缺失。建议在今后修订中国高等教育学科专业目录特别是研究生学科专业目录时，在现有13个大的学科门类之外，另行设置一个名为"文化遗产保护"的新的学科门类，并在其下设置"文物保护与博物馆学""非物质文化遗产保护""古籍保护"三个学术学位一级学科，同时设置相应名称的专业学位学科类别，以根本扭转目前我国高等教育体制不能有效培养文化遗产保护事业对口专业人才的困窘局面。

关键词：文化遗产保护；文物保护与博物馆学；非物质文化遗产保护；古籍保护；学科目录

中国是一个多民族的国家，悠久的历史和灿烂的古代文明为中华民族留下了极其丰富的文化遗产。2005年12月22日发布的《国务院关于加强文化遗产保护的通知》（国发〔2005〕42号）[1]明确指出，要"加强文化遗产保护管理机构和专业队伍建设，大力培养文化遗产保护和管理所需的各类专门人才。加强文化遗产保护科技的研究、运用和推广工作，努力提高文化遗产保护工作水平"，要"着力解决物质文化遗产保护面临的突出问题"，"积极推进非物质文化遗产保护"。2007年1月19日发布的《国务院办公厅关于进一步加强古籍保护工作的意见》(国办发〔2007〕6号)[2],提出大力实施"中华古籍保护计划"的宏伟设想。可见,早在十多年前,我国政府就已经将文化遗产保护、古籍保护作为建设社会主义文化事业、教育事业的重大国策,进行了高瞻远瞩的战略部署。

但是,迄今为止我国各种版本的高等教育学科专业目录中都没有对文化遗产保护相关学科的完整设置,也见不到"非物质文化遗产保护""古籍保护"的字样,应该说,这是严重的缺失,是学科设置滞后的表现。现在该是改变这种状况的时候了。

一、我国高等教育学科专业目录的历史和现状

中国高等教育学科专业目录由研究生学科专业目录和本科生学科专业目录组成,其中研究生学科专业目录分为学科门类、一级学科和二级学科三个层级,本科生学科专业目录分为学科门类、学科类和专业三个层级。

我国研究生学科专业目录的制定是伴随着我国学位制度的建立而产生的,大体做法是:学科门类及下属的一级学科由国家统一规定;二级学科原则上由国家统一规定,但也可以由学位授予单位根据本单位情况自主设置。

1983年,国务院学位委员会首次公布了《高等学校和科研机构授予博士和硕士学位的学科、专业目录(试行草案)》,共设10个学科门类、63个一级学科。1986年首次修订,并于1990年颁布的《授予博士、硕士学位和培养研究生的学科、专业目录》中,学科门类改为11个(增设军事学),下设一级学科72个。1997年又发布修改版,学科门类改为12个(增设管理学),下设一级学科89个。2011年3月,国务院学位委员会和教育部颁布修订《学位授予和人才培养学科目录(2011年)》,将原属文学门类的艺术学一级学科升级成为艺术学门类,故学科门类增加到13个,一级学科增加到110个。

由此可见,我国高等教育学科专业目录是随着形势发展和社会需要不断修改调整和更新的,无论是学科门类,还是其下属的一级学科、二级学科都不是一成不变的。

二、设置"文化遗产保护"学科门类的现实背景

2017年1月25日,中共中央办公厅、国务院办公厅印发了《关于实施中华优秀传统文化传承发展工程的意见》[3](以下简称《意见》),并发出通知要求各地区各部门结合实际认真贯彻落实。《意见》指出:"实施中华优秀传统文化传承发展工程,是建设社会主义文化强国的重大战略任务,对于传承中华文脉、全面提

升人民群众文化素养、维护国家文化安全、增强国家文化软实力、推进国家治理体系和治理能力现代化,具有重要意义。"

《意见》将保护传承文化遗产列为实施中华优秀传统文化传承发展工程的重点任务,具体为:

  实施中华文化资源普查工程,构建准确权威、开放共享的中华文化资源公共数据平台。建立国家文物登录制度。建设国家文献战略储备库、革命文物资源目录和大数据库。

  实施国家古籍保护工程,完善国家珍贵古籍名录和全国古籍重点保护单位评定制度,加强中华文化典籍整理编纂出版工作。

  完善非物质文化遗产、馆藏革命文物普查建档制度。

  实施非物质文化遗产传承发展工程,进一步完善非物质文化遗产保护制度。

《意见》是一份具有重大现实意义的国家宣言,它向全社会昭告,继承和弘扬中华优秀传统文化,大力加强文化遗产的保护和利用,已成为我国的既定国策和当务之急。

2017年10月18日,习近平总书记在中国共产党第十九次全国代表大会上作报告,也明确指出,要"加强文物保护利用和文化遗产保护传承"[4]。

文化遗产包括物质文化遗产和非物质文化遗产。

物质文化遗产是具有历史、艺术和科学价值的文物,包括古遗址、古墓葬、古建筑、石窟寺、石刻、壁画、近现代重要史迹及代表性建筑等不可移动文物,历史上各时代的重要实物、艺术品、文献、手稿、图书资料等可移动文物,以及在建筑式样、分布均匀或与环境景色结合方面具有突出普遍价值的历史文化名城(街区、村镇),是有形文化遗产。

非物质文化遗产是指各种以非物质形态存在的与群众生活密切相关、世代相承的传统文化表现形式,包括口头传统、传统表演艺术、民俗活动、礼仪与节庆、有关自然界和宇宙的民间传统知识和实践、传统手工艺技能等,以及与上述传统文化表现形式相关的文化空间,是无形文化遗产。

古籍在形态上属于物质文化遗产,是一种有形文化遗产,但其记载的内容又具有非物质文化遗产的性质,可以说介于二者之间;古籍保护的一些内容例如传统的修复工艺、古籍的刷印技术、金石拓片的捶拓技术等,也属于非物质文化遗产的范畴。

古籍之所以可以而且有必要从物质文化遗产和非物质文化遗产中分离出

来，是因为古籍的内容是用图文符号记录的人类文明，这使得它有别于一般的文物；古籍的功能首先是供人阅读学习，而不仅仅是供人观赏。古籍是对人类文明最为完整、系统且有效的记录，即使是在现实世界已经消失的文明，我们也可以通过对古籍的研读将之复原和再现。所以古籍既具有客观性，也具有精神性。古籍与物质文化遗产和非物质文化遗产性质的交叉性，正是其独立存在并应该予以特殊保护的最正当理由。而且并非所有的古籍都是文物，将一部分特别珍贵的古籍作为文物对待是好的，有利于加强对这部分古籍的保护；但如果将所有的古籍都作为文物对待，势必影响其在现实社会的应用，反倒不利于对其内容的传承和保护。

由于文化遗产保护工作的职业性和要求对相关知识掌握的广泛性、深入性，所以并不适合在本科阶段进行上述专业教育；又由于其实践性较强，招收专业硕士和博士应该成为这个学科门类人才培养的主要发展方向。各相关教学机构应着力培养文化遗产保护下属各学科的学术型硕士研究生和专业硕士研究生乃至博士生，培养文化遗产保护方面的高级人才，并将其输送到最需要他们的岗位上。

鉴于中外文化遗产规模的巨大及性质的复杂，有必要将文化遗产保护作为一个独立的学科门类在我国高等教育学科专业目录中特别是在研究生学科专业目录中予以设立。在"文化遗产保护"学科门类下，可以设置"文物保护与博物馆学""非物质文化遗产保护""古籍保护"三个学术学位一级学科，同时也可以设置相应名称的专业学位学科类别。这种设置，不但可以弥补目前我国高等教育学科专业目录没有文化遗产保护、非物质文化遗产保护、古籍保护学科的缺失，而且也可以整合相关的各种专业方向，使得我国高等教育学科专业目录的设计更加合理，更有利于培养相关的专业人才，促进我国文化事业的健康发展。此外，文化遗产保护与利用的国际化趋势越来越明显，"文化遗产保护"学科门类的设置，对于文化遗产保护的国际合作与交流也是非常有利的。

三、"文化遗产保护"学科门类下设立一级学科的设想和规划

（一）文物保护与博物馆学

文物保护与博物馆学专业简称文博专业，它主要涵盖了文物学和博物馆学，并与考古学关系极为密切，属于文化遗产保护的重要组成部分。

目前我国高等教育学科专业目录中，在"历史学"门类中的"考古学"一级学科下设有学术学位"文化遗产保护与博物馆学"二级学科，培养学士与硕士、博士

研究生。同时在"历史学"门类中还设有"文物与博物馆"专业学位学科类别,培养专业学位硕士研究生。

文化遗产保护与博物馆学学术学位培养具备文物学、博物馆学的系统知识,能在政府文物管理和研究机构、各类博物馆和陈列展览单位、考古部门、文物与艺术品经营单位、海关、新闻出版、教育等单位从事文物与博物馆管理、研究工作的博物馆学高级专门人才。学生主要学习文物学、博物馆学的基本理论和基础知识,受到历史、艺术、文化和科技等综合知识的基本训练,具有文物鉴赏、研究和文博事业管理的基本能力。

文物与博物馆硕士专业学位的培养目标是:为各级文物管理机构及各类博物馆、研究机构、出版机构、社团组织、文物商店、拍卖行等,培养具备良好的政治思想素质和职业道德素养,具有现代文博事业理念,较好掌握文物与博物馆及相关领域的知识和技能,能胜任较高水平业务或管理工作的高层次、应用型文物与博物馆专门人才。

从培养目标和课程设置来看,文物与博物馆硕士专业学位与"文化遗产保护与博物馆学"学术学位并无太多不同,只是加强了实践教学的内容,增加了实习实践的时间,学期相对较短而已。它开创了文物与博物馆人才培养的新模式,更有利于加快文物与博物馆从业人员的更新和素质提高。

近年来,我国博物馆发展速度很快,博物馆的策划、设计、建设和管理中的种种问题急需专业人员的担当。据国家文物局局长刘玉珠2017年5月18日在国际博物馆日致开幕词时介绍,截至2016年底,全国登记注册的博物馆已达到4873家,其中文物部门所属博物馆2818家,其他部门所属行业博物馆758家,非国有博物馆1297家[5]。2015年7月29日,国家文物局修订颁布的《中华人民共和国职业分类大典》[6]中,文博行业职业设置有文物藏品专业人员、可移动文物保护专业人员、不可移动文物保护专业人员、讲解员、文物修复师等,说明文化遗产保护与博物馆学专业高校毕业生有明确的就业需求。此外,政府文物管理和研究机构、各类博物馆和陈列展览单位、考古部门、文物与艺术品经营单位、旅游部门、新闻出版、教育单位、文化创意产业等领域,都需要能从事研究、保护、管理、策划、宣传、咨询等方面工作的文博人才。

《全国文博人才发展中长期规划纲要(2014—2020年)》中指出:"我国文博人才队伍总体状况与建设文化遗产强国的要求尚不相适应。人才总量短缺,队伍结构不合理,人才素质偏低,特别是高层次领军人才、科技型专业技术人才、技能型职业技术人才、复合型管理人才严重匮乏。"[7]可以说,今后若干年将是我国文物事业发展的黄金期,迫切需要这方面的高素质人才。

我国重点大学如北京大学、西北大学、复旦大学、吉林大学、浙江大学等都开设有文化遗产保护与博物馆学专业,但文化遗产保护与博物馆学目前还只是附属于考古学一级学科之下的一个二级学科,其学科地位明显偏低。

文化遗产保护与博物馆学作为一门学科具有很强的交叉性和包容性,虽然从学科属性来看是一门人文学科,但其中也包括许多科技手段和方法,因此,学生不仅需要具备较好的文史知识储备和理论功底,也需要对理工科如地理、环境、生物等学科的一些相关知识有一定程度的了解和掌握。"文""理"结合是这门学科的一个很重要的特点。与考古学专业注重田野调查和发掘工作不同,文化遗产保护与博物馆学专业更偏重于室内的实践训练。在学科理论和实践方法上,文化遗产保护与博物馆学同考古学有明显的差异。文化遗产保护与博物馆学附设在考古学下,只能是一个暂时的举措。事实上,目前在历史学学科门类中设置了相当于一级学科的专业学位"文物与博物馆"类别,就是对其地位的一种提升,反映了学科发展的正确方向。

此外,"文化遗产保护与博物馆学"这个名称应该改为"文物保护与博物馆学",因为在考古学一级学科下的所谓"文化遗产"其实就是指物质文化遗产,也就是文物。目前正在被遵循的国务院学位委员会第六届学科评议组编的《学位授予和人才培养一级学科简介》(2013年版)中,误将"文化遗产保护与博物馆学"印成了"文物遗产保护与博物馆学",但在下面的具体解释中又写成"文化遗产保护"[8]。这个错误并非偶然,说明当时在名称的用法上应该有过不同的意见。

鉴于文物保护与博物馆学交叉性学科的特点,如果能将其作为一个一级学科放到"文化遗产保护"学科门类下,将是该学科最好的归属。其下可设置"可移动文物保护""不可移动文物保护""大遗址保护"等二级学科。

(二)非物质文化遗产保护

根据联合国教科文组织的《保护非物质文化遗产公约》定义,非物质文化遗产(intangible cultural heritage)指被各社区、群体,有时是个人,视为其文化遗产组成部分的各种社会实践、观念表述、表现形式、知识、技能以及相关的工具、实物、手工艺品和文化场所。公约所定义的"非物质文化遗产"包括以下方面:(1)口头传统和表现形式,包括作为非物质文化遗产媒介的语言;(2)表演艺术;(3)社会实践、仪式、节庆活动;(4)有关自然界和宇宙的知识和实践;(5)传统手工艺。

《中华人民共和国非物质文化遗产法》于2011年6月1日起实施。该法规定:非物质文化遗产是指"各族人民世代相传并视为其文化遗产组成部分的各种传统文化表现形式,以及与传统文化表现形式相关的实物和场所。包括:(一)传统口头文学以及作为其载体的语言;(二)传统美术、书法、音乐、舞蹈、戏剧、曲艺和杂技;(三)传统技艺、医药和历法;(四)传统礼仪、节庆等民俗;(五)传统体育和游艺;(六)其他非物质文化遗产"[9]。

非物质文化遗产是我们先辈通过日常生活的运用而留存到现代的文化财富,包含着难以言传的意义、情感和特有的思维方式、审美习惯,蕴藏着传统文化的最深的根源,保留着形成该民族文化的原生状态。它既是历史发展的见证,又是珍贵的、具有重要价值的文化资源。我国是一个历史悠久的文明古国,不仅有大量的物质文化遗产,而且有丰富的非物质文化遗产。我国各族人民在长期生产生活实践中创造的丰富多彩的非物质文化遗产,是中华民族智慧与文明的结晶,是联结民族情感的纽带和维系国家统一的基础。在致力于中华民族伟大复兴的当代,更有必要认识、了解和传承祖先留下的文化,非物质的无形的遗产更加体现出其独特的价值,值得我们去悉心呵护。可是在经济高速发展时期,非物质文化遗产又很容易被人遗忘甚至抛弃,具有生命力相对脆弱的弱点,非常需要及时的保护甚至抢救。

另一方面,非物质文化遗产是基于西方的学术理念、按照西方文化分类方式进行的划分,中国的事物被列入世界非物质文化遗产名录,也是因为符合西方的价值评判标准而申报成功。在这个过程中,如何防止"非遗"具体对象可能被肢解,其整体性可能被碎片化,活态性演变成标本化,从而失去了"非遗"具体对象原本的模样,这些都是非物质文化遗产保护中面临的问题,需要予以认真的研究和防范。

现代的非物质文化遗产申报活动,如何保留遗迹的自然状态和真实性而减少人造的成分,如何继续保持日常性而减少节庆性,如何增强实用性而减少表演性,如何体现民间性而减少官方性,如何避免被现代社会同化而继续发挥其独特作用,也都是非物质文化遗产保护的任务和需要研究的课题。

目前,中国是世界上入选联合国教科文组织非物质文化遗产名录项目数量最多的国家,但我国对非物质文化遗产保护的教育和研究远远不能满足现实的需要。我国的高等院校有责任将这一使命担当起来。非物质文化遗产保护人才需要高校的专业性培养,其面临的诸多课题也需要高校予以关注并进行相应的研究。非物质文化遗产完全可以成为设置在"文化遗产保护"学科门类中的一个一级学科,在其下还可以根据社会需要设立诸如"非遗保护制度""非遗教育与传播""非遗与旅游"等二级学科或专业方向。当然,具体做法还有待于相关专家学者的进一步研究和讨论。

总之,非物质文化遗产保护面临着太多的问题,它绝对值得成为一个一级学科来进行研究,也迫切需要培养相关的专业人才来承担起非物质文化遗产保护的历史使命。

(三)古籍保护

"古籍"一词有狭义与广义之分。狭义的古籍主要指1912年以前在中国书写或印刷的书籍;广义的古籍则包罗万象,甲骨、简策、帛书、敦煌卷子、金石拓片、舆图、奏折、书信、手札、契约、文书等古代文献,都可算作古籍。

和古籍一样,"古籍保护"也有狭义与广义的不同。在过去很长一个时期,"古籍保护"基本是古籍典藏方法的代名词,强调的是如何妥善保管、看护古籍的方法。但近十多年来,"古籍保护"的含义有了极大的发展,人们认识到,古籍保护分为原生性保护和再生性保护两大类型,凡有关古籍的搜集、鉴定、编目、保藏、修复、缩微复制、出版、数字化乃至传播,都应列入古籍保护的范畴;围绕着古籍保护,传统的文献学、西方的编目法、图书馆学、后起的编辑出版学、新兴的数字化技术和网络传播技术及理念、法律学、生物学、化学、物理学、古籍修复技术等各种新旧学问和技术技能得到了合乎逻辑的自然整合。古籍保护学以古籍保护为研究对象,有效整合各类相关学科和知识技能,成为一个有着独特研究对象、包罗众多研究内容、研究方法横跨社会科学和自然科学并自成体系的学科,以往的任何一个学科都无法覆盖和替代它。

据不完全统计,仅就狭义的古籍含义而言,我国图书馆加上博物馆、寺院和民间收藏,现存古籍数量就有20余万种5000余万册。海外如日、韩及欧美各国也有数量不等的中国古籍收藏,总数可达数百万册。这样庞大的传世古籍需要有懂行的人员去保护和传承。但长期以来,由于没有专门的学科设置,无法培养出完全符合古籍保护工作要求的复合型人才,从业者大多是从历史文献学、中国古典文献学、图书馆学等相近专业毕业;图书馆也间或采用师傅带徒弟或参加各类短期培训班等方式培养本单位在职的古籍保护工作者,人数既少,人员知识结构也不完整。随着时间的推移,老辈专家日渐凋零,精通古籍保护业务者日益稀少,古籍保护高层次专业人才的缺乏已成为制约我国古籍保护工作有效进行的突出问题,古籍保护人才的培养已刻不容缓。

通过对以往经验教训的总结分析,人们逐渐取得共识:为了保证古籍保护事业的可持续发展,必须专业化、制度化、规范化、长期化地培养古籍保护方面的高级专门人才。而只有将古籍保护作为一门独立的学科并设置专门的教学机构,才能够源源不断地培养出适应古籍保护实际工作需要的高级人才。

但是,在国务院学位委员会和教育部编制颁发的学科目录中根本就没有"古籍保护"这四个字,古籍保护的内容分散在各相关学科专业方向中。国务院学位委员会第六届学科评议组编的《学位授予和人才培养一级学科简介》(2013年版)中,与古籍保护学科内容相关的有:

"历史学"门类中的"考古学"一级学科下的"文化遗产与博物馆学"二级学科;

"历史学"门类中的"中国史"一级学科下的"中国历史文献学"二级学科;

"文学"门类中的"中国语言文学"一级学科下的"中国古典文献学"二级学科;

"管理学"门类中的"图书情报与档案管理"一级学科下"图书馆学"二级学科中的"文献与目录学"方向,"出版管理"二级学科中的"印刷复制技术"方向。

上述所有与古籍保护相关的学术学位一级学科和二级学科及方向,都仅能包含古籍保护的部分内容,不能涵盖古籍保护的全部范围,这显然不利于古籍保护学科的建设和古籍保护人才的培养。

近年来,国家古籍保护中心抓紧与国内各类高校合作,先后支持和资助中国社会科学院研究生院、中山大学资讯管理学院、复旦大学、天津师范大学招收古籍保护方向的专业硕士研究生。但是,上述教学机构在古籍保护人才培养方面的做法很不一致。复旦大学中华古籍保护研究院在"图书情报"专业学位类别下招收"古籍保护"方向硕士专业学位研究生,中山大学在"图书情报"专业学位类别下招收的则是"文献保护与修复"方向专业硕士研究生,天津师范大学是在"文物与博物馆"专业学位类别下招收"古籍修复与出版"方向硕士专业学位研究生,中国社会科学院研究生院则是在"文物与博物馆"专业学位类别中的"文物鉴定与修复"方向内设置了一个"古籍鉴定与修复"子方向。总之,各个院校做法不一,专业方向名称不一,课程内容不统一,培养目标各异,培养方法也欠缺规范。这种混乱状况与学科目录中对古籍保护没有明确的规定与说明有很大关系。

古籍保护作为一门交叉学科,无论是放在历史学学科门类还是放在管理学学科门类中都有牵强之处。如果能够设立"文化遗产保护"学科门类,将古籍保护作为其下的一级学科,下设"古籍原生性保护""古籍再生性保护"等二级学科,或者按照具体内容设置"古籍保护基础理论""古籍编目""古籍保藏""古籍修复""古籍再生传播"等二级学科,则顺理成章、妥帖自然,必将极大地完善我国的古籍保护教育机制,更有利于培养出符合古籍保护实际工作需要的合格人才,为我国的古籍保护事业提供长期而有力的保障。

四、结语

文化遗产涉及人类文明的方方面面,文化遗产保护关乎传统文化的存亡继绝,是当今各国各民族都普遍面临着的世界性难题,更是中国社会在现代化进程中必须认真对待的重大课题和艰巨任务,是一项伟大而神圣的事业。文物保护、非物质文化遗产保护、古籍保护,都具有很强的实践性;作为新兴学科,又都属于交叉学科,以往严格按照科学分类体系编制的高等教育学科专业目录不能有效地安置它们,自然也培养不出能够充分满足各类文化遗产保护工作需求的复合型人才。所以必须改变思路,开创新的学科门类,重新整合散见在旧有学科专业目录中的相关专业方向,设置合理的一、二级学科,只有这样才能从根本上改变目前我国文化遗产保护教育所处的尴尬境地,源源不断地培养出符合需要的专门人才,使我国的文物保护、非物质文化遗产保护、古籍保护事业走上可持续发展的康庄大道。

(姚伯岳,天津师范大学古籍保护研究院常务副院长、教授)

参考文献:

[1]国务院关于加强文化遗产保护的通知(国发〔2005〕42号)[A/OL].(2017-09-14)[2018-8-18]. http://www.hatsg.com/home/detail/277.

[2]国务院办公厅关于进一步加强古籍保护工作的意见(国办发〔2007〕6号)(2007年1月19日发布)[A/OL].(2007-01-29)[2018-8-18].http://www.gov.cn/zwgk/2007-01/29/content_511825.htm.

[3]中共中央办公厅 国务院办公厅印发《关于实施中华优秀传统文化传承发展工程的意见》(2017年1月25日印发)[A/OL].(2017-01-25)[2018-8-18].http://www.gov.cn/zhengce/2017-01/25/content_5163472.htm.

[4]习近平.决胜全面建成小康社会 夺取新时代中国特色社会主义伟大胜利——在中国共产党第十九次全国代表大会上的报告(2017年10月18日)[A/OL].(2017-10-27)[2018-8-18].http://www.xinhuanet.com/2017-10/27/c_1121867529.htm.

[5]"5.18国际博物馆日"中国主会场活动开幕式在首都博物馆举行[EB/OL].(2017-05-19)[2018-08-18].http://www.sohu.com/a/141867219_488371.

[6]国家职业分类大典修订工作委员会.中华人民共和国职业分类大典(2015年版)[M].北京:中国劳动社会保障出版社,中国人事出版社,2015.

[7]全国文博人才发展中长期规划纲要(2014—2020年)[A/OL].(2016-04-26)[2018-8-18]. https://wenku.baidu.com/view/98c45dd455270722182ef780.html.

[8]国务院学位委员会第六届学科评议组.学位授予和人才培养一级学科简介(2013年版)[M].北京:高等教育出版社,2013:58-59.

[9]中华人民共和国非物质文化遗产法(2011年2月25日第十一届全国人民代表大会常务委员会第十九次会议通过)[A/OL].(2011-05-10)[2018-8-18].http://www.npc.gov.cn/huiyi/lfzt/fzwzhychbhf/2011-05/10/content_1666069.htm.

王重民先生 1939—1949 年的古籍保护实践*

Wang Zhongmin's Practice of the Rare Books Preservation in 1939-1949

向 辉

摘 要：王重民、刘修业伉俪于 1939 年赴美，先展开对美国国会图书馆所藏中国善本书的调查，再参与国立北平图书馆（今国家图书馆）寄存在美国的善本古籍之保护与研究，1947 年回国后仍有一段时间继续从事古籍相关工作。王重民先生是现代古籍保护工作早期的重要探索者和实践者，以其一己之力在民国时期的古籍保护事业中做出了奠基性的贡献，举凡古籍编目、古籍整理、古籍研究、人才培养、海外古籍保护与合作等方面均留下了宝贵的经验。其工作成就举世瞩目，其工作实践值得我们反思。本文围绕 1939—1949 年间王重民先生以古籍的系统调查和提要的撰写为重心展开的古籍保护工作实践，结合时代背景和个人生涯，探寻其研究进路和学术愿景，以期揭示王重民先生在古籍保护工作方面所进行的艰苦努力。

关键词：王重民；古籍保护；开拓者

王重民（1903—1975，字有三）是当代著名的图书馆学者。近年来，国内有关王重民的研究围绕着目录学、敦煌学、图书馆学、古籍版本学、图书馆学科教育等不同的学科专业方向展开，或关注其个人生涯，或挖掘其著述的历史价值，或关注其学科建树，为我们了解王重民的工作及其学术贡献提供了各方面的信息。[1]

本文认为，王重民也是我国古籍保护事业的重要开拓者和实践者。"古籍保

---

* 本文的撰写及成稿，得益于赵爱学、刘波、周余姣、林世田、李国庆、姚伯岳诸位先生的指点和帮助，特致谢忱。

护"一词是近年来的新名词,在王重民那个时代鲜有说起,但这并不妨碍我们将他视为古籍保护工作的探路者。就如同古代没有"图书馆"这个名词,但并不妨碍我们展开古代图书馆研究一样。

本文将时间聚焦在1939年至1949年,即王重民自赴美至回国并担任国立北平图书馆(今国家图书馆)代理馆长止,旨在通过对历史文献的梳理,揭示王重民在古籍保护方面的贡献及其对于当前我们进行古籍保护工作的启发意义。

一、古籍保护的事业生涯

古籍保护工作离不开从事这项事业的工作人员和研究人员的艰苦实践。就工作成果而言,以古籍调查目录的编纂最为直观,因此,参与古籍保护工作的一线实践者,其贡献首先就是古籍目录之学。1939年至1949年间,王重民从事古籍保护工作的最终成果是后来出版的几部书录提要,及其文集中若干相关文章。中国历史博物馆(中国国家博物馆前身)研究员傅振伦(1906—1999)在其为王重民《中国善本书提要》一书所作的序中说:"重民同志于1939至1949年,写成宋、元、明刻本及校钞本等善本书提要四千余篇,包括有六朝唐写本、宋刻本六十余种,金、元刻本一百余种,又有影钞宋元刻本、明钞本一百五十余种,明朱墨印本一百余种,可谓洋洋大观矣。"[2]在该序文中,傅先生主要从目录学的意义上介绍了王重民的学术成就。根据傅先生的结论,王重民的目录学研究成就可归纳为三点:第一,在《四库全书总目》的基础上推进了提要著录的学术价值;第二,对所调查古籍善本进行科学著录;第三,在揭示每一部古籍的诸多特征基础上进行必要的考订,从而达到了目录学"辨章学术、考镜源流"的要求。这是前辈学者的睿见。

时至今日,随着"中华古籍保护计划"的全面铺开,"古籍保护"这一概念已经广为学界所熟知,而王重民在此期间所从事的工作就属古籍保护的范畴,因此,有必要从古籍保护的实践层面对王重民的工作予以重新认识,并为当前的古籍保护工作提供前人的智慧。

根据王重民遗孀刘修业(1910—1993)的《王重民教授生平及学术活动年表》[3]、李墨的硕士论文《王重民年谱》[4]可知,从1939年至1949年这十年中,王重民的主要精力全部集中在古籍保护事业上。

1939年8月,王重民、刘修业夫妇由法国巴黎辗转至美国华盛顿。王重民夫妇原拟经美国中转回国。受中日战争的影响,王重民夫妇回国之旅暂时无望。

到美国华盛顿之后，恰逢美国国会图书馆远东部主任恒慕义（A. W. Hummel, 1884—1975）①敦请王重民协助鉴定该馆馆藏中文善本。得知此事后，北平图书馆馆长袁同礼（1895—1965）写信劝王重民不用急于回国，留在美国集中精力处理此事亦是祖国文化建设的需要，故此王重民夫妇留美多年，对收藏在海外的中国古籍善本展开了细致调查。王重民夜以继日、全力以赴地对这些古籍逐一展卷调查，并——著录在案，撰写古籍提要1600余篇，拟题《美国国会图书馆所藏善本书录》，为此后该馆出版善本书录打下了基础②。

1941年，王重民赴上海处理北平图书馆南迁善本事宜[5]。平馆所有善本甲库180箱，乙库120箱，在卢沟桥事变前即已南迁至上海，先后存放在法租界亚尔培路科学社图书馆、吕班路震旦博物院。时任馆长袁同礼以保护古籍计，拟运送至美国。由当时驻美大使胡适（1891—1962）推荐，王重民前往上海负责此事[6]9。王重民拣选100余箱善本约2700余种运到美国。这批书寄存在美国国会图书馆。从1941年至1946年，王重民对这批古籍逐一进行细致调查，几乎全部撰写了提要，并摄制了缩微胶卷。这批缩微胶卷是我国第一批高质量、大规模的古籍善本缩微再造。

1946年冬至1947年春，王重民又应邀至普林斯顿大学葛思德东方图书馆（今东亚图书馆），协助他们鉴定该馆馆藏古籍，撰写提要1000余种，为其后屈万里（1907—1979）编纂《普林斯顿大学葛思德东方图书馆中文善本书志》打下了坚实的基础。

1947年王重民夫妇回国。王重民任北平图书馆参考组主任，同时任北京大学图书馆学专修科教授。在此期间，他对北京大学图书馆善本古籍展开调查，撰写提要600余种，同时设想将北京大学图书馆、故宫图书馆、北平图书馆馆藏古籍做进一步调查，撰写提要3000种，再赴南方各大图书馆展开调查并撰写提要，完成万种古籍善本的提要撰写。由于时代的关系，此一工作理想未能完全实现。王重民故去后，由其遗孀刘修业先生整理出版《中国善本书提要》《中国善本书提要补编》，共收录5620篇提要。这是古籍调查工作中前所未有的成果，至今仍为学界所称道。

---

① 恒慕义，汉学家，1928—1954年间任美国国会图书馆远东部（今亚洲部）主任，美国亚洲研究协会第一任会长，编有《清代名人传》（*Eminent Chinese of the Ch'ing Period*）等书。

② 范瑾邦说，王重民自1939年至1947年鉴定整理美国国会图书馆馆藏中文古籍，"其成果汇集为《美国国会图书馆藏中国善本书录》二册，收六朝唐写本、宋金元明善本共1777种，经袁同礼整理后，于1957年由美国国会图书馆在华盛顿出版。1972年台北文海出版社据以影印"。[范瑾邦：《王重民〈美国国会图书馆藏中国善本书录〉补订》，《"国家图书馆"馆刊》（台北）2008年第1期，第140页]

1949年后,王重民更加关注北京大学图书馆学系。最初在北京大学中文系之下设立的图书馆专修科,是王重民在图书馆人才培养方面的关键举措,这成为他日后最为看重的事业。该专修科于1949年正式成为图书馆学系,王重民任系主任[7]。此后,王重民的主要工作精力就逐渐转移到如何培养具有学术素养的现代图书馆人才上了。

1939年,王重民37岁;1949年,他47岁。10年间,王重民的古籍保护实践取得了相当惊人的成绩,他在这一时期的工作也使他成为我国古籍保护事业的开拓者之一。

二、古籍调查的实务经验

古籍保护工作是一项实践性极强的文化工作。我们知道,古籍普查是古籍保护工作的重点任务。所谓的古籍普查,究其名义,就是古籍工作者按照工作流程,对古籍收藏机构所藏古籍展开全面的调查。此一调查工作需要根据馆藏条件和调查人员本身的情况而制定相关的工作流程。一般而言,古籍的调查包括对馆藏古籍进行清点、整理、登记著录。只有完成了调查,才能形成古籍书目。

古籍普查对古籍工作者来说是考验其学识的业务工作,也是古籍保护的基本训练课程。在这方面,王重民自嘲地称之为"绍兴师爷的功夫"。绍兴师爷的功夫,简单而言就是工作者注重亲历的经验和实务的操作,需要从事实际工作的人员"眼明心亮、手勤脚快,才能学到手"[8]137,特别是需要"通过自己多读多抄渐渐地领悟书中的意义和把握工作的要领"[8]142。也就是说,古籍的调查不是简单地将书目信息登记而已,它是通过大量的古籍过眼实践,让自己获得对古籍实物的直观感受,同时也需要进行及时的记录和进一步的深入考察,从而为学界提供可靠的古籍信息。我们看到,1944年5月5日,王重民致信胡适时表示,他感觉其本人与章学诚(1738—1801,字实斋,号少岩)①的性情相合,"重民自问:无实斋之见识,有实斋之博览。二十年来,都是作的绍兴师爷的功夫。作学生的时候看了一百多种杂志,编出两本《国学论文索引》(第三、第四册为内子续编)。毕业后看了四百二十八种文集,编为篇目索引。出国后,看了五千敦煌卷子,一千二百金石拓片,一千五百部天主教书,近又看了二千九百部善本书了,也曾提出

---

① 王重民先生曾专门撰写了《章学诚的目录学》一文(王重民:《中国目录学史论丛》,中华书局1984年版,第255—275页)。在该文中,王重民说:"章学诚一生都是在困苦流离中读书著书,与社会实际生活相结合,使他的唯物主义思想不断发展。又章学诚的一生都是寄生在地方的官僚阶层中而为他们服务,因此,与社会的中下层人士得有广泛的接触,对于地方上的政治、经济、生产上的利弊,对于中下层读书人的思想和要求,都能认识得比较清切。"(第256页)此诚王先生夫子自道也。

一些菁华,将来或能应用。去冬今春,看了三四百部明本方志,顺手辑出了两百多个《永乐大典》纂修人,觉得当时所征取的人材,下至医卜星象、和尚道士,实比四库馆广大的多"[6]310。由此可见,进行古籍的调查工作有如下几项重点:第一,是要大量地"看",也就是我们所谓的经眼,这是古籍保护的第一步工作,离开了大量的古籍经眼,其他皆是无源之水、无本之木。第二,是要有一定的前期准备和经验积累,王重民之所以能在美国很快进入古籍善本的调查,并且完成大量的书志撰写,一个基础的条件是他之前若干年一直在做一些调查和编目的工作,无论是做杂志的篇目索引,还是做文集的篇目索引,都是一种基本的学术训练。第三,是要"提出一些菁华",即对所看过的古籍予以著录,将其中的有效信息予以记录。第四,是要"顺手辑出",也就是要有目的地开展调查,有具体的工作目标,同时也要手脚勤快。第五,是要对前人的相关研究有所关注,比如四库馆臣的论述、前辈学者的观点等。古籍的调查,其首要目标是揭示所见古籍的具体信息,同时也要尽可能地对前人的研究提出补充意见或者修订意见。这是王重民当年真切的经验之谈。

三年之后,即1947年10月29日,王重民在给胡适的信中说,他"近十年来,编了国会图书馆的善本一千五百种,北平图书馆的二千七百二十种,普林斯敦的一千种,欧洲的天主教书三百五十种(大致明刻本)。北大的又将近三百种了。总的来说,没有《千顷堂书目》二分之一,也有五分之二了。在最近三五年内,还希望能编北大的一千五百种,故宫的一千五百种,北平图书馆的两千种,除去重复,将不难有七千种或七千五百种。以往的书目,著录过了一千种的很少,《四库全书》仅三四五〇种,连《存目》也不过一〇二三〇种。几年以后,再能往南方游历几次,很希望到死的时候,能够到一万种明以前刻本书,这就是我的梦想了"[6]485-486。由此可以看到王重民当年的工作量之巨大,也可以看到他对古籍调查的热情投入。没有这种执着的坚持和长期的投入,想要在古籍保护方面取得成果,谈何容易。

因为胡适盛赞明末清初人黄虞稷(1626—1691)的《千顷堂书目》,所以王重民曾将自己的工作与之相比较,树立起一种时刻与前贤为伍的学术态度。王重民认为他本人在古籍经眼(即古籍调查)方面已经在一定程度上达到了黄氏的水平。虽然黄氏《千顷堂书目》以明代著作为主,没有对古籍做详细的著录,但我们可以通过这部书目看到明代艺文的基本情况,并从中体会到前人在古籍编目、分类方面的实际经验,这部书目也因此成为《明史·艺文志》的重要依据[9]。与前贤为伍,就需要对前贤的学术成果予以研究,予以揭示。在1948年至1949年间,王重民曾专门研究了黄氏的著述,撰写了一篇考订的文章《〈千顷堂书目〉考》[10]185-212,文章包括"黄虞稷小传""黄虞稷入明史馆与纂修明艺文志(附论倪灿撰艺文志序)""王鸿绪《明史稿》里的《艺文志》(附论张廷玉《明史·艺文志》)""《明史稿·艺文志》与《经义考》""黄氏《明史艺文志稿》与《千顷堂书目》""《千顷堂书目》与补四朝经籍志"等六章。经王重民周密的考证,可以确定《明史艺文志稿》和《千顷堂书目》都是黄氏的著作,内容大致相同,只是"黄氏后来通通校正一过方才写为定稿,预备进呈,所以能比他用私人名义发表出来的《千顷堂书目》好一点"[10]208。黄氏书目之所以能有他独特的地位,当与他本人大量且精密的调查密不可分,所以清人朱彝尊在撰写《经义考》时采取黄氏观点的地方很多,并且对黄氏的评价极高,称其"搜采特详,功崇稽古"。对此王重民评论道:"那是朱彝尊从甘苦里面体验出来的话。因为他俩的经验和学识够得上'旗鼓相当',所以能互相尊重,而不互相抄袭。朱氏《经义考》的体例录序跋,考事迹,故能修正黄氏的地方不少。"[10]201 王重民此一评论绝非虚辞,而是他的感同身受之言。

总之,古籍调查是一项"从甘苦里面体验出来"的工作。它离不开调查者的经验,也正是在不断调查中强化这种经验;同时也离不开调查者的学识,如果没有学识,就只能陷入低水平的重复,产生不了具有一定学术价值的成果;更重要的是,它需要一种不懈的坚持精神,当然也需要有客观环境的条件。

三、古籍保护的研究进路

古籍保护研究工作是一项具有持久性特点的文化工作,不可能一蹴而就,只能是日积月累的向前发展。谢国桢(1901—1982)在《我的治学经历》一文中曾回忆说:"在北京图书馆工作期间,徐森玉先生是领导,同事中有赵万里、刘国钧、王重民、孙楷第、胡文玉、向达、贺昌群,稍后有谭其骧、张秀民诸位先生,都是埋首从事于所专长的研究工作。当时我们都是研究自己喜爱的学问,有时一般人认为馆中养了一批吃闲饭的人,却想不到,到解放以来,在建设社会主义社会上,还除了我以外,都派了用场。"[11] 王重民之所以能在古籍保护方面取得这样的成绩,其中一个关键的原因就在于谢国桢所说的"埋首从事于所专长的研究工作"①。

国立北平图书馆自来有重视学术研究的传统,也为研究者们提供了发表研究成果的平台,以《国立北平图书馆馆刊》《读书月刊》《图书季刊》等公开发行的专业刊物为基础,"平馆学人"的研究得以及时地向学界公布。其中,创刊于1934年的《图书季刊》有中英文两种版本,后因日本侵华而停刊多年,1939年在昆明恢复出版中文版本,次年恢复英文版本。1942年,该刊因印刷困难而停刊,次年续刊,至1948年12月停刊。王重民与向达(1900—1966)、王育伊为复刊后的《图书季刊》特约编辑[12]。1939年至1949年间,王重民在《图书季刊》上发表了多篇论文,如《〈历代名公画谱〉跋》《跋爱余堂本〈隐居通议〉》《跋〈慎守要录〉》《跋〈格致草〉》《跋〈姓韵〉》《跋王徵的〈王端节公遗集〉》《跋〈孝经衍义〉》《跋〈类编草堂诗余〉》《跋〈管窥小识〉》等。这里我们且以其中的三篇文章为例,略窥其在古籍保护研究方面的路径。

其《跋〈慎守要录〉》[13]447-448一文刊于《图书季刊》新第六卷(1945年)。王重民考证说:道光二十九年《海山仙馆丛书》中收录了韩霖著作《慎守要录》七篇九卷。但查康熙《绛州志》所记录的韩霖著述十二种里面并没有此书,而有一部名为《守圉全书》者。又在此志书中查到的王汉、陈子龙所作《守圉全书》篇序,提及《协力篇》《申令篇》,此两篇恰好也在《慎守要录》中。故王重民推测,书名从《守圉全书》变成《慎守要录》,要么是作者自己修订的,要么是刻书人所改动的。根据《绛州志》中的韩霖传记中提及的韩曾从徐光启处学兵法,而《慎守要录》书中也多次引用了徐光启等人翻译的《西洋新法》,王重民确定《慎守要录》一书的作者为韩霖无疑。同时,王重民还提到,他曾见到过一坊刻本《金汤借箸》十二卷,该书作者题"淮南李盘小有,京口周鉴台公,古绛韩霖两公,后学熊应雄运英",而书中李盘序文则说"是书由韩子两公有《守圉全书》,予为删其繁,增其缺,周子台公重加参订"云云。据此,王重民认为此《金汤借箸》的作者应该如李盘序所称是多人所著,特别是应标出韩霖。但是,在北平图书馆所藏一部崇祯刻本中却令人奇怪。此本有史可法的序文,称《金汤借箸》乃是周鉴手订。这样就将该书的著作权完全归于周氏了。通过王重民的考证,我们才知道韩霖的著作有《守圉全书》(一名《慎守要录》),后来有人根据该书进行修订增补,出版了《金

---

① 此一观点,谢国桢先生在《唐豆沙关摩崖袁滋题名拓本跋——悼念志友向达》一文中也有同样的表述:"余与向兄服务于北平图书馆时,是时同馆供职者有赵万里、贺昌群、刘节、王重民诸君,朝夕相处,颇不寂寞。同以编纂之名义,而各治其学之所长,在当时或以为旷职,孰意其后一二十年皆有所成就,殆所谓百年树人者欤。"(沙知:《向达学记》,生活·读书·新知三联书店2010年版,第124页)

汤借箸》。在《中国善本书提要》中，收录了《金汤借箸》十三卷的提要[14]，王重民提到他的《跋〈慎守要录〉》。在该提要中，他还根据《小腆纪年》卷四中记录的李自成拷掠明臣名单中有"都督周鉴"，推测此即该书的另一作者。其理由是："崇祯末年，东事愈急，朝廷急于用人，数年之间，鉴以布衣超擢至都督，在当时不足奇也。"可见，古籍的调查是一个不断深入的过程。

其《释书本》[13]10-17一文刊发在《图书季刊》新第八卷第四、五期合刊（1947年）。该文考证了早期的"书"和"本"的意义，即"本"是用于古籍整理的底本，而"书"则是校雠的其他本子，也就是别本的意思。一部古籍有若干抄本或者不同的副本或者复本，古籍整理就是要利用这些书开展相关的工作。汉代刘向进行古籍整理（当时称之为校雠）的时候，他用皇室收集的不同本子来进行校勘，就称其底本为"本"，而用于校雠的别本为"书"。其后，刘歆在校中秘书时收集的有古本还有今本，仍用刘向的术语，称用于校勘的本子为"故书""今书"。郑玄在为古籍做笺注时仍旧使用了这样的术语，但是其后底本和别本都被统称为"本"或者"书本"了。后世学者对此并未深究，故而在解释时也存在明显的问题，比如徐养原说："凡杜子春、郑大夫、郑司农所据之本，并是故书。故书、今书者，犹言旧本、新本耳。"孙诒让说："所谓故书者，有杜及二郑所据之本，有后郑所据之本；今书则后郑所见同时传写之帙。"王重民说，郑玄是明了刘向的校雠义例的，所以仍将校勘的底本称为本，而所据校雠的别本叫作书。这样的"书""本"区别对后世的学者来说不再是常识，故而学者的解说也就自然出现偏差。不只是一般的学者有误读，就是版本学的专家对此也未必就很清楚，较为明显的例子是叶德辉《书林清话》中"书之称本"条，引用了颜之推等所谓"书本"的例子，却将"书本""书""本"等混同了。可见，古籍的研究需要对历代学术有较为全面的把握，才能从中发现问题并解决问题。

王重民《〈历代名公画谱〉跋》[13]437一文发表于《图书季刊》新第五卷第一期（1944年）。该文考证王晜时说："晜正史无传，因与重民同里闬。幼闻乡人道其姓字，不意其书法遒雅若是也。兹就个人所好，拈出三人，有欲睹明季人笔迹而不可得者，试于是书求之。"研究者个人的经验对于学术考证的价值由此可见一斑。

从以上个案可知，古籍保护的研究，需要融汇研究者本人的古籍调查经验、古籍版本的学识，以及研究者本人的生活经验。它既是一项经验性的实践工作，也是一项具有学术意义的研究工作。

四、古籍保护的学术愿景

古籍保护工作的开展,只有在当代图书馆事业发展的情况下才能展开。现代图书馆兴起之前,学者虽然有古籍保护的设想,但限于时代条件,这种设想不切实际,也并不能实现,王重民在论及章学诚时就说:"按征集、整理与保存来说,全国地方上有着最基本、最原始的图书资料,通过行政手段,中央政府应该掌握着全国范围内最重要的图书资料,以备修史和研究之用。……他所建议设立的志科是和现代的地方文献馆相仿佛的。章学诚把整理和保存图书资料的工作看成从事学术思想研究和撰著的'三月聚粮',有时他又比作'萧何转饷',认为是必不可少的一步准备工作。"[10]261现代公共图书馆的设立为学者提供了研究条件,让学者的研究能够展开,但对于大规模的古籍保护而言,此尚不足为据。王重民曾说:"中文书籍,当然以北平所藏为最富,但是北平一共有多少中文书?这些中文书去了重复的共有多少种,有谁能知道呢?……也许有人曾经发过野心,要学阮孝绪(479—536)用一人的力量来编一部现存书目,但是实际上是办不到的,只有由一个学术机关,训练了人材,定好了计划,假之以年月,才能做成的。"[6]493故而,公共图书馆,特别是国家图书馆,必须具有学术机关的自我期许。

民国时期,在蔡元培(1929—1940年任馆长)、袁同礼(1929—1940年任副馆长,1943—1948年任馆长)等人的主持下,北平图书馆"不光是发挥一个公共图书馆的职能,同时把它办成一个学术研究机构"[15]。该馆在20世纪30年代改组时即确立了"为国家庋藏重籍之图书馆"和"供给科学(包括自然与人文科学)研究之图书馆"的立馆政策[16]145,即在"保存固有文化"和"发扬近代科学"两大方针的指导下推进馆务[16]286,发展图书馆事业,研究图书馆学术,推进图书馆合作。此亦为当时图书馆界共识,诚如中华图书馆协会成立宣言所谓:"近顷图书任务,非仅严典庋藏搜罗而已。举凡弘教育,敷文化,与夫指导社会之责,靡不分负之。而馆政之良窳,与专学之兴废,遂大有关乎民族之盛衰。是则凡典藏之史与秉铎之师,所皆不当恝然置之者。"[16]212简而言之,时人以为图书馆除收藏保管图书外,尚有其社会之责任和文明之担当,既要为教育提供所需的学术资料,又要为文化事业发展贡献力量,还要将典藏保管与学术研究相结合。这是当时学者从事相关工作的大环境。在古籍保护方面,当时学者们希望图书馆做好古籍保管、编目、阅览、咨询等基础工作,同时努力增加馆藏古籍藏量,开展古籍的调查、研究和宣传,并且要培养相关人才等。

1939年至1949年间,王重民所从事的古籍保护工作均在现代图书馆中展开,无论是在美国国会图书馆、北平图书馆、北京大学图书馆,还是葛思德东方图书馆,这些图书馆的海量收藏,使得古籍保护工作成为可能。王重民说:"我国自从有了国立和公立的图书馆,善本书就渐渐由私家流入公家,在善本书的本身,是由危险地带得了安全保障;在能利用善本书的学者们,便都有了自由阅览的机会。而我们作编目的人,作调查与统计的人,得了这样集中而公开的材料,才得开始作实际的调查工作。"[13]704此前,古代皇家库藏或者是私家收藏,其目的并不在于让公众使用,而只是服务于特定对象,调查工作做与不做均无关紧要。现代图书馆设立之后,如何让馆藏的大量古籍真正为公众、为学界所用,就成为图书馆的首要课题。特别是图书馆的古籍收藏,因为涉及民族的古典文化遗产,在调查基础上的著录登记、及时公布相关信息、开展有效的学术研究就成了重中之重。图书馆收藏的古籍需要"一定力量的整理,认真的研究,广为世人所用",如此方能真正地发挥文献遗产价值。

做好古籍普查登记工作,及时公布相关信息是古籍保护工作基本要求。1934年,袁同礼先生让王重民集中精力收集海外中华古籍相关资料,特别是将所见善本书和稀见书加以细致著录,以形成《海外稀见录》,其目的也正在于此。对此,长期进行古籍调查的王重民深有体会。当年胡适曾感慨说,如果没有王重民等人帮助他搜集、购买一批书籍资料,他就要成了"没有棒弄的猢狲了",因为进行古典文化的研究,必须有一定量的藏书,否则就是无米之炊,研究也就无从谈起。除购买图书外,需要到图书馆借阅。王重民写道:"(美国)国会图书馆有一部(《丛书集成》),放在楼下墙角已三四年,无人用,亦未编目。重民很愿为(胡适)先生得到该书,则有之书,已有太半,但不愿在 Hummel 面前表示先生有意借,不是怕他不肯借,是怕他做人情太多。"[6]28只有在编目、调查之后,古籍才能为学人所用,否则只是空有宝山而已。

古籍保护工作的成果包括普查登记目录的形成和发表,也包括利用技术手段将古籍进行复制,比如采用古籍缩微、影印出版等。大规模的古籍缩微制作始于平馆藏书。从1942年开始,王重民等人对平馆运抵美国并暂存于美国国会图书馆的古籍进行摄影制作。这是一项旷日持久的艰苦工作。在给胡适的信中,他曾有详细的报告,称"百箱摄完,必为数甚巨,恐非二年不能办"。在胶片制作方面,有严格的流程要求,"每卷胶片制讫后,再持原书校对,有误再改,改正后方可作为定片。依此定片,为我方共加印三份,而书籍即可装箱,以便早日运出城外保存"[6]532。这一巨大工程,共拍摄善本2600余种,长期以来是国内学者见到这批古籍的唯一凭借,为学者研究利用这批文化财富创造了条件,也为后人整理出版打下了基础。将近七十年后，国家图书馆出版社方以这批胶片为底本出版《原国立北平图书馆甲库善本丛书》（全1000册）。该丛书获得国家出版基金2010年度的资助，并于2013年面世。数量达120万拍的珍贵古籍得以化身千百，为更多研究者所用。

民国时期，平馆与商务印书馆等出版机构合作影印了一部分古籍供学者使用，王重民在《国立北平图书馆善本丛书第一集补记》等文章中多有记录。王重民说，这些珍贵古籍的影印本，"中外学者颇宝之，余亦插置架旁，时有检阅"。但从学者研究计，往往希望能在出版时多做一分工作，对学者来说就多一分价值。比如，王重民说："方影印是书（《日本考》）之议起，余适佣书馆中，曾移书国内，谓如有阙叶，可用巴黎本补之。今检影印本，果有缺叶，移补之愿，尚冀他日成之。"[13]700 又如，他说："当时若能移写《（明太宗孝文皇帝）实录》所载，排附于影印本之后，未始不足为读是书（《西域行程记》）者之一助也。"[13]694 他还说："今有翻印《类编》本，却无人翻原本。现在翻印古书的人，应该注意这个地方。"[6]97 由此可见，王重民对于古籍影印出版工作既有积极支持态度，同时也希望这项工作能进一步提升。

1948年，毛准（1893—1988，字子水，时任北京大学图书馆馆长）、王重民致信胡适说道："美国国会图书馆有一个美国藏书联合目录参考室，英国有一个中央图书馆（National Central Library），全馆仅有一份英国书的联合书目，普林斯敦大学博物馆有一份全世界的耶稣圣画照片，称雄了全世界。北大应该造成中西学术上这类的权威和中心。我们现在有了'图''博'（图书馆学和博物馆学）两科正好给这类工作准备。这类工作看来非常难，可是只要有计划，有恒，有人，有钱，便一定可以成功。"[6]492-493 "中华古籍保护计划"于2007年开始启动，"有计划，有恒，有人，有钱"的全国古籍保护工作方由理想化为现实。从此，古籍保护工作开始迈向新的征程，王重民当年设想和开拓的各项工作得以有序开展。

五、结论

古籍保护工作是一项长期性、基础性的文化建设，既包括对物质形态的古籍进行原生性保护、再生性保护、抢救性保护和预防性保护等，也包括对价值形态的古籍文化进行挖掘、传承和弘扬，同时也有必要对历史的经验和前人的成果予以研究，唯其如此才构成古籍保护的立体图景。

作为一项文化建设工作，古籍保护具有其内在的精神和工作的要求，其发展和研究有着特殊的规律。它离不开古籍保护参与者的默默奉献，它是久久为功的事业。随着优秀传统文化传承和弘扬的宏大目标的具体化，随着全面提升古籍保护的价值内涵提上议事日程，古籍保护工作也面临着现实的考验，也需要对其精神价值予以重塑。因此，我们必须明确其价值定位，追迹前贤，创新发展。按照当前古籍保护工作的范畴，王重民是我国现代古籍保护工作的先行者。在特殊的历史时期，他所从事的古籍保护工作实践，具有永久的历史意义，也具有特别的现实意义，值得大书特书。

（向辉，国家图书馆副研究馆员）

参考文献：

[1] 陈东辉, 王佳黎. 王重民先生研究文献目录[J]. 版本目录学研究：第5辑. 北京：北京大学出版社, 2014：141-157.

[2] 傅振伦. 傅序[M]//王重民. 中国善本书提要. 上海：上海古籍出版社, 1983：1.

[3] 刘修业. 王重民教授生平及学术活动年表[J]. 图书馆学研究, 1985(5)：28-59.

[4] 李墨. 王重民年谱[D]. 保定：河北大学, 2008.

[5] 林世田, 刘波. 关于国立北平图书馆运美迁台善本古籍的几个问题[J]. 文献, 2013(4)：75-93.

[6] 北京大学信息管理系, 台北胡适纪念馆. 胡适王重民先生往来书信集[M]. 北京：国家图书馆出版社, 2009.

[7] 李世娟. 王重民与北京大学图书馆学系的建立[J]. 图书情报工作, 2003(5)：13-19；周佳贵. 王重民设立图书馆学专修科的始末[J]. 国家图书馆学刊, 2013(4)：88.

[8] 郭润涛. 官府、幕友与书生："绍兴师爷"研究[M]. 北京：中国社会科学出版社, 1996.

[9] 黄虞稷. 千顷堂书目[M]. 瞿凤起, 潘景郑, 整理. 上海：上海古籍出版社, 2001.

[10] 王重民. 中国目录学史论丛[M]. 北京：中华书局, 1984.

[11] 谢国桢. 谢国桢全集：第7册[M]. 北京：北京出版社, 2013：659.

[12] 张敏. 《图书季刊》的创刊及其历史意义[J]. 新世纪图书馆, 2016(9)：61-65.

[13] 王重民. 冷庐文薮[M]. 上海：上海古籍出版社, 1992.

[14] 王重民. 中国善本书提要[M]. 上海：上海古籍出版社, 1983：248.

[15] 张秀民. 中国印刷史（插图珍藏增订版）[M]. 杭州：浙江古籍出版社, 2006：8.

[16] 李致忠. 中国国家图书馆馆史资料长编（1909—2008）[M]. 北京：国家图书馆出版社, 2009.

国家图书馆藏《永乐大典》的旧藏印和旧藏家

The Ancient Collectors and Their Seals on *The Yongle Encyclopedia* Collected in the National Library of China

赵爱学

摘　要：国家图书馆藏嘉靖本《永乐大典》224册，其中不少有旧藏家的收藏印鉴和题记。根据这些藏印和题记可以考索这些《永乐大典》的旧藏家有：乾隆皇帝及皇家、徐世昌、张元济与商务印书馆涵芬楼、冯恕、陶湘、陈清华、袁克文、方尔谦、吴兴丁氏百一斋、傅增湘双鉴楼及其子傅忠谟、宝康、刘承幹嘉业堂、徐世章、周叔弢、祁寯藻、李宗侗、刘驹贤、胡若愚、徐伯郊。

关键词：《永乐大典》；嘉靖本；递藏；藏书印

　　嘉靖本《永乐大典》自抄录完成后，由于朝代更替、存储地点变换以及保管不善等诸多原因，各时期均有散佚。雍正年间移储翰林院后，接触的人多了，流失的可能性也相应变大。清朝末年国政衰微，疏于管理，《永乐大典》散佚更是严重。上万册《永乐大典》就这样逐渐流出内府，进入私人手中。到清宣统元年（1909），翰林院仅剩64册。清朝覆亡后，皇权不再，拥有《永乐大典》不再被视为非法，分散在藏家手中的《永乐大典》逐渐浮出水面，在善本古籍流通领域也活跃起来，辗转递藏，成为藏书家和权贵追逐的对象。《永乐大典》的命运变迁，就是中国近代以来善本古籍命运的一个缩影。

　　国家图书馆自1912年接收拨付的60册开始，历来重视《永乐大典》的搜集。经过北平图书馆时期的大力搜求和中华人民共和国成立初期的捐献热潮，以及各时期的零星入藏,目前国家图书馆拥有嘉靖本《永乐大典》224册(其中有62册原属北平图书馆寄存书,因历史原因现暂存台北"故宫博物院"[①]),超过所知存世藏量的一半,高居各收藏单位之首。这200余册《永乐大典》多经名家旧藏,书上也因此钤有琳琅满目的藏书印[②]并题写有部分藏家题记。

国图藏《永乐大典》上的最早的旧藏印当数乾隆皇帝鉴藏印。此册为卷八三三九"兵"字册,现暂存台北"故宫博物院"。钤有藏印"乾隆御览之宝""惟一精惟""乾隆宸翰"印,也有乾隆三十八年(1773)御笔题七言诗《题陈规守城录》。乾隆皇帝曾让大臣选择部分《永乐大典》进呈御览,此册为当时进呈。乾隆三十八年二月初十《军机大臣奏检出〈永乐大典〉目录及全书各十本呈进片》就记载了当时进呈情况:"今谨将目录六十本内检出首套十本,及全书内首套东、冬字韵十本,一并检出,先行进呈御览。谨奏。"乾隆五十九年(1794)十月二十日《军机大臣奏遵查〈永乐大典〉内有御题诗章者一并呈览片》载:"遵查《永乐大典》内奉有御题诗章者,共十三册,又卷末一册,谨一并呈览。"[1]或此批有御题者一直存宫内,未归回原处,而后来流散至大连。1929年,此册由大连图书馆捐赠。本人曾撰文详考国图藏《永乐大典》各册入藏时间、递藏源流等情况[2],本文对考证过程一般不再说明。

卷一三四九四、一三四九五"智"字册,卷一三五〇六、一三五〇七"制"字册,卷二〇六四八、二〇六四九"易"字册3册,都钤"弢斋藏书记"印,为徐世昌藏印。徐世昌(1855—1939),直隶天津(今天津市)人,字卜五,号菊人,又号弢斋。清光绪进士,授翰林。官至东三省总督、体仁阁大学士。1914年,任袁世凯政府国务卿。1918年,被段祺瑞的御用国会"安福国会"选为大总统,1922年下台。晚年迁居天津租界,以编书、赋诗、写字遣兴。富藏书,室名有"书髓楼""退耕堂""归云楼"等,有《书髓楼藏书目》。此3册皆叶恭绰1919年夏购自英国伦敦,1932年后归徐世昌所有,不为人知。徐世昌书散出后,永和书局张璞臣收得其中一批普通书,天津古籍书店的雷梦辰从中发现了这3册《永乐大典》,乃转由北平图书馆顾子刚购藏[3]。顾子刚(1919—1984)后为北京图书馆副研究员、资深专家,当时兼任馆办大同书店经理,利用书店盈余购买了不少善本古籍,捐献给北平图书馆及后来的北京图书馆,包括《永乐大典》《敦煌遗书》等。1950年3月顾

[①] 此批书1965年从美国运回后,初存台北"中央图书馆",后移到台北"故宫博物院"。关于此批书的迁移始末,可参看钱存训《东西文化交流论丛》(商务印书馆2009年版)所收之《北平图书馆善本古籍运美迁台经过》。

[②] 本文所及部分藏书印图片见文末所附"国图藏《永乐大典》部分藏印整理表"。

子刚将此3册捐献给北京图书馆,为中华人民共和国成立后捐献《永乐大典》第一人[4]。

卷二二七五、卷七三二五、卷七五〇六、卷一一一二七、卷二一九八三等"湖""郎""仓""水""学"字共21册,钤有"涵芬楼""海盐张元济经收"藏印,说明这21册都是张元济为商务印书馆涵芬楼搜集的。张元济(1867—1959),字筱斋,号菊生,浙江海盐人。现代著名出版家、版本目录学家。1902年进商务印书馆,先后任编译所所长、经理、监理、董事长,终身致力于文化出版事业,为古籍整理出版做出了巨大贡献。这21册中,有4册内容为《水经注》前半部。原曾为著名藏书家傅增湘(1872—1949)藏,册中钤有"双鉴楼藏书印"。其《藏园群书题记》卷九之《永乐大典跋》记载:"《永乐大典》……余所见者不下数十册……所自藏者只《水经注》四册、《南台备要》一册而已"[5]。《水经注》4册后让与蒋汝藻。蒋汝藻(1877—1954),字孟苹,号乐庵,浙江吴兴(今湖州)南浔镇人。蒋家是浙江吴兴藏书世家,有传书楼、密韵楼等藏书楼。1926年1月,在张元济奔走推动下,商务印书馆出资购买了蒋汝藻密韵楼所藏古籍善本,其中有包括这4册《水经注》前半部在内的9册《永乐大典》[6]263。1951年,商务印书馆将全部21册捐献给国家,后文化部文物局拨给北京图书馆收藏。

卷三一四三至三一四九"陈"字3册,卷一四三八〇、一四三八一"寄"字册,钤有"冯公度鉴藏印""大兴""冯公度家珍藏"印,卷三一四七、三一四八、三一四九册另钤"大兴冯氏玉敦斋收藏图书记"印。印主冯恕(1867—1948),字公度,号华农。原籍浙江慈溪,寄籍河北大兴(今属北京)。为徐世昌幕僚。清末曾历任海军各职,并倡议成立京师华商电灯股份有限公司。入民国后从事文物收藏与鉴赏,曾藏有毛公鼎、虢季子白盘等青铜重器。藏书处名"玉敦斋",又名"玉尊阁"。1928年,北平北海图书馆从丰记书局旧书店购进此4册。因为历史原因,此4册现在分处国家图书馆和台北"故宫博物院",不能不让人心生慨叹。

卷八七〇六"僧"字册,原为现代著名藏书家和刻书家陶湘收藏,后归另一著名藏书家陈清华,钤有"祁阳陈澄中藏书记"印。陶湘(1870—1940),字兰泉,号涉园,江苏武进(今常州武进区)人。清末从事实业,民国后入商界、金融界。一生极喜藏书、刻书。尤其爱好明本,曾发愿收集嘉靖本。后来共收得嘉靖本200余部[7],嘉靖本《永乐大典》当即其中之一。陶湘晚年生活困窘,1930年前后,藏书开始散去。陶氏1934年迁居上海,1940年去世,所藏《永乐大典》当于此期间让与陈清华。

卷二二五七〇、二二五七一、二二五七二"集"字册,内容为《大方等大集经》。该册书衣左侧有高世异题记:"甲寅初夏,得明《永乐大典》'集'字类所录《大方等大集经》三卷残篇,敬贻抱道人讽藏。"右上有袁克文题记:"《大方等大集经》奉贻大方师鉴存。甲寅初秋门人袁克文合十。"说明1914年夏高世异得此册后送给袁克文,同年秋袁氏又将该册《大方等大集经》赠其"大方师"方尔谦。高世异,字尚同,一字德启,号念陶,四川华阳(今属成都)人。藏善本古籍,书斋号有"苍茫斋""拥经堂"等。袁克文(1889—1931),字豹岑,号寒云,河南项城人,袁世凯次子。袁克文参与政治活动不多,而长于诗文,工书法,也致力于古钱币研究,极喜收藏书画、古玩等。袁世凯死后,他长期客居上海,以变卖字画为生。方尔谦(1871—1936),字地山,又字无隅,别署大方,江苏江都(今扬州江都区)人。室名"一宋一廛"。曾任袁世凯家庭教师,袁克文从其学。该册后归吴兴丁氏百一斋收藏,之后又历尽曲折。先归满铁大连图书馆①,1945年大连解放,作为战利品被苏联运走。1954年6月,苏联中央列宁图书馆赠还中国52册《永乐大典》,最终拨交北京图书馆收藏,此册为其中之一。

卷八二一、八二二、八二三"诗"字册,钤"藏园秘籍""双鉴楼珍藏印""莱娱室印""傅印增湘""佩德斋""晋生心赏"印,为傅增湘与其长子傅忠谟(字晋生)藏印。傅增湘《永乐大典跋》也提到了这一册,说是购自"史吉甫太史家"。史宝安(1875—1941),字吉甫,河南卢氏人。清光绪二十九年(1903)进士,任翰林院编修,入民国后任国会参议员,为藏书家徐坊长婿。1916年徐氏故后,所藏善本多归史宝安。藏书室名"枣花阁书库"。史宝安辑有《枣花阁诗话吉金》,中国科学院图书馆藏其稿本,上有史氏跋曰:"我家枣花阁书库中藏有明初《永乐大典》多本,中有数卷诗话。"[8]以内容为"诗话"分析,则应即卷八二一、八二二、八二三,为嘉靖副本,所谓"明初"本应误。此册《永乐大典》应该是继承了其岳父徐坊的旧藏。现暂存台北"故宫博物院"的卷六六一、六六二"雕"字册,卷二一〇二五、二一〇二六"律"字册,卷二二七六一"劄"字册3种,就是徐坊旧藏流出,而由文禄堂书店售予北平图书馆。1948年,傅忠谟将"诗"字册转让给北平图书馆。

卷二一九八三、二一九八四"学"字册,除钤"涵芬楼""海盐张元济经收"印外,另钤"孝劼所藏书画金石"印,可知曾为宝康旧藏。宝康,字孝劼,清末满人。云贵、陕甘总督崧藩之子,盛昱女婿。受岳父影响,喜聚典籍,精鉴别,多藏宋元旧本。1912年此册由傅增湘在北京为张元济收入商务印书馆涵芬楼[9],1951年

---

① 满铁大连图书馆,最初是1907年南满洲铁道株式会社调查部下设的图书室,1908年改为南满洲铁道株式会社图书馆,1922年又改称南满洲铁道株式会社大连图书馆。

商务印书馆将其与其他20册捐献给国家,后拨给北京图书馆收藏。

卷四八〇、四八一"忠"字册,卷二二六二、二二六三"湖"字册,卷七五四三"刚"字册等41册,钤"吴兴刘氏嘉业堂藏书印""刘承幹字贞一号翰怡"印,卷七五四三"刚"字册另钤"人间孤本""翰怡汲古""御赐平衡清格"三印,印主为近代著名藏书家和刻书家嘉业堂主人刘承幹。刘承幹(1882—1963),字贞一,号翰怡、求恕居士,晚年自称嘉业老人。浙江吴兴(今湖州)南浔镇人。以赈灾捐银补内务府卿。辛亥革命后,以清遗老自居,长居上海。刘承幹自清宣统二年(1910)开始致力于聚书藏书。辛亥革命后,在上海接收了许多著名藏书家散出的古籍。藏书多达12450部16万册,为当时私人收藏家翘楚。一般认为,嘉业堂共藏《永乐大典》44册,其中42册大约在1938年售予满铁大连图书馆。1945年大连解放后被苏联运回国内。1954年6月,苏联中央列宁图书馆赠还中国52册《永乐大典》,最终拨交北京图书馆收藏,其中有嘉业堂旧藏41册,卷二一九〇、二一九一之册则不知所终。

卷九八〇"儿"字册,卷五七六九、五七七〇"沙"字册等10册,钤"濠园秘笈""徐印世章"印,为徐世章藏印。徐世章(1886—1954),字端甫,号濠园居士,徐世昌之弟。曾任交通部次长,兼交通银行副总经理。喜好收藏古籍、字画、砚台等。1948年,徐氏所藏这10册以"700000000元"价格售予北平图书馆(据国图该书采访记录)。

卷七六〇二、七六〇三"杭"字册,钤有"周暹"印,即著名藏书家周叔弢藏印。周叔弢(1891—1984),本名暹,以字行。爱国民族实业家,古籍文物收藏家。曾任天津市副市长、全国工商联副主席、全国政协副主席等职。一生经营所得,多用于购买文物图书。中华人民共和国成立后,曾数次向国家捐献珍贵古籍。这一册在周氏入手前曾由张元济收藏。1914年11月,由傅增湘在北京为张元济代购,12月15日缪荃孙带到上海转交给张元济。张元济重视乡邦文献,故将此册自留,未入涵芬楼。大约20年后,张元济因生活困难,将此"杭"字册售给了周叔弢。1951年8月,周叔弢得知北京图书馆展出新收到的苏联列宁格勒大学赠还的11册《永乐大典》消息后,慨然决定化私为公,将所藏此"杭"字册《永乐大典》捐献给北京图书馆,共襄盛举。

卷五二四八、五二四九及五二五一、五二五二"辽"字二册,钤有"吴兴刘氏嘉业堂藏书印""刘承幹字贞一号翰怡""御赐金声玉色"[①]三印,又钤"祁阳陈澄中

---

① 据《嘉业堂志》(应长兴、李性忠编,国家图书馆出版社2008年版,第14页),1922年11月,刘承幹因贺溥仪大婚,获赐"金声玉色"匾额,之后特治"御赐金声玉色"藏印。

藏书记"印,说明曾经刘承幹和另一著名藏书家陈清华旧藏。陈清华(1894—1978),字澄中,号郇斋,湖南祁阳人。民国时在上海从事银行业,公余喜藏书,为民国时期著名藏书家,与周叔弢并称"南陈北周"。中华人民共和国成立后,其藏书曾分别于1955年、1965年、2004年分三批为国家从香港和国外购回。1931年5月,辽宁皇宫博物馆金梁向刘承幹求购此"辽"字二册,商定以千元价格出让,并委托商务印书馆沈阳分馆代交。6月初,商务印书馆沈阳分馆转交并代收钱款[10]。根据金毓黻《静晤室日记》,此次交易原来是金毓黻委托金梁代购。金毓黻(1887—1962),又名毓绂,号静庵,辽宁辽阳人。时任伪满奉天公署参事、奉天图书馆副馆长、奉天通志馆总纂等职。金梁(1878—1962),字息侯,号瓜圃老人,满洲正白旗人。任奉天省政府厅长、东三省博物馆筹委会委员长等职。因金毓黻猜测此"辽"字册"必谈及辽东事",所以托金梁辗转寻求。但金毓黻收到书后比较失望,指出该书水平不高,且"皆属于耶律氏一代之事",非关辽东事[11]。所以1933年金毓黻仅依原样抄了两册,原书大概在同年又回到市面,由上海忠厚书庄代售。忠厚书庄曾向张元济和陈清华兜售[12],陈清华大概在1937年后最终购藏。1955年,文化部文物局花重金从香港购回陈氏所藏包括此册《永乐大典》在内的一批善本古籍,并拨交北京图书馆收藏。

　　卷一一一三五至卷一一一四一"水"字共4册,内容为《水经注》后半部。所钤藏印有"看云忆弟居珍藏善本书籍印""李宗侗藏书""玄伯""李印宗侗""玄伯手校""高阳李氏看云意弟居""雩桐居士玄孙""国立北京大学藏书",为李宗侗旧藏。李宗侗(1895—1974),字玄伯。河北高阳人,晚清名臣李鸿藻之孙。早年留学法国,回国后任北京大学讲师、清室善后委员会顾问、故宫秘书长等职。1948年后去台湾,曾任台湾大学教授、台北"故宫博物院"理事。卷一一一四一末页还有李氏1930年篆文题记,说明了《水经注》后半部得书经过及前半部递藏源流:"右《永乐大典》内《水经注》后七卷,今年春间得于北平,祁文端公旧藏也。盖自张石州先生校后,近代学者未有见之者矣。其前八卷曾藏蒋孟苹家,现归涵芬楼。民国十有九年八月高阳李宗侗识。"由题记可见该册原为祁寯藻旧藏,1930年春李宗侗购于北平。祁寯藻(1793—1866),字叔颖,又字实甫,自号春圃,又号观斋。山西寿阳人。嘉庆十九年(1814)进士。历任内阁学士,兵部、礼部、户部尚书,体仁阁大学士,实录馆总裁等职。卒谥文端。李宗侗所藏这4册后来售给了北京大学[6]520,1958年北京大学又赠与北京图书馆。由此《永乐大典》本《水经注》后半部与1951年商务印书馆捐献的蒋汝藻旧藏《水经注》前半部在北京图书馆合璧。

卷二二五三六、二二五三七"集"字册钤有"皕印斋""北皮亭刘氏所藏秘笈""盐山刘千里藏书""戊辰"印。印主刘驹贤（约1895—1956），字伯骥，一字千里，河北盐山人。藏书甚富，尤喜袖珍本和精刊初印本，也藏有不少碑志、汉画像、古印。藏书室名为"传经堂""皕印斋"。刘氏1956年过世后，其藏书归琉璃厂藻玉堂书店，应该就是在这一年此册由藻玉堂经手售予北京图书馆。

卷八四一三、八四一四"兵"字册，卷二〇三〇八、二〇三〇九"一""壹"等字册，钤有"鉏经堂藏""鉏经堂珍藏金石书画碑帖记"印。根据印文及拍卖会图录所见相关钤印，可考印主为胡若愚。胡若愚（1897—1962），本名言愚，字如愚，后改为若愚，号悔庵。国立北京大学毕业，法学士。历任法制院参事、清室私产清理局总办、青岛市市长、北平代市长、故宫博物院理事等职。晚年定居天津锄经里。喜收藏图书字画。其藏印有"悔盦长物""若愚所得""鉏经堂珍藏金石书画碑帖记""鉏经堂藏"等。1934年，北平图书馆以千元价格从琉璃厂崇文斋购进这两册。卷二〇三〇八、二〇三〇九册现暂存台北"故宫博物院"。

卷七三二八"郎"字册钤"诗外謏藏书"印，为徐伯郊藏印。"诗外簃"为徐伯郊斋号。藏印中"謏"为"簃"字同音替换。徐伯郊（1913—2002），著名文物鉴赏家、收藏家徐森玉之子。浙江吴兴人。秉承家学，精于书画及古籍版本鉴定。1951年，徐伯郊将此册捐献给国家，后拨交北京图书馆[13]。

（赵爱学，国家图书馆副研究馆员）

附表：国图藏《永乐大典》部分藏印整理表

（图片尺寸大小与实物不对应）

卷次	旧藏家及机构	藏印
一三四九四	徐世昌	
一一二七、一一二八	傅增湘、商务印书馆	

(续表)

卷次	旧藏家及机构	藏印
一九八三、一九八四	张元济及商务印书馆、宝康	
一八〇、一八一	冯恕	
八二一、八二二、八二三	傅增湘、傅忠谟	
七五三	刘承幹、大连图书馆、苏联中央列宁图书馆	

(续表)

卷次	旧藏家及机构	藏印
九八〇	徐世章	
七六〇二	周叔弢	
五二八、五二四九	刘承幹、陈清华	
一一四〇、一一一四一	李宗侗、北京大学	
二三六、五二二三、二五七	刘驹贤	

（续表）

卷次	旧藏家及机构	藏印
八四一三、八四一四	胡若愚	
七二八	徐伯郊	

参考文献：

[1] 中国第一历史档案馆.纂修四库全书档案[G].上海：上海古籍出版社,1997：56,2372.
[2] 赵爱学.国图藏嘉靖本《永乐大典》来源考[J].文献,2014(3)：37-64.
[3] 雷梦辰.津门书肆记[M].曹式哲,整理.天津：天津古籍出版社,2014：178.
[4] 赵爱学,林世田.顾子刚生平及捐献古籍文献事迹考[J].国家图书馆学刊,2012(3)：94-101.
[5] 傅增湘.藏园群书题记[M].上海：上海古籍出版社,1989：482-483.
[6] 张树年.张元济年谱[M].北京：商务印书馆,1991.
[7] 苏精.近代藏书三十家(增订本)[M].北京：中华书局,2009：92-93.
[8] 蒋寅.清诗话考[M].北京：中华书局,2005：658.
[9] 张元济,傅增湘.张元济傅增湘论书尺牍[G].北京：商务印书馆,1983：28-29.
[10] 张元济.张元济全集：第一卷 书信[G].北京：商务印书馆,2007：449-450.
[11] 张升.关于嘉业堂收藏的两册《永乐大典》[M]//天一阁博物馆.天一阁文丛：第9辑.杭州：浙江古籍出版社,2011：16-21.
[12] 张元济.张元济全集：第七卷 日记[G].北京：商务印书馆,2007：342-343.
[13] 师陀.怀念"老郑"[C]//上海鲁迅纪念馆.郑振铎纪念集.上海：上海社会科学院出版社,2008：258-261.

明中期苏州新型版刻风格起因考

A Study on the Origin of the New Style of Engraving in Suzhou in the Mid-Ming Dynasty

李开升

摘 要：明中期以苏州为中心出现的新型版刻风格是明代版本史乃至中国古代版本史重要转折的标志。对于这一变化的起因，前人多认为与明代文学复古运动有关。这种解释过于注重文本内容，并不能完全解释版本实物风格的变化。明中期苏州兴起的对宋版书的收藏、赏鉴之风以及由此引起的书籍审美趣味的变化，才是新型版刻风格出现的直接动力。宋版书（主要是宋浙本）成为书籍的最高标准，同时也成为当时刻书的最高行业标准。这一标准虽然也包括文本内容，但其中版本实物部分才是引起版刻新风格的关键。

关键词：明中期；苏州；版刻风格；起因

明代中期，以苏州为中心，古籍版本的风格发生了重要变化，字体从前期的圆润流利变为方整，版式方面也由黑口转为白口较多。这是明代版本史由前期转向中期的重要标志，是明代版刻史上最重要的变化，大多版本学教材都会提到这一点。引起这一变化的原因是什么？这是每个研究明代版本史的学者都会面临的一个重要问题。虽然不少教材中或多或少对此问题都有所涉及，但似乎并没有专门的研究。比较有代表性的观点如屈万里、昌彼得于1953年初版的《图书板本学要略》[1]：

> 正德中叶以后，覆刻宋本之风渐盛。而尔时习尚，最重诗文。唐人诗集，宋时以临安陈氏书籍铺所刻最多，故正嘉间覆刻唐人诗集，率祖书棚本。

书棚本字为率更体,翻刻时亦效其体,于是风气一变。

黄永年《古籍版本学》解释得比较详细一些[2]:

> 为什么起这一大变化?到目前还没有找见可以解答的文献,只好从当时文坛的新动态以及这种新版本的字体和版式,来作点比较合乎情理的推测。众所周知,当时文坛上"前后七子"在倡导复古运动,李梦阳、何景明等"前七子"都是弘治年间的进士,李攀龙、王世贞等"后七子"之结合则在嘉靖时,这个从弘治历正德、嘉靖、隆庆的复古运动,正和此明刻书事业的中期正德、嘉靖到隆庆三朝在时间上相吻合。而"文必秦汉,诗必盛唐"正是这复古运动的主张,文人们不再满足于《四书》《五经》和当时人的诗文集,要求多读古书。古书的旧本在这时已流传不多,不易购取,就需要翻刻。要翻刻自然会取材于校勘比较精良的南宋浙本,在字体和版式上也就跟着受这宋浙本的影响。再加上黑口赵体字的本子从元代到明成化、弘治已历时二百多年,日久也人心生厌而思变。我认为这些都是使明代版本在这时起个大变化的原因。①

两家说法基本观点大致相同,即这个变化来自翻刻南宋浙本(屈、昌具体指出为南宋杭州书棚本),而翻刻南宋浙本的原因,则是出于阅读唐诗(黄永年进一步扩大为阅读古书)的需要。黄永年解释得比较详细一些,明确指出这种阅读古书、阅读诗文的需求跟当时"前后七子"倡导的文学复古运动有关。现在学界关于这个问题的解释,大多不出这个范围。

这种解释提供了一些比较重要的事实,比如跟翻刻南宋浙本有关,可以部分解答这个问题。但是这种解释主要是从书籍的文本内容着眼的,实际上并不能从根本上解释风格转变这种实物版本方面的原因。我们通过对实物版本的考察,可以发现这种新风格确实来自南宋浙本,前人也是通过经眼较多的宋本和嘉靖本得出结论,因此说新风格与翻刻宋浙本有关,是符合实际的。而翻刻古书是出于阅读古书的需求,也是完全合乎情理的。这是这种解释比较合理有效的部分。但这只是新风格转变的必要条件,而非充分条件。如果没有阅读古书的需求,不去翻刻古书,那么刻书业很少有接触宋本的机会,自然不存在效仿它的风格、转变旧风格的可能性,因此这是必要条件。但是翻刻宋本,却并不一定要效仿它的风格,这里面并不存在必然联系,这是显而易见的道理。翻刻宋本并不是从嘉靖甚至也不是从弘治、正德才开始的,但之前的翻刻却并未带来风格转变。

---

① 黄氏此观点在其1978年的讲义《古籍版本及其鉴别》中已提出,只是比较简略一些,见其讲义1978年油印本,第47页。

这里可能存在一个概念上的问题,如果将"翻刻"定义为对底本版式、字体等版本风格全面效仿的重刻,那么我们的问题就应该表述为:为什么要效仿宋本的风格?很显然,阅读古书的需求并不能解答这个问题,因为阅读需要的只是文本内容,并没有版本风格方面的需要。大家接受这种解释可能还有一个原因,就是将这种转变理解为:因为刻书业接触宋本多了,自然而然就受其风格影响,于是慢慢发生了改变。这其实是把这种转变理解成一种无意识的行为,是一种自然演变。如果是这样,其实也就不需要什么解释了。然而事实并非如此,众所周知,苏式本新风格的出现,是明代版本史的一大转变,这种转变近似于突变,而非渐变,这也是本问题的由来。如果完全属于自然演变,这个问题基本也就不存在了。

我们再回到问题本身,从刚才的分析可以发现,这个问题的实质是为什么要效仿宋本风格。阅读古书的需要和翻刻宋本,都无法完全解释清楚这个问题。通过对大量版本实物和文献记载的考察,我认为更重要的原因在于这是当时文人雅趣的一种体现。具体来说,当时形成了崇尚宋本的风气,宋本的收藏和赏鉴活动,成为文人中的一种风雅,是士大夫品位的体现。从这个角度看,宋本是被当作一种艺术品来看待的,只不过是一种特殊的可阅读的艺术品。但是宋本流传稀少,价格昂贵,一般人是很难得到的。那么退而求其次,仿宋刻本无疑是一个比较好的替代品。宋本因此成为刻书的标准,在文人主导的刻书中,仿宋刻本遂成为风气。仿宋本不仅用来收藏、阅读,还成为士大夫之间交往的最佳礼品。这种仿宋,除了内容,外在形式和版本风格显然也是重要方面。下面结合有关材料,对此加以说明。

第一,明代文人对宋本尤其是宋浙本非常推崇并有强烈的需求,这一点前人多有所论。如陆深《金台纪闻》卷下、胡应麟《经籍会通》卷四和谢肇淛《五杂组》卷十三都曾引叶梦得之语云宋刻本"杭州为上,蜀本次之,福建最下"即是。又嘉靖、万历时期高濂《遵生八笺·论藏书》云:

> 近日作假宋板书者,神妙莫测。将新刻模宋板书,特抄微黄厚实竹纸,或用川中茧纸,或用糊扇方帘绵纸,或用孩儿白鹿纸,筒卷用槌细细敲过,名之曰刮,以墨浸去臭味印成。或将新刻板中残缺一二要处。或湿霉三五张,破碎重补。或改刻开卷一二序文年号。或贴过今人注刻名氏留空,另刻小印,将宋人姓氏扣填。两头角处或妆茅损,用砂石磨去一角。或作一二缺痕,以灯火燎去纸毛,仍用草烟熏黄,俨状古人伤残旧迹。或置蛀米柜中,令虫蚀作透漏蛀孔。或以铁线烧红,锤书本子,委曲成眼。一二转折,种种与

新不同。用纸装衬绫锦套壳,入手重实,光腻可观,初非今书仿佛,以惑售者。或札伙囮,令人先声指为故家某姓所遗。百计替人,莫可窥测,多混名家,收藏者当具真眼辨证。[3]

这段话比较详细地介绍了当时书商为满足人们对宋本的需求,从而用摹刻宋本来伪造真宋本的种种手段。这从另一个方面说明,仿宋刻本确实是为了满足人们对宋本的需求而产生的,是真宋本的替代品。而用仿宋本作伪来冒充真宋本,正是这种需求的一种极端表现。

第二,明代文人对宋本的收藏和赏鉴在明中叶逐渐形成风气,文人间交流藏书,互相品题,成为文人生活、文人雅趣的一个重要部分,其中尤以苏州为全国观瞻之所在。苏州状元、礼部尚书吴宽家有丛书楼,是明代藏书大家。苏州探花、大学士王鏊亦富于藏书,家多宋本,后传其长子王延喆,王延喆又购藏"古彝鼎图书,充牣于家"[4]。嘉靖年间,南直隶巡按御史闻人诠访求《唐书》达三年之久,终于在王延喆家里借到了王鏊遗留下来的宋本《唐书》残本。闻人氏共借了四家,此外还有苏州王穀祥、张汴和南京陈沂,王穀祥和陈沂都是当时的著名文人。这部宋本《唐书》即南宋绍兴两浙东路茶盐司刻本,是典型的南宋浙本。又如沈周,文徵明在为其所撰行状中云:"先生去所居里余为别业,曰有竹居,耕读其间。佳时胜日,必具酒肴,合近局,从容谈笑。出所蓄古图书、器物,相与抚玩品题以为乐……风流文物,映照一时。百年来东南文物之盛,盖莫有过之者。"文徵明还说,沈周之子沈云鸿亦"喜积书","江以南论鉴赏家,盖莫不推之也"[5]。这里所说的"古图书",宋本应该是重要组成部分。苏州著名文人都穆也是这一风气的有力推动者。其《铁网珊瑚》卷一、卷二中收录了序跋四十五篇,多为其参与刻书所撰之序,也有赏鉴宋本之跋,如其所藏宋国子监本王弼注《易》,甚为宝爱。又赏鉴王献臣所藏岳飞之孙岳琦旧藏"古本《国语》",自然是宋本无疑。都氏赏鉴之乐溢于言表:"近御史王君敬止①得之,出以相示。观其刻画端正,楮墨精美,真古书也。余尝访御史君,每一披诵,则心目为之开明。"并因此而有所感慨:"窃因是而有所感:古书自《五经》而外,若《左氏传》《战国策》等以及是书,皆学者所当究心,而往往夺于举子之业。好古之士虽未尝无,而坊肆所市,率皆时文小说,求如此本,岂可得哉!"[6]在这里,前人所说因需要阅读古书而翻刻宋本之说,顺序似乎反了过来,都穆因宋刻《国语》版刻特别精美,而产生了学者应读此书的感慨。这充分说明了宋本外在形式(版刻风格)的魅力。而这位收藏宋本《国语》

---

① "王君敬止"即王献臣(1469—?),字敬止,苏州人,弘治六年(1493)进士。曾官御史。传见《[光绪]苏州府志》卷八十。《四库全书存目丛书》所据之本"敬止"误作"敬上"。

的王献臣,与文徵明关系也十分密切[7]①。风气的形成,正是由于爱好相近者形成了一个交流的圈子。明中叶的苏州文化圈,最早的风雅领袖即吴宽、王鏊,此后是文徵明。而徵明去世时,已至嘉靖末年。对此《明史·文徵明传》有非常精彩的描述:"吴中自吴宽、王鏊以文章领袖馆阁,一时名士沈周、祝允明辈与并驰骋,文风极盛。徵明及蔡羽、黄省曾、袁袠、皇甫冲兄弟稍后出。而徵明主风雅数十年,与之游者王宠、陆师道、陈道复、王谷祥、彭年、周天球、钱榖之属,亦皆以词翰名于世。"[8]其中黄省曾、黄鲁曾、黄贯曾兄弟与袁袠、袁褧兄弟皆好藏书、刻书;皇甫冲、皇甫汸兄弟亦出藏书、刻书之家,其父皇甫录是正德间新风格书籍的重要刊刻者;王谷祥富藏书,曾为闻人诠所借;钱榖更是藏书史上的大家。这说明主流文化圈与赏鉴宋本的圈子是高度重合的,宋本的收藏和赏鉴已成为主流文人文化生活的重要组成部分,为文人雅趣之一端。苏州为当时文化最发达之地,这是新的版本风格起源于苏州的重要原因。

第三,明代文人在收藏和赏鉴宋本时,非常关注宋本的外在形式或者说版本风格。高濂已提到宋本"纸坚刻软,字画入写,格用单边,间多讳字,用墨稀薄,虽着水湿,燥无湮迹,开卷一种书香,自生异味"的实物特征,并与元刻本之差做对比。其中谈到了宋本的纸张、字体、刀法、边栏、避讳、用墨等方面。比高濂更早的叶盛也注意到了宋本的版式特点:"宋时所刻书,其匡廓中折行上下不留黑牌……予所见当时印本书如此。"[9]这是指宋本为白口。这些材料说明,明人对宋本的版本风格是有充分认识的。

第四,明代文人在具体刻书活动中,将宋本的版本形式、风格当作最高标准。如朱存理在向朋友募集资金刊刻自己的一部诗集时,说到自己的要求并不高:"刻梓不消学宋板之精,鉴藻岂觊拟唐风之盛。"[10]显然,"宋板之精"是人所共知的,是刻书者心目中的最高标准。朱氏强调的是"刻梓",所刻又是自己的诗集,其所云之"宋板之精"主要应该不是指内容,而是指形式,指宋本的版刻特点。

第五,最早将这种最高标准的宋本风格应用于刻书并取得成功的是苏州,时间在弘治间,即苏式本起源之时。陆深《金台纪闻》在引了叶梦得关于宋代各地刻本高下的评述后,云:"今杭绝无刻,国初蜀尚有板,差胜建刻。今建益下,去永乐、宣德间又不逮矣。唯近日苏州工匠稍追古作可观。"[11]陆深此书作于弘治、

---

① 柯律格在其《雅债——文徵明的社交性艺术》一书中将王献臣与文徵明交往最早时间定为1490年,盖据文徵明《送侍御王君左迁上杭丞序》一文所云"弘治庚申"干支推算,而误提前十年,弘治庚申当为1500年。且王献臣弘治六年(1493)始中进士,授行人,由行人擢御史,由御史左迁上杭丞,故不可能在1490年左迁上杭丞。

正德之间，与苏式本的形成时间正相吻合。这条材料说明，苏州工匠对宋本的仿刻得到了文坛大家的认可，这是苏式本得以兴盛的重要原因。

第六，取得成功的苏州刻本很快成为新的刻书时尚，成为宋本的代表，苏州工匠也成为能刻出像宋本一样精美版本的良工哲匠，因此而闻名于世，得到了士大夫的广泛认可。嘉靖二十三年（1544），浙江提学副使孔天胤在杭州开局刊刻文、史诸书数百卷，为使其所刻达到宋本标准，特地从苏州招募写、刻能手至杭镂板，杭州名流江晓在为其刻《集录真西山文章正宗》所撰序中明确指出："以书镂则鸠诸吴，俾精类宋籍。"从此苏州良工不断奔赴各地，北上山东、河南，南下浙江、福建，西赴湖广，将苏州文人之雅趣变为全国文人之风尚，苏式本遍地开花，遂开一代刻书新风尚。

第七，自嘉靖以降，新风格继续向前发展，其字体风格逐渐演变为出版界的一种规范和标准。社会上形成了一种认识，认为一部书只有刻成这样才算正规，才觉得比较体面，才能够垂之永久。如万历时，梅鼎祚为一位名叫方伯文的官员编刻《诗苑汇铨》，在一封致方伯文的信中谈到了具体刻书事务，云："必须用宋字冠冕，如《乐苑》《书记》之比。得三四人写，廿余人刻，不日成矣。"[12] 所谓"宋字"，即仿宋刻本之字。所谓"冠冕"，即体面之义。也就是说，必须用这种字刻书，才是体面的。其所谓《乐苑》，即梅鼎祚辑《古乐苑》五十二卷，有万历十九年（1591）吕胤昌刻本；《书记》即梅鼎祚辑《书记洞诠》一百十六卷，有万历二十五年（1597）梅鼎祚玄白堂刻本。梅氏所谓"宋字"，即此二本之字体。这两个版本今皆存世，其字体即万历中期比较常见的那种由嘉靖方体字进一步发展而来的字体。万历三十五年（1607）吴承恩、黄文德刻本《明状元图考》前有吴承恩撰《状元图考凡例》，其第四条云："字贵宋体，取其端楷庄严，可垂永久。黄嗣宗氏最擅临池，兹刻盖其手笔，深有宋意。"此书所谓"端楷庄严"之"宋体"，正是那种常见的万历体。这些材料说明，嘉靖时文人雅趣对新风格发展的影响在万历时期得到了进一步深化，文人对宋本的赏鉴风气已经转变为一种出版界对正规字体、正式出版物的认知，从而成为一种深入人心的观念。

以上的材料和分析说明，新风格的源起及其发展，与明中叶兴起的对宋本的收藏和赏鉴有直接的关系。这种原本属于文人雅趣的宋本赏鉴之风，带动了全社会对宋本以及仿宋刻本的热烈追求，最终深刻地影响了版本史的发展。

（李开升，宁波市天一阁博物馆副研究馆员）

参考文献：

[1] 屈万里,昌彼得.图书板本学要略[M].潘美月,增订.台北:中国文化大学华冈出版部,2009:106.
[2] 黄永年.古籍版本学[M].南京:江苏教育出版社,2005:128.
[3] 高濂.遵生八笺[M].王大淳,点校.杭州:浙江古籍出版社,2016:550-551.
[4] 陆粲.陆子餘集[M]//景印文渊阁四库全书:第1274册.台北:台湾商务印书馆,1986:616.
[5] 文徵明.文徵明集[M].周道振,辑校.上海:上海古籍出版社,2014:584,650.
[6] 都穆.铁网珊瑚[M]//四库全书存目丛书:子部第117册.济南:齐鲁书社,1995:588.
[7] 柯律格.雅债——文徵明的社交性艺术[M].刘宇珍,邱士华,胡隽,译.北京:三联书店,2012:44-47.
[8] 张廷玉,等.明史:第24册[M].北京:中华书局,1974:7363.
[9] 叶盛.水东日记[M].北京:中华书局,1980:147.
[10] 朱存理.楼居杂著[M]//景印文渊阁四库全书:第1251册.台北:台湾商务印书馆,1986:611.
[11] 陆深.俨山外集[M]//景印文渊阁四库全书:第885册.台北:台湾商务印书馆,1986:49.
[12] 梅鼎祚.鹿裘石室集[M]//续修四库全书:第1379册.上海:上海古籍出版社,2002:612.

河南博物院藏《佛母大孔雀明王经》来源及时代考述

On the Origin and the Production Time of *The Mahamayuri Vidyarajni Sutra* Collected in Henan Museum

崔晓琳

摘 要：河南博物院藏《佛母大孔雀明王经》一部三卷，经文保存完整，雕刻娴熟精美，众多彩绘佛经插图精致庄严，璀璨夺目，极具特色。为获知其历史渊源与具体刊印时间，经查证相关历史文献，是经为前河南博物馆建馆初期为筹备展品由省会公安局移送的开封相国寺之物，1927年至1930年间入藏前河南博物馆。经考证，其刊印时间上限应不早于明洪武十七年（1384），下限为明嘉靖四十五年（1566）。

关键词：河南博物院；《佛母大孔雀明王经》；来源

河南博物院藏《佛母大孔雀明王经》一部，经折装，蓝布函套，一函内装上、中、下三册（全），开本宏阔，经卷高42.5厘米，折宽14.5厘米，框高30厘米，半开四行行十四字，上下双边。每册经书封面以云纹黄绫装裱，蓝底泥金书"佛母大孔雀明王经卷上（中、下）"。经卷为雕版印制而成，经文保存完整无缺，楷体墨书，墨色均匀而厚重，字体清秀有力，雕刻娴熟精美。

一、概述

《佛母大孔雀明王经》三册经卷内，共有195幅大小各异、精美绝伦的彩色佛经插图。每卷卷前有扉画，上卷扉画为释迦牟尼佛说法图，长达九折，恢宏博大，庄严肃美。卷中众多的彩绘插画与经文相互穿插，卷末拖尾画是护法天神韦驮像。刻画精美的吉祥八宝供养图案分布于整部经卷之中。三册经卷所绘佛教诸神千余尊，场面宏丽，构图精美，疏朗有致，纹饰繁密，诸神神态各异、生动传神，色彩鲜艳饱满，用色丰富，极为讲究，表现出高超的绘画技艺。卷首、卷末附龙纹牌记，内刻颂词，使用蓝底泥金注（图1）。每幅插图背面的每尊佛像之首、颈、心口处都用朱字梵文标注"嗡""阿""吽"三字，是为佛教密宗的咒语。

图1　河南博物院藏《佛母大孔雀明王经》

《佛母大孔雀明王经》简称《孔雀经》，是传入我国最早的佛教密典之一。东晋元帝建武元年（317），西域高僧帛尸梨蜜多罗首次将《孔雀经》由梵文翻译为汉语，是为密教经典翻译之始。唐代圆照《贞元新定释教目录》卷二十四记有"大孔雀王神咒经一卷，东晋西域三藏帛尸梨蜜多罗译，第一译；孔雀王杂神咒经一卷，东晋西域三藏帛尸梨蜜多罗译，第二译；孔雀王咒经一卷，东晋西域沙门竺昙无兰译，第三译"[1]。在《大正藏》第十九册"密教部"收录了与《孔雀经》相关的六种汉译本：（唐）不空所译《佛母大孔雀明王经》三卷、（梁）僧伽婆罗所译《孔雀王咒经》二卷、（唐）义净所译《佛说大孔雀咒王经》三卷、失译者《大金色孔雀王咒经》一卷、失译者《佛说大金色孔雀王咒经》一卷、（姚秦）鸠摩罗什所译《孔雀王咒经》一卷。其中以不空所译《佛母大孔雀明王经》于诸译中最为流通，收录于《大正藏》第十九册"密教部"第415页；不空另译《佛说大孔雀明王画像坛场仪轨》一卷也收录于此。流传在民间的各种经折本、手抄本、石刻经、经幢以及出土的遗迹残卷等，分布之广遍布大江南北，时间之长遍及历朝历代。河南博物院藏此部《佛母大孔雀明王经》上、中、下三卷经文保存完整无缺，专家鉴定为不空所译之译本。

二、院藏经书来源考

河南博物院藏的这部佛经原收藏于本院图书资料部的库房中，在图书目录中只是简单地说明其为明刻版，其余信息皆无，因时代久远，已无从获知这部经书的其他信息。经过查证相关文献，1937年5月出版的《河南博物馆馆刊》第9集刊发的《本馆庋藏之物品（续）》一文中，记载了前民族博物院旧有器物的列表，其中第十二陈列室第三号柜存放的八件器物是"大孔雀明王经、佛签、陀罗尼经、装经小皮箱、檀木书筒、方木印匣、长木印匣、文具匣"。在列表前，时任保管主任赵惜时这样记录："本馆前身之民族博物院，自民国十六年七月开始筹备，至十七年双十节开幕，十九年十二月奉命改组为河南博物馆，此三年有余之时间，征求各方物品，颇为复杂。……河南省政府交送之渑池石器……省会公安局移送旧存相国寺之瓷器、字画、木器、丝绣、佛像、如意、文具等物……"[2] 1963年河南人民出版社出版的熊伯履编著《相国寺考》中，记述"据河南博物馆送来《馆藏相国寺遗物经过》所载，民国十六年、十九年、二十一年、二十六年曾由河南省会公安警察局及相国寺市场管理处先后分别移送相国寺各项物品，交由河南民族博物院和后来改称的河南省博物馆保存（详见附表）"[3]，第230页书后之附表第一行记录有"孔雀大明经"一套。另据1935年3月开封教育实验区出版部出版的马灵泉编著《相国寺》一书，第192页之"河南博物馆现存相国寺遗物一览"第六行记录更为详细："大孔雀明王经，全卷（带布套）。"据此可知，这部《佛母大孔雀明王经》是河南博物馆建馆之初筹备展品时由省会公安局移送的开封相国寺之物。

开封相国寺历史悠久，是我国汉传佛教十大名寺之一。北宋时期相国寺深得皇家尊崇，多次扩建，是京城最大的寺院和全国佛教活动中心。明代相国寺的规模比之巅峰时期的宋稍有逊色，但由于历代多次重修，仍十分繁盛。开封在明洪武初年为周王藩府所在，隶属河南承宣布政使司管辖，曾置僧纲司于相国寺内，并南、北大黄寺及景福寺三座寺院于寺内，相国寺在当时为中外佛法文化交流中心。明代释宗泐奉使西域所求佛经，都会在相国寺寄留。寺内藏有大量稀世之宝，如唐"画圣"吴道子、"塑圣"杨惠之和北宋大文豪苏轼的手迹等，是一座名副其实的文化艺术宝库。

从《佛母大孔雀明王经》卷末题记"内官监太监赃罚库管事信官田有泽"可知这位刊印者的身份。明代宦官作为中国封建社会的特殊产物，为了摆脱现世悲惨的境况，往生极乐世界，他们普遍信仰佛教，不断对寺院布施钱财与佛经、佛像等宗教用品以求福报，并大修寺院、印造佛经以修功德。明代统治者大都推崇佛教，内府设有印经机构——汉经厂、番经厂，负责刊印佛经并进行相关佛事活动。《佛母大孔雀明王经》装潢考究,卷首、卷末附蓝底泥金注龙纹牌记,经文印刷精良,精心绘制的众多彩色佛经插图精美华丽,用料极其考究,非常人所及。笔者认为,这位"内官监太监赃罚库管事信官田有泽"应该拥有得天独厚的资源印造如此精美绝伦的佛经,这部佛经绝非坊间之物而非宫廷莫属,当为田有泽布施给相国寺的。(关于田有泽与相国寺之关系,还有待进一步考证)

三、版本对比及时代考

《中国古籍善本总目》中著录国家图书馆收藏了三种版本的《佛母大孔雀明王经》:宋刻本,半开五行十六字,存一卷(下);明宣德四年(1429)独秀主者刻本,半开五行十四字,上下双边,存三卷;明天顺七年(1463)裴瑀刻本,半开五行十四字,存二卷(中、下)。

以国家图书馆收藏的明宣德四年独秀主者刻本(图2、图3)为例,该版与河南博物院藏版的开本及版框尺寸略有不同,但经卷内有颇多相似之处。独秀主者刻本中有大量黑白佛经版画,经前扉画、经中插画和拖尾画与河南博物院藏版相似度颇高,但仔细对比,有部分细节比如诸佛手持之物、面部表情等与河南博物院藏版有差异,再者河南博物院所藏此版经书的版画数量较之独秀主者刻本多出不少,而且河南博物院藏版的插图均为明亮艳丽的彩绘。

图2 国家图书馆藏明宣德四年独秀主者刻本　　图3 国家图书馆藏明宣德四年独秀主者刻本

笔者发现,在《中国古籍善本总目》著录的不同版本《佛母大孔雀明王经》中,有一部经折装明刻版与河南博物院收藏的《佛母大孔雀明王经》在版式、行款、字体等方面完全一致(图4、图5),并且经卷内也附有数量众多的佛经版画,所不同的是此版经书的所有佛经版画均未着色,而河南博物院藏此版佛经版画均为彩绘。

图4 《中国古籍善本总目》所录明刻版经折装

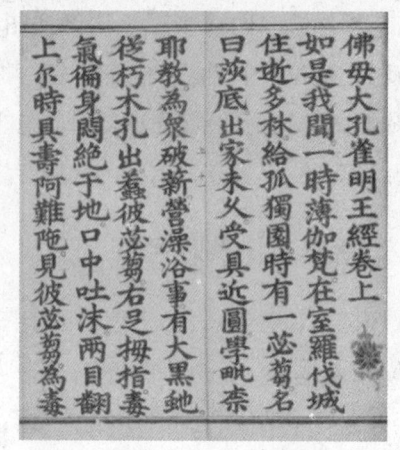

图5 河南博物院藏明刻版经折装

通过对以上几种版本《孔雀经》的对比分析,另根据河南博物院藏版卷末的施印题记"内官监太监赃罚库管事信官田有泽发心印造佛母大孔雀明王经一部永远供养法轮常转",可知此经为内官监太监田有泽发愿刊刻的一部佛经,呈现出鲜明的明代刊刻佛经特点。但是,有明一代历经276年16位帝王,而此经卷内并未标注刊印日期,故深入挖掘这部经书更为确切的刊刻年代很有必要。根据经卷卷末记载的施印题记内容,经查证相关历史文献,内官监是明代宦官组织十二监之一,其前身叫内使监。据《明太祖实录》卷二十五记载,内使监设立于吴元年(1367)九月,其首为监令。洪武十七年(1384)四月替代内使监而设立内官监,《明太祖实录》卷一一六记载,内官监"通掌内史明籍,总督各职,凡差遣及缺员,具名奏请"。洪武二十八年(1395),明太祖调整内官制度,所颁《皇明祖训·内官》中规定,内官各监均升为正四品,内官监"掌成造婚礼妆奁、冠舄、伞扇、被褥、帐幔、仪仗等项,并内官、内使贴黄一应造作,并宫内器用、首饰、食米、土库、架阁、文书、盐仓、冰窖"[4]。这样看来,虽然这位"内官监太监赃罚库管事信官田有泽"暂未见史书记载,但是至少可以判定河南博物院藏这部《佛母大孔雀明王经》刊印的时间不早于明洪武十七年(1384)。

《佛母大孔雀明王经》中,大量精美的彩绘佛经版画与经文相互穿插,图文相得益彰,这是弘扬佛教文化和思想最直接、最有效的方式。唐代后期及五代时版画就已应用于佛经,自宋元之后所刻之佛经几乎均附佛像版画。明代是佛经版画发展的黄金时期,其绘镌之精丽,已入登峰造极之境。翁连溪、李洪波先生主编的《中国佛教版画全集》(以下简称《全集》)的第二十一卷至第二十三卷,详细介绍了一部明嘉靖时期(1522—1566)刻《佛母大孔雀明王经》(上、中、下三卷)。此版现藏中国艺术研究院。《全集》叙录中如此介绍:"此经全本分为上、中、下三卷,经折装,上下双边。……每折四行,行十四字。图文混排。经卷高43.5厘米,框高30.5厘米,折宽15厘米……"[5]河南博物院藏《佛母大孔雀明王经》上、中、下三卷,经折装,上下双边,经卷高42.5厘米,框高30厘米,折宽14.5厘米,半开四行行十四字。由此可知中国艺术研究院藏此版明嘉靖刻版与河南博物院藏《孔雀经》版式几乎无异。为进一步确认,笔者选取两版经卷内部分图文进行对比分析。

中国艺术研究院藏明嘉靖刻版(图6)与河南博物院所藏明刻版(图7)《佛母大孔雀明王经》,除色彩之外,两版的图文排版如出一辙,所绘画面内容、背景、佛像造型、布局等亦无差别。

图6　中国艺术研究院藏明嘉靖刻版卷下 　　图7　河南博物院藏明刻版卷下

据图8和图9显示两版经文的版式、字体、内容完全一致,具体到两部经文左上角第二个字"香"字,可以清晰地看到两个"香"字的中间位置都有同样的一处板裂印痕,这说明此两部经书印刷自同一个佛经刻版。

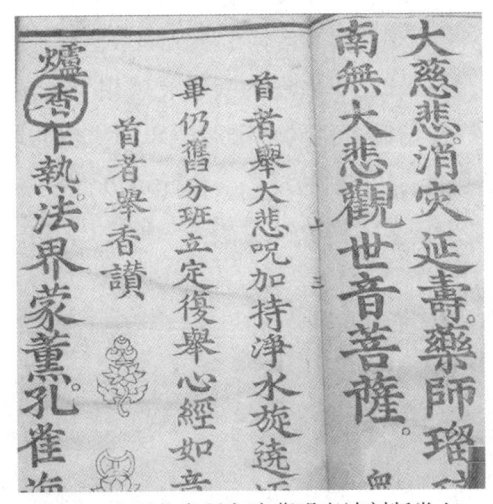

图8　中国艺术研究院藏明嘉靖刻版卷上 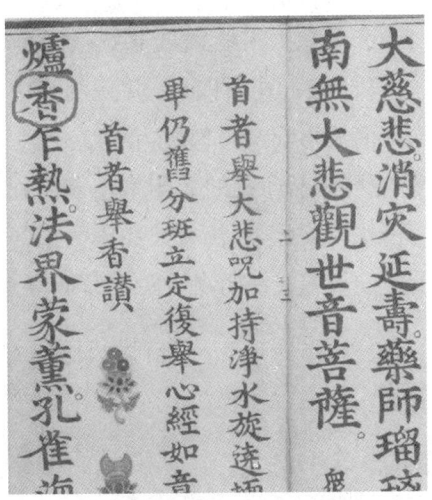　　图9　河南博物院藏明刻版卷上

笔者通过对上述两版经文内容、图像及版式进行对比，同时请教故宫博物院图书馆馆长翁连溪先生、中国艺术研究院俞冰先生后，可以确认《中国佛教版画全集》中收录的现藏中国艺术研究院之明嘉靖刻版《佛母大孔雀明王经》与河南博物院藏《佛母大孔雀明王经》印自同一雕版。且河南博物院藏版为明刻版无疑。在此基础之上，对于同一版本存在不同的刊印时间问题，笔者进行了进一步深入分析。

首先，河南博物院藏明刻版（图11）中"我今读诵摩诃摩瑜利"比之中国艺术研究院藏明嘉靖刻版（图10）此处字迹，清晰度不言而喻，根据雕版印刷的特点（印刷越早，其清晰度越高），显然河南博物院藏明刻版刊印时间应早于中国艺术研究院藏明嘉靖刻版。

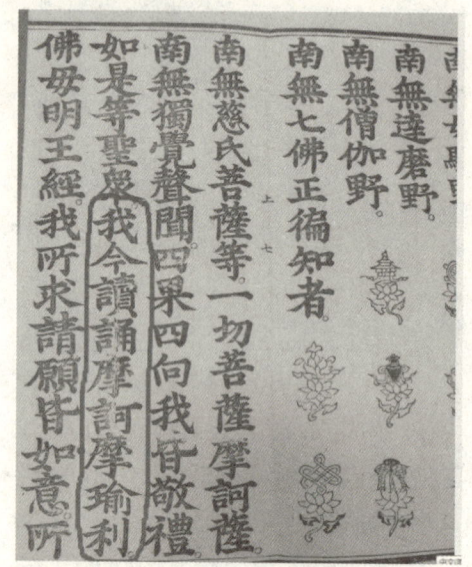

图10　中国艺术研究院藏明嘉靖刻版卷上　　图11　河南博物院藏明刻版卷上

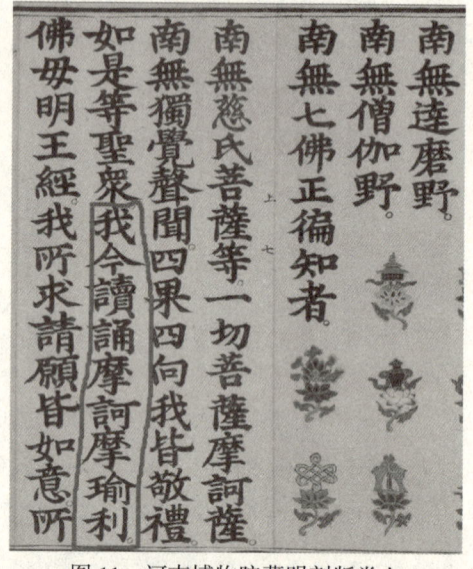

再者，中国艺术研究院藏明嘉靖刻版（图12）中出现的断版痕迹相当明显，而河南博物院藏明刻版（图13）图中是完整清晰的。同一雕版随印刷次数的增多，会导致所印刷的后印本出现版面断裂、字迹模糊的现象。由此可以推定，河南博物院藏此版《佛母大孔雀明王经》是中国艺术研究院藏版的早期印本，刊印的时间下限应在明嘉靖四十五年（1566）。

图 12　中国艺术研究院藏明嘉靖刻版卷中　　图 13　河南博物院藏明刻版卷中

四、结论

综上所述,河南博物院藏《佛母大孔雀明王经》为明内官监太监田有泽发愿刊刻的一部佛经,田有泽为修功德而将其布施给相国寺。通过查阅相关历史文献,考证是经入藏河南博物院的时间应为 1927 年至 1930 年间,为河南博物馆建馆之初筹备展品时由省会公安局移送的开封相国寺之物。

该版佛经刊刻的时代虽为明代,但经卷内未标有确切的刊印日期,根据历史文献中记载的明朝设立内官监的时间,其刊印的上限应不早于明洪武十七年(1384)。通过对同时代的相同和不同版本的《孔雀经》的进一步分析比对,推断该版佛经刊印时间下限为明嘉靖四十五年(1566)。该版佛经刊印工艺精良,装潢考究,经文内容完整丰富,彩绘佛经插图绘镌精美,是研究明代佛教传播、明代宫廷佛经刊印发展史的珍贵文献,在佛学研究、佛典校勘、佛经版本学等方面均具较高的学术价值和历史价值。

（崔晓琳,河南博物院文博馆员）

参考文献:

[1]许华应.世界三大宗教文化博览·佛教文化[M].长春:长春出版社,1992:122.
[2]赵惜时.本馆庋藏之物品(续)[J].河南博物馆馆刊,1937(9):1.
[3]熊伯履.相国寺考[M].郑州:河南人民出版社,1963:118.
[4]朱元璋.皇明祖训[M].北京:国家图书馆出版社,2002:23.
[5]翁连溪,李洪波.中国佛教版画全集:第 21 卷[M].北京:中国书店,2014:2.

孔子博物馆藏《乾隆御定石经》初拓本的论证及价值

The Demonstration and Value of Confucius Museum's Stone Classics of *Qianlong Reign Initial Rubbing*

王 沛

摘 要："中华古籍保护计划"实施以来，通过古籍普查、名录评审等工作，一些古籍的新品种或新版本陆续被发现与发掘，为学术界开展研究提供了重要依据。2019年4月，由国家古籍保护中心主办、山东省古籍保护中心和孔子博物馆承办的"第四期全国碑帖编目与鉴定研修班"，以孔子博物馆收藏的碑帖拓片为教学内容，通过专家讲授和学员实操，系统开展拓本的普查编目和版本鉴定培训。在此过程中发现的一部精美御制墨拓《乾隆御定石经》，在文献和修改字例的双重证实下，被确认为乾隆初拓本。这部拓本引起了学术界的广泛关注，也为儒家石经的研究提供了新的视角。本文系统梳理了《乾隆御定石经》告成后的争端，针对在乾隆、嘉庆年间的挖改拓本和改刻情况，结合孔子博物馆所藏拓本的部分字例加以分析，并探讨这部石经的价值。

关键词：《乾隆御定石经》；碑帖拓本；初拓本；挖改拓本；孔子博物馆

一、《乾隆御定石经》概况

自汉武帝"罢黜百家，独尊儒术"之后，儒家经典即成为士子必读之书。从"六经""五经""七经"到"九经"，在经过千年的历史检验和发展演变之后，《周易》《尚书》《诗经》《周礼》《仪礼》《礼记》《左传》《公羊传》《穀梁传》《论语》《尔雅》《孝经》《孟子》等十三部著作最终取得"儒家经典"的地位，简称"十三经"。

"石经"就是指古代中央政府在碑石上刊刻的官定儒家经典。在中国历史上,儒家石经共有七次大规模刊刻,包括汉《熹平石经》、曹魏《正始石经》、唐《开成石经》、五代《蜀石经》、北宋《嘉祐石经》、南宋《御书石经》,最后一部为清《乾隆御定石经》(简称《乾隆石经》)。

《乾隆御定石经》是中国历代儒家石经中最完整、规模最大的一部。乾隆五十六年(1791),乾隆皇帝谕旨以蒋衡手书"十三经"为底本,命廷臣校勘文字、镌刻上石。乾隆五十九年(1794),石经刻成,计189石,又《圣谕及进石刻告成表文》一通,共190石,立北京国子监,现存北京孔庙和国子监博物馆。

书经人蒋衡(1672—1743),原名振生,字湘帆,一字拙存,有"拙老人""再生人"等别号。本籍金坛,侨居无锡。蒋衡善书,长于真楷。早年科举屡试不第,经常四处游居。在陕西碑林观摩《开成石经》时,他"纵观碑洞十三经,虽颇残缺,巍然俱存"[1]297,认为唐石经"众手杂作,文意多错,行次参差,心实悼之"[1]294,颇受触动。自立志缮写"十三经"后,从雍正五年(1727)至乾隆三年(1738),蒋衡潜心于书,遍求善本,并重校雠,以一己之力,终书成63万字。完成的第二年,即乾隆四年(1739),时任河道总督的高斌将蒋衡所书的儒家"十三经"共三百册五十函进呈御览,乾隆赐蒋衡国子监学正以示嘉赏,藏经懋勤殿。

然而,书法作品被皇帝收藏,既不是蒋衡的最初想法,也不是最终目的。他原意立石曲阜孔庙,以补阙里石碑缺经之憾。在曲阜拜谒孔林时,蒋衡曾感叹:"曲阜尼山为宣圣钟灵之所,止存汉隶《礼器》《孔宙》数碑,从未有写十三经请勒石圣庙者。不揣鄙陋,矢志重书。"[1]294蒋衡书经立石孔庙之意,高斌在奏呈御览时也做了表达,但在朝堂上却引起了诸大臣的争论,最终未成。究其原因,主要有三个:一是刻石工费浩繁;二是阙里两庑不可轻易拆动;三是历代石经多立于太学,未必立于孔庙。乾隆八年(1743),蒋衡带着未了的夙愿怅然离世。直到乾隆五十六年(1791),在续修《石渠宝笈》时,乾隆经人提醒,才想起还有一部蒋衡手书的"十三经"被"束之懋勤殿之高阁","岂可与寻常墨迹相提并论哉"。由是,谕旨刊经立石国子监,"以昭崇儒重道之诚"。不然,今天的《乾隆石经》也许就巍巍立于曲阜孔庙。

嘉庆元年(1796)正月初一日,乾隆举行禅位大典,嘉庆正式登基。约十三日[2],新帝谕旨将《四库全书总目》及《墨刻十三经》等颁赐众皇子大臣。在颁赠《墨刻十三经》的名单中,孔子第七十三代孙——衍圣公孔庆镕位列第41位,位居臣子第8位。

这套赏赐给衍圣公孔庆镕的《墨刻十三经》,此后二百多年一直被妥善保存于曲阜阙里。直到 2019 年 4 月,在"中华古籍保护计划"支持下开展的碑帖编目鉴定培训班上,专家们对这部拓本进行了重新鉴定。它的存在和发现,成为研究《乾隆石经》的重要实物证明。

二、孔子博物馆偶遇《乾隆御定石经》初拓本

孔子博物馆的前身是孔府文物档案馆,收藏着孔府、孔庙、孔林的许多重要文献文物。作为全国古籍重点保护单位和山东省古籍重点保护单位,这里有孔氏历代所藏古籍文献 6400 余部 40000 余册,古籍雕版 4000 余块,拓本近万种。其中 13 部古籍入选《国家珍贵古籍名录》,47 部入选《山东省珍贵古籍名录》。

2019 年 4 月 10 日,"第四期全国碑帖编目与鉴定研修班"在孔子博物馆开班,来自全国 12 个省(市)图书馆、博物馆、高校图书馆的 30 名学员参加培训。北京大学图书馆胡海帆先生、国家图书馆冀亚平先生和故宫博物院的施安昌先生先后授课。

编目鉴定是一项实操性非常强的工作,特别是面对年代、内容不同,又各式各样的"黑老虎",如何定名、如何判断年代,都是各馆普查编目工作的重点和难点。国家古籍保护中心曾探索性地在重庆图书馆以馆藏拓本为对象开展实操性的编目鉴定培训,取得了非常好的效果,得到了专家、学员和收藏单位的一致认可,之前成功的经验这次也继续应用于孔子博物馆的培训。

4 月 16 日,笔者承担培训调研的任务,与故宫博物院的施安昌先生赴孔子博物馆授课。在东行的高铁上,施先生感叹:"碑帖普查编目难度很大,人才又奇缺,还有大量馆藏拓本没有编目,躺在库房中等待人们对其整理、发现和研究。这种培训模式将人才培养和编目鉴定结合起来,是一种大胆的创新。人才培养了,本领学到了,目录编成了,家底也摸清了。"谈到早前在重庆图书馆进行拓本编目时发现的御制墨拓《乾隆御定石经》,施先生说:"与其他石经相比,虽然《乾隆石经》刻成较晚,保存完整,反而不如其他石经关注度高,但它经由皇帝下旨多次改字,是与其他碑刻和石经不同的地方。现存应有改字之前和改字之后多种拓本,因为数量巨大,搬动和查阅困难,所以不容易区别它们传拓的时间。如遇到《乾隆石经》,应仔细加以区分。"因一直担任国家珍贵古籍名录碑帖组的联络员,我觉得他的话不是随便说的。此时,我们尚不知衍圣公受赐石经一事,只是抱有期待,认为山东曲阜乃圣贤故里,孔子世家屡屡受封,得赏无数,其藏品必有其独特之处,或许就有《乾隆石经》。

在曲阜与冀亚平老师、胡海帆老师会合后,胡老师交给施先生一张纸,上面

记录了这几日所翻看的孔子博物馆所藏比较有价值的拓本藏品,《乾隆御定石经》赫然在列,一切似乎在往更好的方向发展。第二天,在孔子博物馆唐丽副馆长等同人的帮助下,三位老师对其馆藏碑帖进行初步鉴定和选取,以便在上课时为学员提供更具代表性的碑帖样本。

此时孔子博物馆新馆即将建成开馆,但尚有部分拓本未完成搬迁工作,仍保存在孔府文物档案馆旧址。虽然存于老式建筑,但是从完善的库房设施、工作人员严谨的操作规范来看,孔府的古籍、拓本和档案及文物,在这里得到了妥善的保存保护。专家们先是看了几部《淳化阁帖》,随后,工作人员拿出几册《乾隆御定石经》请专家鉴定。这部《乾隆御定石经》品相完好,装潢考究,经折装裱,明黄封面,正中楷书"乾隆御定石经"题签。翻检内页,御制墨色乌黑发亮,字迹清朗,工楷蕴藉。妥妥的皇家御赐本!

施先生拿出随身携带的记事本,其中有之前在重庆图书馆所看拓本的记录,也有所记《乾隆御定石经》的修改涂抹之字。顺着线索,我们查看了一些字,如《周易》"包牺氏没",初刻作"包",后涂墨修改成"苞"字;《尚书》"罔不祗肃""罔顾于天显民祗",初刻为"祗",后将右半"氐"改为"氏",孔子博物馆所藏即为"祗"字;"厥德匪常"之"匪",后改为"靡",今见为"匪";另外还有"九叙惟歌"之"歌"字,亦为磨改之前写法,等等。字有拓本涂墨痕迹,也有刀刻挖改痕迹,若非手持实物在灯光下反复查看,根本无法辨别。大家想到孔府藏本的来源和入藏时间,推测《孔府档案》中或许有《乾隆石经》的入藏记录,如果是皇家颁赠,就必然留有痕迹。带着这个疑问,第二天,笔者求助于古籍部的鲁凤和孔燕老师,很快就在库房看到一部《续修曲阜县志》(孔昭曾署签,民国济南同志印刷所印),在卷二《圣贤志》孔氏奉述圣祀事中,记"嘉庆元年丙辰颁赐衍圣公《钦定四库全书总目》一部十六函,又赐衍圣公《乾隆御定石经》四十函二百六册",此处衍圣公即孔庆镕,这成为确定《乾隆御定石经》拓印时间的重要证据。第三天,笔者将调研所写了篇报道发到"国家古籍保护中心"微信公众号,引起了相关单位和学者的关注。

回京之后,施先生指导笔者进一步查阅相关文献,将摹刻石经前后史事列出年表,补充整理了需要与拓本对照的字例,并委托仍在曲阜指导实践授课的冀亚平老师和孔子博物馆的老师再次进行了核查,收获很大。到底为何有这些修改现象?首先需要梳理清楚《乾隆御定石经》的前后情况。

三、《乾隆御定石经》告成后的争端

一部彰显儒家经典的"十三经",由乾隆皇帝亲自谕旨刊刻,为什么会经历屡

次修改？背后到底有怎么样的故事？时间先回到乾隆五十六年（1791）。乾隆下旨以蒋衡所书为底本刻石经，并命和珅、王杰为总裁，董诰、刘墉、金简、彭元瑞为副总裁，命金士松、沈初、阮元、瑚图礼、那彦成随同校勘。又因为卷帙繁多，再令"遴派三人，以足校勘八员之数"[3]，此三人分别为刘凤诰、汪廷珍、邵晋涵。这些人既参与了《四库全书》的编纂，也是后世所熟知的文献学家，学术功底非常深厚。接到皇帝下令校勘的任务后，阮元还专门书就《仪礼石经校勘记》。

刊刻石经，是在盛世之下彰显朝廷崇儒重道的重要举措。此时距离乾隆计划的退位时间只有不到四年的时间，它首先是一项政治任务，必须在短期内见到成效。因此，与前六次刊刻石经相比，这是用时最短的一次刻经。乾隆五十九年（1794）九月，石经渐次刻成，担任副总裁的彭元瑞也同时给乾隆献上了一本书——《乾隆石经考文提要》。傅增湘对该书赞赏有加，专书长跋表达了自己的看法。他认为，嘉庆二年（1797）天禄琳琅的一场大火，使历代珍本付之一炬，"尚赖《提要》引证得以存其大略。是此书之作，校经之功固勤，而因是籍存宋刻经书之面貌，其为功尤伟。此后学不可不知也"[4]45。

乾隆拿到此书之后，九月十七日连发两道谕旨。第一条是对书的赞赏："兹《考文提要》一书，简核明备，无难家诵户习。""著仿唐石经时刻《五经文字》《九经字样》例，刊置经末，列树戟门，并镌板颁行天下。""于乙卯科乡试为始，俟三科后考试，四书五经题文俱照颁发各条，敬谨改正。倘再有沿用坊、监本以致舛误者，将考官及士子分别议处停科，并载入科场磨勘条例。"他要求将旨意置于卷首，"以示朕稽古右文至意"[5]216。《考文提要》一书成为士子登科必读书，如若不读、不从、不改，不仅士子不能科考，考官也要受到牵连。这是极大的肯定和莫大的荣耀。第二条是对人的奖赏："石经馆总裁等校勘石经，现在将次完竣，和珅等与彭元瑞均系总裁，和珅等所管事物较繁，只能总其大纲，酌加参阅。至于校订厘正，皆系彭元瑞专司其事。彭元瑞著加太子少保衔，并赏大缎两匹，以示奖励。若校定之文或有纰缪不经之处，将来披览所及，经朕指出，亦惟彭元瑞是问，钦此。"[5]217

由此可知，石经刊刻，统揽实际校正工作的是彭元瑞，其成果以《考文提要》的形式直接献给乾隆。这让顶着"总裁"头衔的和珅有点面子上挂不住，也十分恼火和嫉妒。于是他招集门下客，撰《考文提要举正》一书，交给乾隆，"訾《提要》不便士子，请销毁"[6]。或许是实物举证的效果，或许是君臣之间的各种原因，也或许是乾隆对士子的体恤，乾隆五十九年十月十五日，皇帝谕旨："该书（《考文提要》）呈览，抽阅数条，不过字句书体间有异同，于圣贤经义初无出入。……士子操觚构艺,不必以一二字之增损、偏旁之同异为去取也。另著该总裁等详绎此旨,折衷妥议具奏。"[5]284 一言九鼎的皇帝,这种看似大气的说法,与先前"考官及士子分别议处停科"的态度已是天壤之别。根据上谕档记载,乾隆翌日即撤销了九月十七日赞赏书的谕旨,保留了奖赏人的旨意,与其"折衷妥议具奏"所言,更显帝王的驭人之道。

乾隆五十九年十二月初七日,乾隆命石经馆臣将《考文提要举正》略加编纂成书,成为后来的《钦定考文提要举正》。"乾隆五十九年九月十七日,臣等校刊石经,撰进《考文提要》六册,奉敕覆刊,折衷议定,旋于十二月初七日详议分单奏呈御览,奉旨著编纂成书,缮写三部,分贮懋勤殿、翰林院、国子监。除遵纂成《考文提要举正》一书另行备录、全函分贮外,仅将应改之八十六条仍依原文摘录成册,归于蒋衡所书十三经册后,一体存取,以备稽考。乾隆六十年二月初一日,石经馆总裁臣和珅、臣王杰、臣刘墉、臣董诰、臣彭元瑞拜手谨识。"[7]350 乾隆对身为总裁又权倾朝野的和珅、学富五车又心有不甘的彭元瑞,各打五十大板又分别给一块糖,压下了争端。《考文提要举正》将《考文提要》可改可不改者分成四类:一是奉旨勘《考文提要》毋庸照改者 156 条;二是覆勘《考文提要》内虚字偏旁无关文义,现刻石经并未歧误者 145 条;三是覆勘《考文提要》内钦遵《御纂四经》《钦定三礼》及《康熙字典》者共 504 条,核系订正坊本错误者 69 条;四是覆勘《考文提要》内应行照改者 86 条。前面是彭元瑞对和珅的妥协,而只有这最后 86 条,才是最终和珅不得不承认、乾隆也认可的石经修改文字。

嘉庆四年(1799)正月初三,89 岁的乾隆寿终正寝。初八,嘉庆帝下谕革和珅职,抄没家产,随赐自尽。和珅于朝廷再无影响。阮元素知《考文提要》价值,对刚刚登科进士、授兵部车驾司主事的许宗彦说:"石经列在太学,乡曲之士或不能尽见,而正讹补脱略具《提要》中,使学者先见此书,不至为坊本所惑,由是以窥石经之涯涘。"[8]283 如此,《乾隆石经考文提要》于嘉庆四年刊刻行世。傅增湘称,《考文提要》的刊刻使"习经者手持一本,奉为准绳"[4]47。

然而,彭元瑞念念不忘石经误字,上奏朝廷再请核查改正。嘉庆八年(1803)六月二十五日,上谕档记载:"彭元瑞奏,太学石经现在所刊碑文与圣祖仁皇帝《御纂四经》《康熙字典》及高宗纯皇帝《钦定三礼》校定武英殿十三经间有异同,请详加察覆等语。石经为同文盛举,刊布黉宫,垂世行远。今其碑内文字既尚需检校,著派董诰、朱珪、纪昀、戴衡、那彦成将石经碑文与御纂钦定各书悉心查对,有无异同,粘签呈览。"[9]211 后列有校检石经大员名单二十余人。同日,彭元瑞因脚伤未愈,请辞休养。八月十七日,众臣完成嘉庆布置的校勘任务,奏曰:"兹查太学所刻石经当日蒋衡原书,即系照御纂钦定之本缮写,时又经钦派各员详勘。彭元瑞所订正之讹五百四条本不在其内,此外三百余条与御纂钦定不符,因文意较长及有他书证据,奏蒙鉴定改从者共八十六条。"[9]307 总纂助教沈学诚奏:"因思石经为同文圣举,从前彭元瑞撰进之《考文提要》,亦系援引武英殿唐宋石经,及天禄琳琅、宋椠各书作为证据。现在太学石经早已刊布通行,毋庸改易。其石经内有遗漏笔画,及镌刻草率各条,著交御书处查照修整,以臻完善。"[10] 这次校勘,虽然让彭书的价值又一次得到了肯定,而对石经修改的建议,得到的答复却是"太学石经早已刊布通行,毋庸改易"。"奉旨改刊各条",实际上指的就是乾隆六十年(1795)谕旨改字的《钦定石经改正字样》,凡86条。其余"遗漏笔画,及镌刻草率各条,著交御书处查照修整,以臻完善",其中,字画粗率者7条,遗漏修整者3条,另有2条需遵照殿本修改,共12条,这或许才是嘉庆八年真正改字之处。

时隔九十年,"堂谕,乾隆石经字迹岁久受损,本堂于七月间奏,准请遵《钦定考文提要》及时修刻在案,着派蔡赓年敬采石刻编册呈堂,覆定发修。此谕。光绪十一年十二月十五日"[11]547。光绪十一年(1885)至十三年(1887),国子监学录蔡赓年依照《钦定考文提要》对石经进行修刻,成书《奏修石经字像册》,共计修刻863处。这一次工程目的是修复。

190块《乾隆石经》,虽然目前完整保存于北京国子监,但经文早已损泐严重。因石经内少数文字屡被后人磨改,《乾隆御定石经》拓本存世有多个不同的版本,现可见者多为嘉庆八年重修和光绪十一年至十三年磨改后的拓本,而最早的乾隆版内府拓本却十分罕见和难以认定。

四、孔子博物馆藏《乾隆御定石经》拓本上的挖改

一部石经,刻成仅一年之内就历经多次争议,到底改了哪些字?如何改?这次培训班在孔子博物馆发现的《乾隆御定石经》给我们提供了实物证明。

(一)根据赏赐孔府时间确定拓本时间

孔子博物馆所藏《续修曲阜县志》的记载和嘉庆上谕档记载相合,说明这部拓本在嘉庆元年初就送达孔府。那么传拓的时间应在此之前,当是石经竣工后初拓。这要感谢孔子博物馆前期对馆藏文物的整理,得以迅速为拓本的时间确定提供重要证据。根据《钦定国子监志》记载,乾隆六十年(1795)二月初五,乾隆自言"丙辰年(嘉庆元年)即系归政之期","内府藏蒋衡手书十三经册,壬子命翰臣详加校覆,选工刊石,列于辟雍两廊,以为万世崇文重道之规,今岁乙卯告成,

因于释奠礼后,亲临阅视,贞珉林立,允堪寿世,较汉唐以来三字一字之刻,庶几过之"[12]。这是乾隆第一次看到石经,也为嘉庆元年(1796)正月颁赐《墨刻十三经》做了铺垫。蒋衡之孙蒋和圣临当日呈进《恭录御制序四体字册》和《石经告成颂册》御览,乾隆因其"文理尚优""能承家学"[5]455,赐国子监学正、学录补用,赏大缎两匹,以示嘉赏。这是皇帝对蒋衡书经和国子监刻经的认可。

(二)根据挖改字迹判断传拓时间

结合孔府拓本,对比《考文提要》《考文提要举正》和《奏修石经字像册》中的字例,我们发现有以下三种情况:

1.原照《考文提要》刻字,后按《考文提要举正》修改拓本,留下涂改痕迹。

字例1:《尚书·商书·太甲中》篇,"视乃厥祖"之"厥"字。孔子博物馆拓本为"烈"字。《考文提要》建议改"烈"为"厥":"坊本作'烈祖',亦沿蔡沈《集传》。案:孔安国传'视其祖而行之',其训厥也。今从武英殿本、唐石经、宋本九经……监本《九经误字》。"[8]14《考文提要举正》建议保留"烈"字,称"钦定本作'烈'……毋庸改"[7]313。故蒋衡原书为"烈",后彭元瑞校勘刻石为"厥",和珅建议从"烈",因无法改石,故而磨改拓本。今见孔子博物馆拓本"烈"字有刀笔划痕,手法极精,若不细看,根本无法识别。

字例2:《尚书·商书·盘庚中》篇,"乃祖乃父丕乃告我高后"之"乃父"的"乃"字。孔子博物馆藏拓本为"乃",有明显修改痕迹。《考文提要》认为是"先父",虽然"监本作'乃父'",但"今从唐石经、宋本九经、南宋巾箱本、宋本《附释音尚书注疏》、宋本《纂图互注尚书》……元本《尚书注疏》"[8]16。《考文提要举正》认为应是"乃父","《提要》从唐石经等本,改'乃父'为'先父'。臣等覆按:钦定本作'乃父',且此句上文屡见,本句下孔传云'汝祖父见汝贪而不忠'云云,并无有当改'先父'之据。唐石经误字极多,此条顾炎武即列之石经误字中。毋庸改"[7]314。故蒋衡原书为"乃父",后彭元瑞校勘刻石为"先父",和珅要留"乃父",因无法改石,故而磨改拓本,正如今日孔子博物馆所见。

2.原照《考文提要》刻字,后获乾隆认可,或未按《考文提要举正》完全修改拓本,仍保留原字。

字例3:《尚书·虞书·大禹谟》篇,"降水儆予"之"降"字。孔府拓本为"降",无修改痕迹。《考文提要》称:"坊本作'洚水',沿蔡沈《集传》。案:孔安国传,水性流下,故曰下水。孔颖达正义云:下流之水。今从武英殿本《经典释文》……元本《尚书注疏》监本。"[8]11《考文提要举正》[7]341和《钦定石经改正字样》[7]350也认可这一修改,纳入覆勘《考文提要》内应行照改者86条之中。今日孔子博物馆所见即为校勘上石之后的拓本。

　　字例4：《尚书·商书·咸有一德》篇，"厥德匪常"之"匪"字。孔府拓本为"匪"，无修改痕迹。《考文提要》称："坊本作'靡常'，亦沿蔡沈《集传》，因上命靡常，误。案：唐柳泽上书引此作'匪常'，今从武英殿本、唐石经、宋本《附释音尚书注疏》……监本《九经误字》。"[8]14 和珅的《考文提要举正》认为："《提要》从殿本等本，改'靡'为'匪'，臣等覆按，钦定本作'靡'，又《说文》：'匪，器，似竹箧。'《逸周书》：'实元黄于匪。'故《尚书》全经用'匪'字作'非'字解者绝少。毋庸改。"[7]314《奏修石经字像册》："匪，《提要》校从'匪'，改刻同坊本作'靡'，明本亦作'匪'。"[11]555 从三次有关石经的校勘修改来看，知蒋衡原书为"靡"，彭元瑞校改为"匪"，和珅建议从"靡"，蔡赓年建议仍作"匪"。此字在孔府拓本中疑因未改尽而幸存，成为今日考察初拓本的依据。

　　3.拓本字例与《奏修石经字像册》比对，符合其所指的初拓本特征。

　　字例5：《周易·系辞下传》篇，"苞牺氏没"之"苞"字。孔子博物馆拓本作"苞"，有涂改痕迹，疑"艹"后加。《奏修石经字像册》此条称"初刻'包'，后加'艹'作'苞'"[11]551。同时，我们也看到，同在此篇中，同一名词的同一字有不同的写法，"包牺氏之王天下"作"包"字，并无改字痕迹。

　　"包"字的前后矛盾，应该是与《考文提要举正》所提的《周易·上经》中的"系于苞桑"之"苞"字修改有关。彭元瑞《考文提要》因"宋以后诸本通作'包'"[8]2，建议将蒋衡书经之"苞"校改为"包"，并体现在了石经上。而和珅《考文提要举正》则建议留"苞"，理由是"御纂本作'苞'……此经'苞'字连下'桑'字，自当从草，不得以全经各'包'字例之，毋庸改"[7]313。由是可知，"苞牺氏没"和"包牺氏之王天下"，是据《考文提要举正》在拓本上挖改"系于苞桑"时的误改而又未改尽之字。

　　字例6：《诗经·邶风·静女》篇，"俟我於城隅"之"於"字。孔子博物馆拓本为"於"，有明显修改痕迹。《奏修石经字像册》称，"于，初刻不误，后磨改为'於'"[11]565，建议改"於"为"于"。孔子博物馆所藏为初刻"于"涂改为"於"之拓本。

　　字例7：《尚书·虞书·大禹谟》篇，"汝惟不矜"之"矜"字。孔子博物馆拓本"矜"字右半"人"字交叉。又有"九叙惟歌"之"歌"字，同是右半"人"字交叉。此条仅在《奏修石经字像册》[11]553 中出现，蔡赓年建议按照常规写法修正，"人"不作交叉。而《考文提要》与《考文提要举正》中均未提及。在笔者看来，虽然是光绪年间提出的建议，但却如乾隆所说的"不过字句书体间有异同"，不改也罢。

孔子博物馆所见同类字例，还有《尚书·商书·盘庚中》篇，"永建乃家"之"建"字。《奏修石经字像册》建议将"廴"改"廴"[11]555，孔子博物馆拓本所见为"廴"，为早前写法，似为书法笔道的问题，亦无修改必要。

字例8:《尚书·周书·多士》篇，"罔顾于天显民祗"之"祗"字。《奏修石经字像册》称，"初刻从氏，后磨去末笔，讹'祇'"[11]559，建议改"祇"为"祗"，说明光绪年间，蔡赓年所见已是"祇"字。今孔子博物馆藏拓为"祗"，无改痕，说明其正是磨改之前的拓本。

根据目前核验的孔子博物馆所藏拓本字例，我们有以下看法：

第一，孔子博物馆所藏《乾隆御定石经》，为石经刻成之后，《钦定石经考文提要举正》确定之前的初拓本。乾隆批下关于《考文提要举正》的谕旨之后，和珅使人以《考文提要举正》为据，针对彭元瑞对蒋衡的校正之字挖改拓本，再行装订，而后颁赐，因而才会在拓本上留下涂改的痕迹。拓本中所见《考文提要举正》的"毋庸改"字例，如"厥德匪常"之"匪"等，与《考文提要》相合，且无挖改痕迹，疑因拓本未改尽而存在，也正反映了石经刻成之后的原始状态。

第二，《考文提要》是彭元瑞在石经镌刻过程中的校勘成果，随校随改同时刻石，经碑告成而成是书，所列各条并不限于石经。乾隆九月谕刊刻《考文提要》的目的，是解决士子读书过程中常见的监本、坊本的互异等问题，使科举考试有所准则。这是对彭元瑞校勘蒋衡所书经文的认可，后来的《钦定石经改正字样》才可能与修改石经直接相关，并最终与蒋衡原稿一体存于懋勤殿。

五、后记

中国历史上向来有盛世修书的传统。乾隆先是纂修四库、重排石鼓，后又刊刻石经，以光文教，是为盛世之举。随着时代的发展和典籍的传播，两千多年来，儒家经典因字体变化、传抄错讹和释读教化，显得异常复杂。这部《乾隆御定石经》前后屡次修改，其背后虽有朝廷党派之争，更有刊经辩证之义，折射出清代当权者对儒家经典的认定和态度，尽管有些还隐藏在深处没有浮现出来，却也给我们留下了无数的故事，值得进一步探索和挖掘。

孔子博物馆藏《乾隆御定石经》初拓本面世后，石经研究学者如上海交大虞万里教授即表示关注，故宫博物院、北京大学图书馆等单位也对本馆所藏石经进行了比对，发现它们在装潢、纸墨和挖改上有相似之处，但也有差异。关于《乾隆御定石经》的后续工作，笔者认为：一是对孔子博物馆所藏石经进行数字化或出版，尽早公布，服务社会；二是对全国各地所藏的清廷颁赐御制墨拓《乾隆御定石经》进行调研摸底;三是结合文献和实物对《乾隆御定石经》改字情况进行全面整理和研究。

通过这次碑帖鉴定与编目培训班,大家也对孔府所藏碑帖拓本有了更深入和直观的了解。除《乾隆御定石经》之外,还有《淳化阁帖》《怀素自叙帖》《开通褒斜道碑摩崖刻石》以及《史晨碑》《孔宙碑》《段志玄碑》等诸种碑帖的早期拓本值得进一步研究。专家们认为,从来源、流传和现状等多个角度看,孔子博物馆所藏碑帖拓本具有鲜明的孔府特色,人们对文物的保护功不可没。

(王沛,国家古籍保护中心办公室综合组组长,馆员)

参考文献:
[1] 蒋蘅.拙存堂文初集[M]//《清代诗文集汇编》编纂委员会.清代诗文集汇编:第228册.上海:上海古籍出版社,2010.
[2] 中国第一历史档案馆.嘉庆道光两朝上谕档:第1册[M].桂林:广西师范大学出版社,2000:13.
[3] 中国第一历史档案馆.乾隆朝上谕档:第17册[M].北京:档案出版社,1996:577.
[4] 傅增湘.藏园群书题记[M].上海:上海古籍出版社,1989.
[5] 中国第一历史档案馆.乾隆朝上谕档:第18册[M].北京:档案出版社,1996.
[6] 赵尔巽等.清史稿:卷三百十九[M].北京:中华书局,1977:10754.
[7] 故宫博物院.故宫珍本丛刊:第21册[M].海口:海南出版社,2000.
[8] 贾贵荣.历代石经研究资料辑刊:第2册[M].北京:北京图书馆出版社,2005.
[9] 中国第一历史档案馆.嘉庆道光两朝上谕档:第8册[M].桂林:广西师范大学出版社,2000.
[10] 文庆,李宗昉,等.钦定国子监志[M].北京:北京古籍出版社,2000:1046.
[11] 贾贵荣.历代石经研究资料辑刊:第8册[M].北京:北京图书馆出版社,2005.
[12] 文庆,李宗昉,等.钦定国子监志[DB].中华古籍资源库.国家图书馆藏清抄本.

古籍写印材料的保护与修复:传统与现代

Preservation and Restoration of Writing and Printing Materials of Rare Books: Tradition vs. Modernity

刘家真

摘　要:文章在参考古代诸多藏书论著的基础上,从晾晒、虫害防治、浆糊制法及装具用材等四个方面,介绍藏书论著中留存的相关信息和古代文献保护方法,并主张以"扬弃"的态度对古代文献保护方法进行适用性分析,以更好地指导当代的古籍保护工作。

关键词:藏书论著;古籍保护;古代文献保护方法

中国历史号称"上下五千年",其中藏书史是中国文化史的重要组成部分。古代的藏书论著极有价值,可惜没有被后世重视。在有关藏书的论著中,不乏可以为我们今天借鉴的知识,或可对今天流传的所谓传统保护方法起到正本清源的作用。此外,分析研究古代传统的保护方法,用今天的思维与现代技术去考量,持"扬弃"的观念将之转化为当代古籍保护的新方法,也是极为必要的。

我国的古籍保护事业并非平地而起,而是在不断"扬弃"过程中传承下来的。"扬"是对确实可行并被时间证明为有效的、成功的保护方法的保留、发扬和提高,"弃"是对传统保护方法中已被长期实践和科学研究证明是无效的,甚至已被今天的科学技术证明是错误的方法的舍弃。仔细研读古代遗留下来的藏书论著就可以发现,从古至今传统的古籍保护都是在不断扬弃过程中发展的。

出于保守狭隘的目的,古人的藏书保护技法多秘不示人。在有限的承传范围内,许多文献保护的技法、技巧不幸失传。所幸的是,明清以来这种观念发生了改变,流传至今的文献保护论著还是不少的。下表是流传至今关于藏书保护的部分重要论著。

古代藏书保护的部分重要论著

重要著述	涉及的主要信息
(明)周嘉胄《装潢志》	深入浅出地介绍了书画装裱与修复过程中的具体工艺和注意事项
(清)周二学《赏延素心录》	书画装潢的几种技法、形制品式和材料的选用,兼及展玩书画的形式和器物选择
(清)孙从添《藏书纪要》	对藏书家的藏书经验进行了系统总结,在"装订""收藏""曝书"三则中,对长期以来行之有效的各种文献典藏方法作了简明介绍
(清)叶德辉《藏书十约》	其中"收藏"论述了保护古籍的各种方法,"装潢"论述了装订的目的、用料和方法
(清)梁鼎芬《书藏四约·藏书约》	涉及藏书的通风、去湿、防潮、防蚁、防漏、检书、晒书、防污、防火、防鼠、防蠹、存放等多个环节

本篇论文仅从晾晒、虫害防治、浆糊制法及装具用材等四个方面,对照古文进行分析,并比照今天的相关方法,剖析其值得继承的精华与需要抛弃之处。

一、晾晒

晾晒目的:防潮、防蠹。

相关文献:(周)《穆天子传》、(东汉)崔寔《四民月令》、(唐)房玄龄《晋书》卷三十二、(北魏)贾思勰《齐民要术》、(宋)谢深甫《庆元条法事类》卷十七、《宋史·职官志》、(清)孙从添《藏书纪要·曝书》、(清)叶德辉《藏书十约·收藏》等。

留存的信息:记载了晾晒典籍的时间(阴历五月十五日至七月二十七日间)、推荐的地点(大屋下风凉处,不见日处)、晾晒应当规避的气候(阴雨湿气)、晾晒后如何收藏(凉透再收)以及晾晒过程中发生的事件。

(清)叶德辉《藏书十约》记载了由于南方、北方气候不同,晾晒时间应当有所区别:"南北地气不同,是不可不辨者也。"并建议:北方适合六月六日或七夕曝书,而此时的南方正值酷暑,"过于枯燥",随时而至的暴雨也可能会祸及书画;朝曝夕收,书画中吸收的热力在橱内数日不消;南方的八、九月,秋高气清,且有西风杀虫,适合晾晒书画[1]。

今天的评价:宜传承其思想精华。古人晾晒书画,实为翻检抖晾,扰乱虫子生长的环境,这是古代创造的当时最为有效的防治虫霉方法,这种方法对于今天的防霉驱虫仍然具有一定的借鉴价值。然而流传至今,有的衍生为阳光下曝书,有的演变为宗教仪式,这些实为毁书也。

二、虫害防治

(北魏)贾思勰《齐民要术》中就记载了生虫的环境:五月湿热,书经夏不舒展者,必生虫。而对于虫害的防治,多采用植物自身气味驱赶。灭虫多采用胃毒法,使虫子误食毒药而死。这些方法均属于被动的防虫、杀虫法。

(一)古代驱虫药物与方法

1.相关文献及留存信息

相关文献:(西周)《周礼》、(三国魏)鱼豢《典略》、(北魏)贾思勰《齐民要术》、(晋)郭璞《仓颉解诂》(《艺文类聚》卷八十一)、(宋)沈括《梦溪笔谈》、(宋)张邦基《墨庄漫录》、(元)无名氏《居家比用事类全集》卷六。

留存的信息:记录了当时驱虫的植物与驱虫方法——自然陈放,燃烧烟熏。

其驱虫原理主要是利用植物茎秆、果实、叶片等散发出的特殊气味,驱使虫子离开。古代曾经采用的植物有芸香、樟脑、木瓜和皂角,还包括香蒿、花椒、烟叶、荷花瓣、艾叶、兰花、芥菜、肉桂等[2]。其使用的植物也在不断演进中:(西周)莽草熏之,(三国)放置芸香,(唐)放置麝香、木瓜,(宋元)放置麝香、樟脑和皂角,(明)放置烟叶。

古代驱虫方法:最初靠植物自然挥发有效成分驱虫,后考虑到效果不佳,曾经利用这些植物燃烧产生的烟气熏蒸书房[3]。

2.今天的评价——宜弃

我们不提倡利用植物驱虫,更反对在书库燃烧植物以烟熏驱虫,原因是:在科学技术不发达的古代,利用植物的挥发性物质驱赶书虫在那个时代是具有先进性的,但它存在诸多不足,甚至是问题。

(1)可能驱散某些昆虫,但不具有杀虫能力

这类植物挥发性物质属于活性化学物质,它能使某些害虫忌避或被驱散,但其本身无杀虫活性。特别是这类化学物质(即虫子讨厌的气味)的渗透力较弱,那些深藏在书本内部的蠹虫,根本无法被它熏走。

(2)驱逐能力有限

由于多种原因,驱虫植物的驱逐能力很有限。

一是同一种虫类在低龄、高龄的不同阶段对气味的喜好不尽相同,对某种气味的耐受程度也会随之发生变化。

二是长期使用一种驱虫药(例如樟木气味)可能使昆虫产生抗药性,使虫子具有耐受这种药物(气味)的能力,而无法达到有效的驱虫效果。

(3)某些植物的气味对纸张有害

有人发现,樟木箱柜收藏的古籍,纸张更容易变黄。国外研究发现,天然樟脑的挥发物(提取于香樟树)可以在藏品上面形成结晶,而使纸张发生变化。

(4)植物也可能生虫

(清)叶德辉《藏书十约》就指出,"二十年前,余书夹多用樟木,至今生粉虫"。植物气味散尽,其干枯的茎秆就是蠹虫的美食,反而具有招虫可能。例如,有人发现蟑螂不喜欢黄瓜皮的气味,黄瓜片对于驱除蟑螂有一定的效果。但也有研究发现,蟑螂尽管会尽量回避这种气味,但在极度饥饿时也会吃掉黄瓜。又如,香樟树的气味对许多昆虫有强烈的驱赶作用,但香樟树并不是绝对不生虫害,为害香樟树的害虫就很多。还比如,烟草甲最爱吃干燥的烟叶。

(5)用植物燃烧烟熏,是对环境的污染。

(二)古代的杀虫方法

1.相关文献及留存信息

相关文献:(三国魏)孟康注释《汉书》卷六十七、(北魏)贾思勰《齐民要术》、(宋)陈彭年《重修广韵》、(宋)张世南《宦游纪闻》、(宋)赵希鹄《洞天清录集》、(宋)李焘《续资治通鉴长编》、(明)冯梦祯《快雪堂漫录》、(明)宋应星《天工开物》等。

留存的信息:施放矿物质(雄黄、石灰等)在书柜下或书柜上,等待虫子误食而死;在纸上或纸内添加有毒物质,等待虫子误食而死。后者称为"染纸防蠹",除驱虫外,实际上有毒杀虫子功效。染纸曾经使用的材料有:(三国)黄檗,(唐)马兰,(宋)胡椒、花椒或辣椒,(明)羊脑和顶烟墨(羊脑笺),(明末)红丹(又称铅丹)等[4]。

2.今天的评价——宜弃

这类毒杀虫子的方法,确实可以起到一定作用,但具有很大的局限性,至少属于被动的杀虫方法,杀虫效率低。有人曾指出其所在图书馆之古籍前后扉页多夹有红丹纸,但并未能避过被蛀食之命运,甚至红丹纸本身也被蛀得百孔千疮。

第二个问题是,有的杀虫物质可能对人有一定危害。例如红丹纸,美国芝加哥费尔德博物馆(The Field Museum, Chicago)发现,1890年至1899年间的中国藏书有高比例铅化物残留,危害人的身体健康。经检查发现,与这个时代的中国藏书附有万年红的防蠹纸有关。国际癌症研究中心(International Agency for Research on Cancer, IARC)认为,铅化合物可能对人体致癌。

今天更加提倡防虫法。驱虫与防虫都是不让虫子接触藏品,但有较大的区别。驱虫属于被动的防虫,是当虫子在藏品附近时,将其赶走。而防虫是预防虫害的积极行动,是预先采取一系列的措施,严格切断虫子可能接近藏品的一切通道,防患于未然。下图为现代防虫法的框架图。

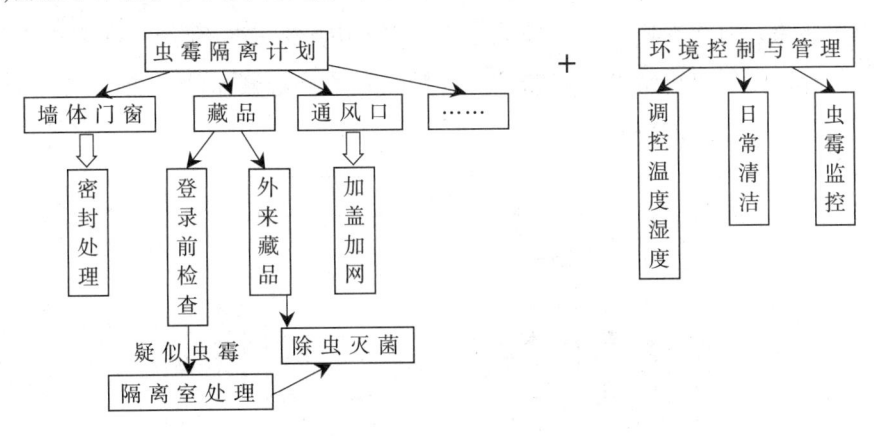

图1　现代防虫法

预防虫害的最好方法是阻断昆虫进入保存场所的通道,创建一个适于藏品保存而不适于昆虫生长的洁净环境,避免高温高湿与温湿度波动。坚持查虫,一旦发现生虫迹象就尽早作隔离处理。在笔者调研的国家博物馆、故宫博物院库房,均没有施放任何驱虫防霉剂,但他们坚持严格的防虫管理制度与温湿度控制,多年来没有出现过虫霉的孳生。下图为阻断虫源的路径图。

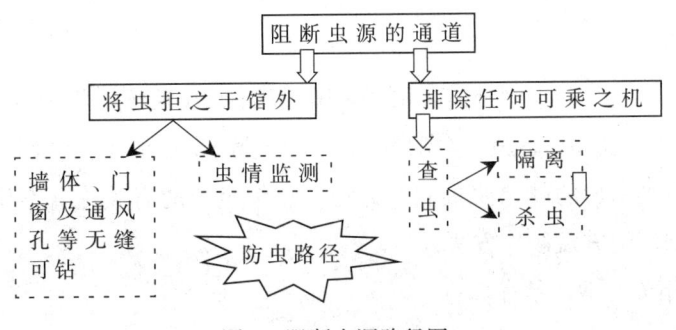

图2　阻断虫源路径图

(1)将虫拒之于馆外

排水口、通风管道、通风口加装细网,门窗加装纱网且边缘要紧密,门下缝隙也加收边条,使得户外虫子无缝可入。

除此之外,还要加强虫情监测,监测害虫在馆区活动的信息,包括它们的种类、入口、数量、藏匿位置等。这些信息有助于分析害虫发生的规律,有的放矢地制定预防方案。一般可以采用具有粘虫胶的粘虫纸去制作陷阱,以诱扑昆虫并达到监测虫情之目的。

(2)排除任何可乘之机

藏品在收集、整理、利用的过程中,预防措施不严密,都可能为虫霉进入保存场所创造条件。特别是外部送来的藏品,大多经历了不适宜的保存环境,可能携带有害昆虫。有些即使采用了冷冻杀虫,但冷冻条件掌握不好,虫卵未被杀死,进入保存环境后仍可继续发育繁殖。为排除虫子接触藏品的可能性,需要严格查虫。下图为查虫的路径图。

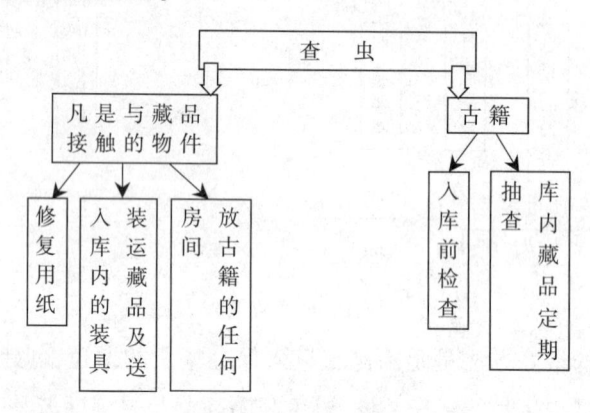

图 3　查虫路径图

查虫的范围包括可能与古籍接触的任何物件以及古籍本身,一旦发现幼虫就要及早处理。

三、浆糊制法

修复书页与装裱书画都需要用到浆糊,浆糊使用不当,不仅达不到黏结的目的,还可能损坏藏品。此外,浆糊是引起书画发潮、生虫的主要诱因。古人认为,修复人员较难掌握的就是浆糊制作方法。流传至今的有关论著不少,详细论述了浆糊的制作配方及制作方法。

(一)相关文献及留存信息

相关文献:(唐)张彦远《历代名画记》、(元)陶宗仪《辍耕录》、(元)王士点等《秘书监志》卷六、(明)高濂《遵生八笺·燕闲清赏笺》、(明)文震亨《长物志》、(明)冯梦祯《快雪堂漫录》、(明)周嘉胄《装潢志·治糊》、(明)高濂《遵生八笺·法糊方》、(清)周二学《赏延素心录》、(清)石成金《传家宝》、(清)孙从添《藏书纪要·装订》等。

留存的信息:已有的古代文献中,详细地论述了如何制作修裱、装潢用浆糊,使制造出的浆糊防止虫蠹、鼠侵且牢固等。

古代留存信息有以下特点:

一是均提到制糊要掺进白矾,以达到防霉及固色的目的。

二是均需要加进白芨,以提高浆糊的黏性,使黏结牢固持久。

三是很重视配置浆糊的用水。(宋)赵彦若提出"寒食面、腊月雪水",(清)石成金《传家宝》中的"防蠹方"原料为腊月雪水和面,(清)周二学《赏延素心录》的配方是飞面、白矾和秋下陈天水等。

除以上共同点外,留存至今仍然存在争论的是制糊是否要去面筋。(唐)张彦远在《历代名画记》卷三《论装背褾轴》中说:"凡煮糊,必去筋。"明代诸人,如高濂、周嘉胄、文震亨等人对制糊并未提倡要去筋,(清)周二学《赏延素心录》中也未发现浆糊去筋的论述。

(二)今天的评价

寻求最佳制糊方法是古今中外一直在研究探讨的课题,其根本是寻求最佳黏合剂的问题。中国传统的修复、装裱都离不开浆糊,浆糊是原始书画的添加物,其成分优劣直接影响到藏品保存。

1.值得继承的经验

古人制糊最值得继承的经验是对配置浆糊用水的要求,不是采用山泉水、河水或地下水,而是采用较为纯净的水,即秋天存下的雨水(秋下陈天水)、腊月雪水等。这类水的共同特点是,中性且不含有各种盐类成分、金属颗粒及矿物质;在当时空气较为洁净的环境中,水被污染的可能性少;采水的温度较低(秋冬季节),水中微生物少。

古人不仅制糊很重视水的洁净程度,洗书画用水也是采用此类水。如(清)周二学《赏延素心录》:"惟治积年霉白,揭去背纸,正托白粉,平案用秋下陈天水涮洗。"

与此相反的是,我们配置浆糊、清洗与喷淋书画皆用自来水。自来水中含有无机盐类、有机物质、颗粒、胶体、菌类等不纯物,并不适合于制糊及修复书画使用。为抑制微生物而加入到自来水中的氯,具有温和的漂白作用,但对纸也是有害的。

在今天环境污染、修复工作量巨大的情况下，我们不可能效仿古人采用"秋下陈天水"或"腊月雪水"，但我们可以采用今天的净化处理过的超纯水。为了控制水的洁净度，还需要采用"电导率"对水的纯净程度进行评价，海外较为认可的电导率是 $18M\Omega \cdot cm$ 左右。

2. 需要展开研究的问题

过去浆糊的配置方法与地区差异相关，例如南派、北派等。但需要注意的一个问题是，当水的纯净度被电导率指定，水的硬度也被统一了，这时制糊用水就不具有南北东西等地方差异了，那么在水的纯净程度标准化后，制糊是否还需要去面筋？这是需要继续研究的一个问题。

四、装具用材

在科学技术不发达的古代，装具就是古人解决书画保存的一揽子解决方案。《考工记》云："天有时，地有气，材有美，工有巧，合此四者，方可以为良。"可见，古人非常关注装具的用材与制作。装具多采用木材、纸张及织物制成。这里仅就当前争论较多的木材与纸板的选择加以讨论。

（一）木材选择

无论是制柜架还是书盒、书匣都需要采用木料。古人对木料的选择主要考虑其物理性能稳定，如不变形、不开裂等。另外考虑的就是木材对书虫的驱避性，是否具有可能去虫的气味。对于木料散发出的气味以及木头自身的酸碱性，对书画是否可能有害等问题则考虑不多，这与当时的科学技术发展的水平是相符的。

1. 古代对柜架用材树种的推荐

（清）周二学《赏延素心录》："小画作匣，用香楠木，长短阔狭，随画定制。大画作橱，用豆瓣楠，次则香楠木。"

（清）孙从添《藏书纪要》："至于书柜，须用江西杉木或川柏、银杏木为之。紫檀、花梨小木易泛潮，不可用做。"川柏即黄柏的一种，具有不生虫的特性。

（清）叶德辉《藏书十约》："北方多用纸糊布匣，南方则易含潮，用夹板夹之最妥。夹板以梓木、楠木为贵，不生虫，不走性，其质坚而轻。花梨、枣木次之，微嫌其重。其他皆不可用……宋、元旧刻及精抄精校，以檀木、楠木为匣袭之。"又："二十年前，余书夹多用樟木，至今生粉虫，无一部不更换，始悔当时考究之未精。"

2.今天的评价

木制的装具是今天争论最多的,其主要优点是木材具有吸收和释放湿气的功能。但木材吸收和释放湿气的功能极其微弱,无法达到缓解整个书库温度与相对湿度波动的目的。最大的问题还在于,大多数木材都具有酸性,不利于书页保存。但香楠木、江西杉木、川柏、银杏木、梓木、花梨、枣木等的酸性如何,今人未见有多少相关研究。有研究的是,樟木是酸度较大的木材,尽管具有一定的驱虫性,但不值得推荐。从古文献可知,明末就有人使用樟木制作书柜等,但至今未发现有任何文献记录推荐藏书使用樟木。

至于樟木为什么在现代使用较多,需要大家做更多的研究,以明辨是非。

(二)函套硬壳

函套是今天制作最多的。

(明)周嘉胄《装潢志》中对函套的硬壳制作论述如下:"……皆手制硬壳,糊用白芨、明矾,少加乳香、黄蜡,又用花椒、百部煎水投之。纸用秋闱败卷,纯是绵料,价等劣纸,以之充用,可为绝胜。间用金膏纸。择风燥之候,用厚糊刷纸三层,以石砑之,叠叠如是。曝之烈日,干,以大石压之听用,其坚如木。但装者艰裁,而可永无蠹蚀脱落等患。帖册赖此外护、内护,功莫大焉。各种绫绢,随宜加饰。"[5]

由以上论述可见,古人制作硬壳仍然使用手工纸,并添加了防蠹药品。

今天函套制作的硬壳都是采用马粪纸与灰纸板。这类纸板均为废纸浆所造,含有大量有害书画保存的物质,不仅有害于书画,且纸板紧度低、表面吸湿渗透渗出能力强,用浆糊后因为水分浸透易翘曲变形,受潮后容易发霉。

由于目前函套需求量大,今人已无法模仿古人制作硬壳的方法。现有更多的新兴材料替代,如采用无酸瓦楞纸板。瓦楞纸板由两层纸间夹了一层或多层瓦楞芯黏合而成,重量轻,能防潮、散热,所以其结构性能比普通纸板要好。

(刘家真,武汉大学信息管理学院教授,天津师范大学古籍保护研究院特聘导师)

参考文献:

[1]王国强,孟祥凤.中国古代文献保护方法发展的基本特征[J].图书馆论坛,2010,30(6):280-283.

[2]王国强.中国古代文献保护方法发展史纲[J].管理学刊,2010,23(5):101-105.

[3]罗茂斌.中国古代古籍保护方法研究[J].思想战线,1996(2):87-92.

[4]连成叶.中国古代档案典籍保护技术探讨[J].福建师范大学学报(哲学社会科学版),1999(2):113-117.

[5]周嘉胄.装潢志(外三种)[M].马斯定,点校.杭州:浙江人民美术出版社,2016:13.

十年来中国古籍书库研究情况概述

A Review of the Research on Ancient Book Stacks in China Since 2007

刘　繁

摘　要：文章对2007年到2017年间业界和学界在古籍书库研究领域所发表的论文进行了梳理，总结了十年来所取得的成绩和不足，并就下一步的研究方向提出一些见解。

关键词：古籍书库；研究概述；古籍保护

2007年，我国启动了"中华古籍保护计划"项目，迄今已实施逾十年之久。十余年来，在全社会的关心、帮助、支持及广大古籍保护从业者的努力下，古籍保护工作开展得如火如荼，可以说十年芳华，硕果累累，成绩殊为可喜。与之相伴相生的古籍保护研究成果也如雨后春笋，呈一片繁荣的景象，仅以"古籍保护"为主题词，即可检得论文千余篇。

从技术层面讲，古籍保护可分为原生性保护和再生性保护。就原生性保护而言，据卢璐、石庆功的《十年来中国古籍原生性保护技术研究文献计量分析》统计，2007年至2016年十年间，共有相关论文457篇，主题主要集中在破损古籍修复技术、古籍霉菌防治技术、古籍蠹虫防治技术三个方面，论文篇数占总量的76.5%；研究古籍纸张脱酸加固技术、古籍灰尘防治技术的论文各占比7%；研究古籍光照强度及温湿度控制技术、古籍水、火灾害防治技术和古籍有害气体防治技术的论文占比约10%[1]。但是，古籍书库作为原生性保护的重要载体，并没有受到较多关注。有鉴于此,拙文拟就2007年以来对古籍书库的研究情况做一回顾,以期有抛砖引玉之效。

一、统计概况

笔者以"古籍书库""古籍特藏书库""古籍库""古籍存藏"为主题或关键词,通过知网、万方、维普数据库以及读秀、百链、超星发现系统等检索渠道,共检得2007年至2017年古籍书库研究方面论文36篇,详见下表:

论文篇名	发表书刊及年份
古籍书库灾害的防治	四川图书馆学报,2007年第2期
河南省古籍文献资源存藏现状概述	河南图书馆学刊,2008年第6期
古籍管理人员健康保障研究	科技情报开发与经济,2008年第23期
关于安徽古籍存藏与保护情况的调查	图书馆理论与实践,2009年第5期
图书馆古籍书库文献典籍分析评估及管理模式构建	图书馆界,2010年第3期
国家图书馆普通古籍书库的管理及利用	管理观察,2010年第4期
图书馆古籍文献保存的影响因素及对策	中华医学图书情报杂志,2010年第4期
论高校古籍书库的科学管理	福建高教研究,2010年第6期
论古籍损坏的环境因素及其防治	农业图书情报学刊,2010年第6期
古籍书库科学化管理初探	农业图书情报学刊,2010年第6期
论古籍损坏的环境因素及其防护	黑河学刊,2010年第8期
从古籍保护角度谈当前古籍函套工作得与失	图书馆建设,2010年第9期
从"西谛"书库的工作实践谈古籍示范书库的建设与管理	文津学志,第3辑(2010年)
论环境因素对古籍损坏及其防治——兼谈我馆新馆古籍书库环境控制	湖北省图书馆学会2011年学术年会,湖北恩施,2011年
古籍书库窘迫现状缘自"文化冷落"	中国质量报,2012年6月19日
四川古籍书库现状调研与分析	四川图书馆学报,2013年第1期
论古籍保护与古籍标准化书库建设	西域图书馆论坛,2013年第2期
浅析图书馆古籍书库科学化管理模式的构建	科技情报开发与经济,2013年第2期
刍议古籍特藏书库的管理工作——以福建省图书馆为例	文献信息论坛,2013年第3期

(续表)

论文篇名	发表书刊及年份
无线传感网络监测系统在图书馆古籍保护领域的应用	教育教学论坛,2013年第47期
古籍特藏书库的建设与思考——以西南民族大学图书馆为例	四川图书馆学报,2014年第3期
地方高校图书馆古籍书库建设浅议——以临沂大学图书馆为例	科技情报开发与经济,2015年第7期
古籍特藏书库怎样加强数字化建设管理水平	东方教育,2015年第7期
基于多传感器数据融合的图书储藏环境动态监测系统研究	科学与财富,2015年第7期
浅谈古籍书库工作人员的健康保护措施	科技风,2015年第10期
古籍书库内的环境污染及其防治	科技视界,2015年第20期
做实基层古籍保管保护基础工作	兰台世界,2015年第35期
浙江小微古籍书库保护经验谈	中国文化报,2015年12月25日
国家图书馆古籍馆古籍书库建设回顾	文津学志,第8辑(2015年)
古籍库恒温恒湿空调系统设计	制冷与空调,2016年第2期
国家图书馆古籍馆的消防设施及防范措施	绿色科技,2016年第4期
古籍保存环境两个相关标准的说明	图书馆界,2016年第4期
书库环境对古籍保存影响的动态数据监测初探——以湖北省图书馆为例	图书情报论坛,2016年第4期
关于图书馆古籍库管理的思考	广西教育学院学报,2017年第1期
图书馆古籍保护中的消防安全管理	图书档案消息,2017年第2期
我国古籍保存环境的现状与发展策略——以国家图书馆古籍书库为例	机电兵船档案,2017年第5期

据此表,我们可以统计历年的科研成果发表情况:

年份	2007	2008	2009	2010	2011	2012	2013	2014	2015	2016	2017
数量	1篇	2篇	1篇	9篇	1篇	1篇	5篇	1篇	8篇	4篇	3篇

考虑到样本数量较少,我们不能率尔据之做论文发表规律的详细总结,但以2012年年底为界,后期的研究成果明显多于前期,数量上是前期的1.4倍,这与随着"中华古籍保护计划"的不断推进,业界对古籍保护重视程度的不断提高和

认识上的全面深化,整体是呈正相关关系的。

如果对主题继续区分,则论文可大致分为书库现状调研、书库本体研究、书库管理研究、书库危害研究四类,成果状况可见下表:

主题	书库现状调研	书库本体研究	书库管理研究	书库危害研究
数量	5篇	15篇	14篇	2篇

由上表可知,自"中华古籍保护计划"实施以来,对古籍书库本体和古籍书库管理的研究,是业界对书库关注的重点,因为古籍的存藏保护所依托的最重要载体就是书库,书库建设是否规范,管理是否到位,直接影响到古籍能否延寿千年。

为便于大家对上述各方面的研究情况能有较具体了解,现将诸家成果稍作梳理述略之。

二、书库现状调研

书库是古籍最重要的存藏所,存藏环境的优劣,某种程度上决定着保护工作的成败。因此,对古籍的存藏环境特别是书库情况的了解,是下好古籍存藏性保护的"先手棋",做好这方面的研究无疑是有重要意义的。虽然相信各级古籍保护单位肯定着手做了该方面工作,但是形成研究成果并公之于世的却不是很多。

席会芬调研了河南省16家古籍收藏单位,这16家单位中,在古籍的保护手段上,安装空气净化设备的仅有1家,具有恒温恒湿系统的有3家,具有防紫外线措施的有3家,没有单独古籍存放书库的有4家,有水火灾自动报警系统的有6家,有灭虫设施、自动灭火系统、灾害预防应急措施的均为7家。要之,目前河南省没有一家图书馆完全具备国家规定保护古籍的各项条件[2]。涂启智认为,造成这一现状的根本原因在于社会的"文化冷落",在补救的措施上,短期内宜将对古籍的修复与保护纳入地方政绩评价体系,中长期应做好人才培养和有效监管等工作[3]。朱开忠通过对安徽省57家古籍收藏单位进行调查,发现单独设立古籍书库的有26家,但不少单位实际并非严格意义上的单独设置;书库条件上,具备恒温恒湿条件的仅有1家;注意光照条件控制,采取了防紫外线措施的有2家;关于消防、安防设施设备,仅有11家配置了监控报警系统,6家配置了水火灾自动报警系统[4]。林英对四川省的古籍收藏单位进行了调研,四川省图书馆单位建有古籍书库的共50家,其中有普通古籍书库的有43家(占86%),同时还建有善本特藏书库的有14家(占28%),有6家单位没有古籍专用书库;在书库条件上,具备恒温恒湿条件的仅有11家(占22%);实现光照条件控制的,有6家全国古籍重点保护单位和部分古籍藏书大馆;关于消防、安防设施设备,有30家配置了灭火系统,同时有 6 家国家级古籍重点保护单位和部分古籍藏量大馆设置了监控设施;装具方面,有 43 家装具为书柜(占 86%),7 家单位为书架(占 14%)[5]。孟晓红等以国家图书馆古籍书库为例,论证了古籍的保存环境条件是影响古籍保存质量和状况的重要因素,进一步提高古籍书库温湿度达标率和增加古籍书库保护设施以有效改善保存微环境的温湿度,是提升古籍保存环境的重要手段[6]。

三、书库本体研究

所谓书库本体,本文专指古籍书库。原文化部颁布的行业标准《图书馆古籍特藏书库基本要求》(WH/T24—2006)对其定义为:"保存古籍和特藏文献的库房,亦称古籍书库或书库。"它是满足古籍存放的温湿度要求、空气净化要求、光照和防紫外线要求以及库房的建筑、消防、安防等与古籍保护和安全相关的基本条件的一个综合体。对古籍书库本体的研究,大致可分为以下三方面:

一是对书库建设的经验总结与反思。陈为通过参加"西谛"书库整库,对古籍示范库建设进行了探讨,提出规范的古籍书库环境应在恒温恒湿、光照条件、消防安防措施及防虫防尘方面,达到或者满足古籍保存的既定要求[7]。萧刚等以时间为序,回顾了国家图书馆古籍馆古籍书库的馆舍建设与改造历程,阐述了与古籍保护相关的建筑、温湿度、光照、防火分区、消防安防、防虫防鼠等各方面书库建设情况,揭示并还原了国家图书馆古籍馆数十年的古籍书库建设与保护历程[8]。丛冬梅在对新疆地区古籍收藏单位的收藏现状进行摸底调研与分析的基础上,指出该地区建设标准化古籍书库、改善古籍保存环境的工作迫在眉睫,书库应遵照《图书馆古籍特藏书库基本要求》进行改造或建设[9]。袁琳蓉等介绍了西南民族大学图书馆根据《图书馆古籍特藏书库基本要求》,对古籍特藏书库进行标准化改造,改善古籍存藏环境的事例,并建议各古籍收藏单位应以《图书馆古籍特藏书库基本要求》为标准,结合本单位的馆藏情况和资金条件,逐步加强古籍书库的硬件建设[10]。徐晓军介绍了浙江小微古籍书库的保护经验,认为小微古籍收藏单位具有分布广、承载地方文脉、加大投入有难度的特点。有鉴于此,浙江通过"省级古籍保护单位"评选,出台系列配套政策和指导规范及措施等,使全省 90%以上的古籍处于良好保护之下[11]。

二是对书库基本要求的研究。伴随着"中华古籍保护计划"的开展,中国国家图书馆先后制定了《图书馆古籍特藏书库基本要求》和《图书馆古籍书库基本要求》来指导古籍书库的建设和古籍保存环境的建立,前者是被原文化部推荐的行业标准,后者在前者改进的基础上被升级为国家标准。孟晓红等对这两个标准的制定情况及相关内容进行了说明,认为从行业标准到国家标准的升级,见证了我国古籍保护事业的发展和成长[12]。

三是对书库内部要素的研究。书库的内部要素,是指《图书馆古籍特藏书库基本要求》所规定的书库内各项技术要素。王斌等认为,古籍保存受到空气温湿度、酸碱度、空气污染、光辐射、生物危害等诸因素的影响,古籍收藏单位只有深入分析这些影响因素,并努力寻找行之有效的解决方法才能更好地保护古籍[13]。盛兰等以湖北省图书馆为例,介绍了老、新两馆的古籍书库环境,并通过实地测量两馆古籍书库的温湿度,设计出新馆古籍书库动态数据监测系统方案[14]。杨德福以辽宁省图书馆为例,认为鉴于古籍库在图书馆内的重要性,恒温恒湿空调系统应符合全年运行要求,良好的外围护结构是恒温恒湿空调系统运行稳定的基本保障,设计中应优先采用环廊的建筑形式;同时,要充分考虑古籍库恒温恒湿空调系统的复杂性和特殊性,根据温湿度精度要求合理选择空调系统方案和室内气流组织形式[15]。为了对古籍书库中的温湿度、空气质量、光辐射、霉菌等环境参数进行有效监测和控制,刘珊提出一种基于多传感器数据融合的图书储藏环境动态监测方法,最大限度地抑制和减缓环境因素对图书的破坏作用[16]。于亚瑞等提出,可利用无线传感网络监测系统,通过各种环境传感器多点监测古籍,同时通过无线数传方式将环境数据上传,达到实时监测古籍保存环境[17]。谢建设介绍了国家图书馆古籍馆的消防设施及防范措施,如设置中控室和火灾自动报警系统,在善本古籍资料存放区划分防烟分区和防火分区,安装七氟丙烷气体灭火系统等,强调必须把消防设施和处理流程列为消防工作的重点,采取严密的防范措施保障书库安全[18]。郑铁亮提出古籍保护的四项消防安全措施:建立健全消防安全责任制度,细化消防责任人和工作流程;提高消防安全意识,加强古籍书库的日常巡查和消防演练;规范和完善消防设施,确保各系统、各消防设备器材处于灵敏、有效的状态;合理布置电器线路,规范使用电气设备[19]。侯富芳认为,从古籍保护的角度来看,古籍原有函套是古籍不可分割的一部分,带有十分丰富的古籍本身信息及藏书人的重要信息,不可轻易抛弃;在为古籍定做、加装新的函套时,应该注意函套制作材料特别是硬纸板及黏合剂等原材料的安全性,并且应该在外观等相关工艺上达到一定标准[20]。

四、书库管理研究

对古籍书库管理的研究,主要集中在两方面:

一是对管理模式的探讨。张利提出图书馆应对其古籍书库文献进行分析评估,在此基础上对古籍善本和普通古籍施行分层管理模式,在古籍书库管理工作中引进工作质量评价体系,把古籍书库工作的各个项目如藏书排架、清点等列入工作质量评价体系,从而促进古籍书库的管理水平[21]。张贺南提出了古籍保护重在书库管理的观点,分析了科学化书库管理对书库硬件与管理者素质的要求,并从使用精良的设备、采取科学有序的管理方式、加强人才培养三个方面探讨了科学化管理模式的构建[22]。卜林总结了国家图书馆普通古籍书库的管理经验,如建立严格的书库管理制度,书库布局要合理,图书摆架工作要细致,错乱架问题及时解决,对书库进行周期性清理,做好防火、防虫、防潮、清洁等日常管理等,看似老生常谈,但具有较强的实践指导价值[23]。王震提出,古籍特藏书库要加强数字化建设管理水平,数字化建设包括建立古籍书库安全监控系统和实行古籍特藏图书信息资源管理数字化。他还以安徽省天长市图书馆采用的"古籍图书数字馆系统"为例,说明该系统的使用有利于正确处理古籍图书的保管、利用和研究之间的关系[24]。

二是对古籍书库灾害及污染防治的研究。王晓红认为,古籍书库主要面临虫、水、火三种灾害的威胁,必须通过完善设施、健全制度、多种措施并举的方式,防患于未然,保障古籍的安全[25]。黄思敏提出,生物性污染、化学性污染、粉尘污染是古籍书库内的主要污染,防治生物性污染可通过古籍书库恒温恒湿等措施,防治化学性污染可用天然药品替换化学合成药剂,防治粉尘污染可配置吸尘器等设施[26]。

五、书库危害研究

古籍书库对管理人员具有一定危害性。黄俊霞提出,古籍书库存在的化学污染、霉菌和病毒、螨虫等几种污染,给古籍管理人员的健康造成了多种多样的危害,可采用多种方式灭菌、防尘,改善书库工作环境,以抵制危害的发生[27]。李会敏等较详细地指出,古籍书库危害工作人员健康的因素主要有灰尘、空气、细菌、霉菌、螨虫、防虫药物等,可采取的防护措施有建立独立书库、完善古籍书库的卫生清洁制度、做好古籍书库的通风、制定古籍书库杀菌消毒制度、注意个人防护等[28]。

六、启示

通过对十年来古籍书库研究成果的梳理,可以得出这样一些结论和启示:一是研究成果基本属于古籍保护工作者的业务反思和经验总结，在看到业界努力的同时，学界的研究普遍呈缺位状态，而学界和业界互动融合，共同推动该领域研究的深入，可以是未来的一个发展方向。二是国家在支持古籍书库规范建设上，仍有继续发力的空间和必要，对市、县一级特别是财力比较困难的古籍收藏单位，更应该多一些政策和财力的倾斜。三是应以《图书馆古籍特藏书库基本要求》为蓝本，在如何利用更为先进的建筑技术、空调技术、空气净化技术及现代消防和安防技术方面，深入研究，使古籍书库更加科技化、智能化、规范化，不断提升和优化古籍书库的环境优势。四是对古籍书库的管理规律要进一步探讨，形成系统化成果，以《图书馆古籍书库管理基本要求》的形式造福业界。五是如何更加有效地防范古籍书库对管理人员的危害，同样应该引起业界和学界广泛的重视和研究，从而鼓励更多的人投身古籍书库管理工作。最后，我们发现，目前对古籍书库的研究，针对范围还只限于国家的公藏机构，公藏机构之外的宗教机构如寺院、道观，特别是寺院作为大宗的藏书单位，其藏书环境如何，有哪些需要国家和社会共同参与帮助其改进的地方，似未见到多少关注。这种窘况固然与宗教场所的管理有关，但是仍希望随着观念的转变，这样的藏书单位能携手古籍保护的业界和学界做好研究，推进古籍保护事业的发展。另外，汉文古籍收藏机构之外的少数民族古籍存藏环境，也需要得到国家和社会更多的关注，期待能有更多相关研究成果面世。

（刘繁，福建省图书馆馆员，福建师范大学
中国古代文学专业 2017 级博士研究生）

参考文献：

[1]卢璐,石庆功.十年来中国古籍原生性保护技术研究文献计量分析[J].河南图书馆学刊,2018(6):125-128.

[2]席会芬.河南省古籍文献资源存藏现状概述[J].河南图书馆学刊,2008(6):91-94.

[3]涂启智.古籍书库窘迫现状缘自"文化冷落"[N].中国质量报,2012-06-19.

[4]朱开忠.关于安徽古籍存藏与保护情况的调查[J].图书理论与实践,2009(5):86-89.

[5]林英.四川古籍书库现状调研与分析[J].四川图书馆学报,2013(1):29-31.

[6]孟晓红,周崇润.我国古籍保存环境的现状与发展策略——以国家图书馆古籍书库为例[J].机电兵船档案,2017(5):86-88.

[7]陈为.从"西谛"书库的工作实践谈古籍示范书库的建设与管理[G]//国家图书馆善本特藏部.文津学志:第8辑.北京:国家图书馆出版社,2010:302-318.

[8]萧刚,刁其麟.国家图书馆古籍馆古籍书库建设回顾[G]//国家图书馆善本特藏部.文津学志:第8辑.北京:国家图书馆出版社,2015:334-343.

[9]丛冬梅.论古籍保护与古籍标准化书库建设[J].西域图书馆论坛,2013(2):28-31.

[10]袁琳蓉,伍光恒,秦慧.古籍特藏书库的建设与思考——以西南民族大学图书馆为例[J].四川图

书馆学报,2014(3):33-35.

[11]徐晓军.浙江小微古籍书库保护经验谈[N].中国文化报,2015-12-25.

[12]孟晓红,周崇润.古籍保存环境两个相关标准的说明[J].图书馆界,2016(4):58-60.

[13]王斌,贺培凤.图书馆古籍文献保存的影响因素及对策[J].中华医学图书情报杂志,2010(4).

[14]盛兰,王莹,田雪兆.书库环境对古籍保存影响的动态数据监测初探——以湖北省图书馆为例[J].图书情报论坛,2016(4):21-25.

[15]杨德福.古籍库恒温恒湿空调系统设计[J].制冷与空调,2016(4):142-144.

[16]刘珊.基于多传感器数据融合的图书储藏环境动态监测系统研究[J].科学与财富,2015(7):67-68.

[17]于亚瑞,石骏骥.无线传感网络监测系统在图书馆古籍保护领域的应用[J].教育教学论坛,2013(47):115-116.

[18]谢建设.国家图书馆古籍馆的消防设施及防范措施[J].绿色科技,2016(4):148-150.

[19]郑铁亮.图书馆古籍保护中的消防安全管理[J].图书档案消息,2017(2):64-65.

[20]侯富芳.从古籍保护角度谈当前古籍函套工作得与失[J].图书馆建设,2010(9):83-85.

[21]张利.古籍书库科学化管理初探[J].农业图书情报学刊,2010(6):120-122.

[22]张贺南.浅析图书馆古籍书库科学化管理模式的构建[J].科技情报开发与经济,2013(2):93-95.

[23]卜林.国家图书馆普通古籍书库的管理及利用[J].管理观察,2010(4):61-62.

[24]王震.古籍特藏书库怎样加强数字化建设管理水平[J].东方教育,2015(7).

[25]王晓红.古籍书库灾害的防治[J].四川图书馆学报,2007(2):42-44.

[26]黄思敏.古籍书库内的环境污染及其防治[J].科技视界,2015(20):163.

[27]黄俊霞.古籍管理人员健康保障研究[J].科技情报开发与经济,2008(23):91-92.

[28]李会敏,刘渝.浅谈古籍书库工作人员的健康保护措施[J].科技风,2015(10):210.

从"非遗"手工纸的现状看古籍修复用纸的选购

A Study on Selection and Purchase of Paper for Restoration of Ancient Books from the Present Situation of "Intangible cultural heritage" Handmade Paper

汪 帆

摘 要:"非遗"手工纸是目前国内古籍修复最主要的用纸选项。我们通过对国内"非遗"手工纸的抽样检测和调研发现,纸品的pH值整体偏高,符合要求的不足三分之一,而且纸浆中混有木浆的情况占了43%;同时,缺乏统一的行业标准和相关厂商的不专业,也导致我们在选购过程中存在着沟通困难、纸样和购买的实物有差距、以次充好、定量不规范等问题,势必影响古籍修复的质量。这就要求我们在选购修复用纸过程中,一定要对所选购的纸品进行检验,不能光凭经验;同时,也建议相关部门加快制定行业标准,加强对"非遗"手工纸厂商的管理,并采取适当措施,保证"非遗"手工纸厂家的生存和发展。

关键词:古籍修复;"非遗"手工纸;修复纸选用

"非遗"手工纸是目前国内古籍修复最主要的用纸选项,选用什么样的"非遗"手工纸将直接影响古籍修复的质量。在实际工作中,由于种种原因,各厂家生产和提供的纸张存在着这样或那样的问题,给古籍修复工作者选纸带来了不小的麻烦,在很大程度上影响了古籍修复的进度和质量。笔者认为,要选购合适的"非遗"手工纸,最大限度地提高古籍的修复质量,了解其生产和销售现状非常重要。有鉴于此,笔者近年对全国各级"非遗"手工纸项目进行了调研,采集样品并进行检测分析。兹根据检测的结果及选购心得,对选用"非遗"手工纸进行古籍修复工作谈一点自己的看法,希望对解决古籍修复选纸问题有所帮助。

一、采集样品

2006年5月,第一批国家级非物质文化遗产名录公布,宣纸制作技艺、铅山连四纸制作技艺、皮纸制作技艺、傣族纳西族手工造纸技艺、藏族造纸技艺、维吾尔族桑皮纸制作技艺、竹纸制作技艺等7项手工纸制作技艺入选。据不完全统计,全国约有19个省、自治区、直辖市的42项手工纸项目入选各级"非遗"名录①。根据各级名录提供的信息,我们联系到了其中23个项目的27位传承人、制作商或收藏人②。其中,有25位为我们提供了107件样品。为便于统计,我们将采集到的107种样品纸,按传承人或生产商、收藏者提供的原始信息,以其制作时所用的不同纤维原料品种分类,分为竹纸、皮纸、麻纸、混料纸(手工纸生产中有少数系用两种或两种以上不同类别的纤维原料制成,通常称为混料纸,如安徽泾县的宣纸即用青檀皮和沙田稻草所制)四大类。其中竹纸类27种、皮纸类36种、麻纸类5种、混料纸类39种。

二、样品测试

我们将这107种样品纸张,29种提请国家古籍保护中心实验室做了冷抽pH值测定及纤维分析,78种由浙江省古籍保护中心修复工作人员进行无损型pH值测定及纤维分析,检测结果如下:

表1 国家古籍保护中心pH值分析结果

pH值数值范围	样品数量
pH值7以下	3种
pH值7~8.5	7种
pH值8.6~9	6种
pH值9以上	13种

---

① 此系笔者根据中国非物质文化遗产网(http://www.chinaich.com.cn/)及各省、市、县政府机构网站的各批次手工纸申遗项目统计。

② 由于时间及其他因素的限制,调研人员原则上按一个"非遗"手工纸项目找一家具代表性或有影响的采集样品,但个别项目有多家。

表2 国家古籍保护中心纤维分析结果

原料分析	含量比率	样品数量
非木材纤维原料 即禾本科类(麦草、稻草、芦苇、竹子)、韧皮类(麻类、构皮、桑皮、檀皮等)		10种
含木材纤维原料 即针叶木材或阔叶木材	5%以下	1种
	10%~20%	4种
	30%~40%	7种
	50%~60%	4种
	70%~80%	3种

表3 浙江省古籍保护中心pH值分析结果

pH值数值范围	样品数量
pH值7以下	18种
pH值7~8.5	25种
pH值8.6~9	22种
pH值9以上	13种

表4 浙江省古籍保护中心纤维分析结果

原料分析	含量比率	样品数量
非木材纤维原料 即禾本科类(麦草、稻草、芦苇、竹子)、韧皮类(麻类、构皮、桑皮、檀皮等)		51种
含木材纤维原料 即针叶木材或阔叶木材	5%以下	2种
	10%~20%	5种
	30%~40%	16种
	50%~60%	4种

三、测试结果及原因调查

上述检测结果显示,所送检的样品有两个严重的问题:一是pH值整体偏高,文物修复用纸要求纸张呈弱碱性(pH值7~8),在这批样品中符合这一要求的不足三分之一;二是纸浆中混有木浆的情况占了43%。为什么会产生这样的问题呢？根据我们的调研，主要原因是：

（一）中国传统手工纸之所以有"纸寿千年"之美誉，与其在生产中使用了韧皮、废麻等纤维素含量高的长纤维原料及弱碱蒸煮的嫩竹纤维，辅以制浆过程中使用缓和的石灰与碱的分级蒸煮、天然日光漂白等工艺有着密切的关系。但出于降低成本、缩短周期、提高利润的目的，大多厂家直接购买"价廉物美"的商品木浆代替传统手工纸浆。殊不知，商品木浆都是由木材纤维原料制成的，这些原料中含有手工纸最忌讳的木素成分。比如针叶木，木素含量高达 25%~35%，阔叶木也达到了 20%~25%，而桑皮纤维原料的木素含量仅为 8.7%，大麻纤维原料的木素含量仅为 4.03%。制作人在生产浆料时，多采用强碱蒸煮的方法去除高含量的木素成分，蒸煮后虽经清洗，但免不了还遗留有残碱。这也就能够充分解释为何此次调研的纸张 pH 值整体偏高了。

（二）那些木浆含量低于 5%的纸张生产商向调研人员解释说，是因为上一批次的纸张按购货方需求，添加了少量木浆，而生产完毕后未将水槽清理干净，导致污染了本样品批次的纸张。

（三）由于一些订购者对纸张只求价廉，对于纸张中是否添有木浆未作明确要求，供方不完全了解古籍修复工作对手工纸张的严格要求，便随意地从存货中将添加木浆成分的纸张作为修复用纸纸样寄送。

四、纸张采购的问题及原因分析

除生产工艺方面的质量问题之外，在选购"非遗"手工纸过程中存在的问题，也会影响到选购纸品的质量，进而影响古籍的修复工作。根据笔者多来年从事"非遗"手工纸选购工作的经验，主要存在的问题归纳如下：

（一）沟通困难。供方给我们寄纸样时，很少标写纸张名称、纸号，或者随心所欲地编一个号码，时间一久，连供方自己也忘记编号所代表的纸张品种，造成沟通困难。订货方只能通过描述性语言向供方形容纸张特征，或自行把样品编号后再寄给供方，既不规范，又费时费力。

（二）纸样和购买的实物有差距。修复人员订购的是完全符合要求的纸张，到手的实物却与纸样差距较大，比如纸张厚度与样品不符，纸张颜色与样品反差过大等。

（三）部分纸张出现质量问题。某次收到一批纸张，发现所有纸张上都出现淡褐色霉斑。经当地"非遗办"工作人员现场了解，系该小型手工纸坊存纸条件差，纸库漏雨，导致纸张受潮，长出霉斑。

（四）以次充好。某次接收一个批次的纸张,在进行抽样检查时测出大量木浆成分,与纸样的纤维成分完全不一致。

（五）定量不规范。定量(Basis Weight)的含义是:每平方米面积纸的相应质量(克重Grammage)。但以往我国传统手工纸不采用"定量"这个概念,绝大多数生产商仅提供纸的尺寸大小和每"刀"(手工纸的计量单位)的质量数据。某些小手工作坊连最基本的每"刀"的单位质量都无法提供。因此在定购时,不得不用非常不专业的"厚一点,薄一点"等俗语来"定量",出现订购量与实际重量差异的情况也就在情理之中了。

导致上述问题的原因,我们认为主要有两个:

（一）销售方不敬业或不专业。如就纸样标号而言,台湾南投县广兴纸寮就做得十分到位,它有规范的商品号码,便于定购;纸张外包装上,除常见的品名、产品编号、重量、钤印、制造日期外,还多了生产责任人的姓名项,每个关键的生产流程都责任到人,有责可追。最后还附有一句温馨提示:"用纸、找纸,请记住品名、编号及重量。"如此负责、周到! 反观我们,则是"不为也,非不能也"。此外,目前依然有许多手工纸制作者属于作坊式,对于规范化的标准不甚了解。

（二）由于目前尚无明确的行业标准,一些不良生产商大打擦边球,或公然擅改配方、工艺流程,或以次充好,严重影响"非遗"手工纸质量。比如生宣(纸),按原料配比划分,可分为三大类:特净皮宣、净皮宣和棉料宣。按传统工艺,其中青檀皮纤维量,特净皮宣需达到80%,净皮宣需达到60%~70%,棉料宣需达到30%,但不少生产商为降低成本,致使特净皮中的青檀皮含量也仅为60%左右,并堂而皇之地钤上"精选特净"字样。

五、修复纸选购对策

上述"非遗"手工纸生产工艺和销售过程中出现的问题,提醒我们在选购时至少要做到以下几点:

（一）加强纸张验收抽检环节,将问题消弭在进库前。对纸张的pH值测试、纤维成分测试,是古籍修复用纸质量保证的基石。如有条件还可测试纸张厚度、克重、白度及抗老化程度、撕裂度。如本单位无相关设备,可找有检测资质的纸张研究所进行检测。如果有条件的话,还可以加大现代化仪器设备的介入力度。如纸张的pH值测试仪、纸张纤维成分测试仪都是不可少的仪器设备。现代化仪器设备介入修复纸选购的重要性越来越显著,它使选购者的经验更有科学依据。

（二）为避免出现沟通困难的现象,要求供方在提供纸样时即规范化明确标示纸张名称或纸号。凡遇实物与样品不符、以次充好或其他严重质量问题的选购纸张,坚决予以退回处理,决不姑息迁就,听任带病纸张入库。

(三)克服经验主义。某次本单位在选购中,对是否选购某种纸张产生意见分歧。一方认为,过去从没有见过或使用过这类纸张,它结构疏松,颜色偏黄,类似于土法造纸,凭经验不需要购买;另一方认为,经仪器检测,该纸张完全符合要求,可以少量采购,有备无患。在意见相左、僵持不下时,有人提出,某家谱的用纸与该纸正好匹配。这件事引起笔者反思,并提出一个理念:经验再丰富的修复人员,所见纸张终归有局限,故经验固然重要而宝贵,但经验主义则不可取。因此,在选购过程中,要克服经验主义,"风物长宜放眼量",某些自己未经过目或暂时没有使用需求的纸张,在条件允许的情况下,只要符合古籍修复要求,并经过认真检测和评估合格,都可选购、存放,以备需时所用。笔者认为,在选购时,这一理念的确立非常重要,虽然受购纸经费的限制,它不太容易被接受,但每一个修复人员都需要建立这样的认知和理念。

六、对"非遗"管理的建议

以上仅仅是笔者从修复用纸的选购层面而谈的几点心得。事实上,如果没有合格的纸品,即使在选购的过程中再严格把关,也还是难以选购到合适的修复用纸。因此,从源头抓"非遗"手工纸的质量,才是治本的举措。为此,笔者建议各地"非遗"管理部门从宏观上进行把控和支持。

(一)各地"非遗"管理部门应进一步关心"非遗"传承人的生存、生产状态,积极帮助解决困难,使他们无后顾之忧,坚守并发展自己的事业。这方面,我们可以借鉴日本的经验。日本的和纸工业也曾一度出现衰退现象,全国手工纸作坊从1901年的68562家降低至317家,硕果仅存的只占0.46%,因此,日本政府采取措施,将著名手工纸产地的著名生产厂(坊)列为文物保护单位,并且每年拿出可观的经费补贴杰出文化遗产传承人,使其衣食无忧。同时,通过国家命名的方式,授予传承人"人间国宝"的称号,使其在精神层面获得认同感。最后,以带徒授业的方式"拴住"传承人。政府要求传承人在领取政府补贴、享受称号的同时,必须将他们的技艺传授给更多人。笔者建议:国家应对传承人在精神、物质方面加大奖励力度,同时应立法规定传承人的传承担当职责和义务。

(二)手工纸生产自身具有的劳动强度大、劳动生产率低、经济效益低的特点,造成年轻人不愿从事这项行业,他们宁愿抛下传统技艺,外出打工谋生。长此以往,后继乏人,将严重影响"非遗"手工纸的传承和后续发展。"非遗"管理部门应给予优惠或倾斜政策,使年轻群体安下心,接上班,把"非遗"手工纸作为自己的毕生事业。

(三)"非遗"管理部门应尽快制定行业标准,对当地"非遗"手工纸项目的生产厂家要加强监管力度,对生产制作过程中出现的违规违法生产、以次充好等现象采取零容忍态度,坚决加以制止。

(汪帆,浙江图书馆副研究馆员,古籍修复师)

参考文献:
[1]刘晓东.浅谈古籍修复的配纸[J].山东图书馆季刊,2003(4):98-99.
[2]郑东青,张金萍,何子晨.古籍修复中补纸的研究[J].文物修复与研究,2014:351-355.
[3]杜伟生.古书修复中的"整旧如旧"与"整旧如新"[J].北京图书馆刊,1999(4):99-102.

保藏与修复

古代地图的特性与修复案例分析
——以北京大学图书馆藏舆图修复为例

The Characteristics of Ancient Maps and A Case Study of Map Restoration in Peking University Library

吴晓云

摘 要:古代地图是古代文献的一大重要门类,具有珍贵的历史、科学和艺术价值,其载体形式、制作方法及尺幅装帧等都具有多样化的特点。本文基于北京大学图书馆所藏两百余幅古代地图的修复实践,将地图修复理论与具体修复实例紧密结合,对多种地图的修复材料与技法进行了扼要总结,并对典型修复案例的整体修复流程及所采用的分段托裱、局部修复等重要技法进行详细阐释,进而总结出古地图修复工作中"因'材'制宜""融会贯通"与"灵活创新"三项要素。

关键词:古代地图;舆图;保护;修复;北京大学图书馆

北京大学图书馆藏中国古代舆图两千多种,时代从明代到民国时期,装裱形式包括折叠式、册页装和卷轴装等多种类型,质地有丝绢、手工纸、机制纸等,其中机制纸地图占了很大部分。近年来,笔者对其中的两百余幅进行了修复,本文将地图修复理论与具体修复实例相结合,进而总结出多种类型地图的修复技法。

一、古代地图的特性

地图,古人又称之为舆图、舆地图,是中国古代文献的一大重要门类。作为时代的产物,"古地图记录了特定历史时期的空间布局,有着文字描述所欠缺的直观性和一览性,凝聚着千百年来先人对于外部世界认知的空间经验"[1],同时具有文献资料和文物属性。因而,古地图的保护修复也应用古籍保护的理念加以指导,以更好地揭示、实现古地图的历史、艺术和科学价值。

古代舆图概念的范围,比现代的行政区划图、地形图要广。清乾隆六十年(1795)编定的《萝图荟萃》前、后二编,将地图分为舆地、江海、河道、武功、巡幸、名胜、效贡、寺庙、山陵九大类。

丝绢和纸张,是古代地图的两类主要载体。丝绢上的地图是绘制的;纸张上的地图有绘制的,也有印制的。绢通常使用耿绢和矾绢,纸张有手工纸和机制纸之分。传统的手工纸品种很多,产地不同、原料不同、原料混合比例不同,纸的厚薄、吸水性、韧性、颜色会有差异。桑树皮、檀树皮、楮树皮、三桠树皮等原料含量高的纸浆生产的皮纸比竹纸、混料纸韧性强。清以前绘制的地图,经常使用皮纸,清末以后,随着机器造纸术的传入,很多地图使用机制纸制作。

古代地图为了观展方便,整幅为多。尺幅大小则差异甚大,大的可至几十平方米,如国家图书馆藏《福建舆图》,长 750 厘米,宽 640 厘米,绘制在丝绸上,是世界上最大的地图[2]。尺幅小的地图如册页书,大小如同书本一样。

古代地图装帧可大体分为折叠式、册页装和卷轴装三大类型。折叠式包括整幅折叠式、割裱折叠式等;册页装包括蝴蝶装、推蓬装和经折装等,也有与书籍相同的装帧形式,如线装、精装、平装等;卷轴装包括立轴、横批、手卷等。此外,还有一种地图装裱形式称为通景屏,其形制类似书画的条屏,由多个立轴组成,中间的立轴两侧不镶边,悬挂时几个立轴的画芯部分形成一个整体,大幅地图往往采用这种装帧方式。

鉴于尺幅与装帧等外在形式的突出特点,古代地图在图书馆里常常作为专门的一类文献独立编目、保存,其修复处理方法也与其他文献修复具有许多不同之处。

二、修复原则、材料与技法

（一）修复原则

"修旧如旧""抢救为主,治病为辅""最少干预"和"过程可逆"是指导我国古籍修复工作的主要原则[3]。古代地图的修复同样遵循上述原则。但与古籍修复略有不同的是,古代地图因其形制和材料具有多样性和复杂性,在许多问题的修复处理方式上也更灵活一些,一切以增强修复对象的稳定性,尽可能延长其保存寿命为首要原则。

例如在"修旧如旧"的问题上,古籍修复会保留书籍的原装帧形式,但地图的修复往往需要基于状态稳定性的考虑而对原装帧形式加以改变。比如针对整幅折叠存放的地图，因折叠处基本已损坏，为避免修复后折叠处再次出现断裂损坏现象，通常采取改装成卷轴的处理方法。再比如在"最少干预"的问题上，古籍修复通常会最大限度控制修复行为对古籍的影响程度，尽量避免过量使用修复材料或引进新材料。地图修复同样遵循这一原则。例如卷轴装局部损坏的不做整体揭裱，只进行局部修补。原件没有经过装裱并轻度损坏的，只修补画芯，加绸条接宽四边，保护画芯不被磨损。但严重破损的，修复时往往要考虑修复后的力学稳定性及未来再次机械损伤的概率，从而选择有利于长期保存的"一步到位"处理方法，最常用的手段即重新托裱。对于曾有过不当修复的地图，在确保文物安全的前提下，也会选择去除原有修复材料，再使用对地图长期保存有利的方法重新处理。

在上述原则指导下，以待修地图的具体保存情况为依据，选择修复材料，确定修复流程，进而制定完整的修复方案，并为待修地图建立修复档案，这是地图修复工作的前期工作。修复档案包括文本、图像、影像、样品档案等多种形式，旨在对修复前后状态及整个修复流程做详细的记录，为修复工作的后续研究保存信息，提供借鉴经验。

(二) 修复材料

地图的用纸和装裱形式，关系到地图修复的材料和方法的选择。因"材"制宜，根据纸张制定适宜的方法是地图修复的关键。

地图修复原则上要选择与原材料质地和颜色相同或尽量接近的修复材料进行修复。手工纸补缺一般用与原材料质地接近的皮纸、混料纸等，溜口、托芯用薄皮纸、净皮宣纸，覆褙用棉连、豆包布等。但对于机制纸地图来说，原纸张材料具有纤维短、易脆化、粘接效果差等问题，因而除了大面积缺损补配，大部分处理还是选择手工纸，以保证修复后的机械强度。

为了使修复材料与原材料颜色一致，通常要对修复用纸及织物进行染色处理。染料一般采用矿物染料和植物染料，如橡斗、栀子、红茶等。

镶料根据原件使用材料选取绫、锦、纸等材料。卷轴装包裹原件的纸张选用夹宣，因夹宣较厚，纸质结实，卷起时挺实，不容易出褶。

若地图本来即为卷轴装且原轴保存状况完好，修复时一般选择继续使用原轴，以最大限度保留原装帧材料。若原轴有变形、断裂等损坏，则选取与原轴材质和尺寸相同或尽可能相近的材料做成原装帧形式。册页装的地图也通常选择保持原装帧形式。而对于片页折叠式或装裱成镜芯的地图，为避免造成折痕处的二次损坏或产生新的折痕,一般在修复之后不再折叠保存,也不能凭主观意愿改装成卷轴装,而是选择整片保存。但因地图一般尺幅较大,展平存放需占据较大空间,且给装具制作造成了一定难度,因此,在修复后选取裱糊过的无酸纸筒(直径4~6厘米)作为内芯卷起保存,不仅节省空间,而且方便装具制作,日后取用也很方便。此外,因为纸筒比木质轴杆更轻,直径更大,可有效避免修复后的地图因轴杆过重或过度卷曲而造成的表面掉色磨损、图面撕裂等损伤。

(三)技术方法

染制材料过程中,根据具体的颜色需要,将颜料调好后加胶矾水,采用刷染、拉染等方法染制补纸,采用清托方法染制绫、绢等材料。

画芯修复综合采用传统的洗、揭、补、托、镶、裱等技法,具体见修复实例。

纸轴的制作,通常选取直径6厘米、长90厘米和直径4厘米、长120厘米两种规格的无酸纸筒,这两种规格基本上能满足绝大部分地图的卷轴需要。量好裱件尺寸后,将纸轴放量3厘米截断,磨平截口。托好的绫子剪成圆形,比截口大出一圈,刷上浆糊包住裁口(图1至图4)。裁2张夹宣,每张长度40厘米,宽度比做好的纸筒长少2厘米。取1张夹宣,边缘刷1厘米宽的浆糊,粘在纸筒上,转两圈(图5至图7)。裱件平铺在上面卷起来,另一张夹宣包裹在裱件外面,用丝带系住(图8)。如果纸筒长度不够,可用两根纸筒连接起来使用。具体做法是:截取一根长度5厘米左右,直径正好能塞进纸筒的圆柱形木棍(用地杆即可,如果不够粗,可以垫几层纸),把两根纸筒连接起来,用钉子钉住木头和纸筒,这样纸筒即可随意加长了。

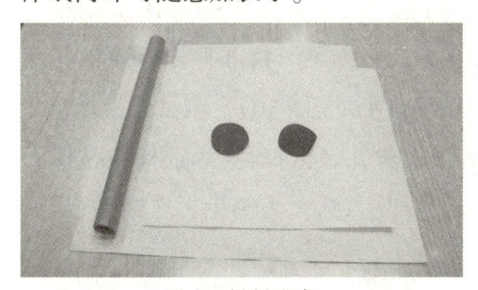

图1 材料准备

图2 绫子刷浆糊

图3 斜剪边缘

图4 包裹端头

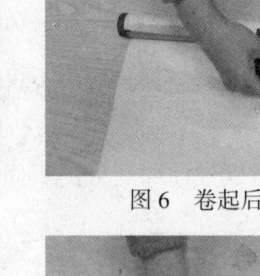

图 5　宣纸刷浆糊　　　　　　　　图 6　卷起后再刷一道浆糊

图 7　转两圈后的内芯成品　　　　图 8　外层夹宣包裹后

三、修复实例

不同材料、不同形式、不同破损程度的地图,修复方法也千差万别,难以一概而论。笔者在多年的修复实践中选取典型的修复案例,以对古代地图的修复技法做出具体说明。

修复案例1：

《地舆全图》,清乾隆间(1736—1795)刻本(五色套印),藏号 SB/981.2/4786。

外观形态:整幅折叠式。图幅尺寸纵191.5厘米,横111.5厘米。原件托裱后折叠成册。折叠处断裂、缺损,图面边角破损(图9至图10)。测试轻微掉色。

修复方案:鉴于原件图幅尺寸较大,纸张很薄并轻微掉色,故选择在整体补缺、溜口后,按照修复纸张的规格分段托裱的修复方法。为避免再次断裂,最后做成卷轴形式保藏。

准备材料:构皮纸。

修复过程:首先,在画案上铺吸水纸,将原件置于其上。由于原件浆糊失效,覆褙纸大部分已经脱离原件,于是采用干揭覆褙的方法揭去褙纸(图11),揭纸时先从四周揭起,无法揭开之处用手术刀轻轻刮掉。其次,喷水展平,用构皮纸补缺溜口,补缺时所用浆糊的黏度和托画芯的一样即可。由于原件纸张很薄,缺损处糟朽卷曲,所以不做坡口处理,补纸和原件的接口尽可能窄小,并撕出毛边,以免修补不平整。全部修补完毕后,进行分段托裱。托裱时按照托纸的规格分为八段,为避免掉色,用毛笔蘸浆糊在原件上轻轻涂刷均匀,尤其注意不能刷得过湿而导致纸张涨开,从而造成上纸时因纸面不平而起褶皱。另外,托纸覆盖在原件上后,先不用鬃刷排刷,而是用手抚平,盖上吸水纸后再用鬃刷排实。排刷后在托纸上再涂刷一层稀浆糊,等浆糊渗透后,盖上吸水纸吸去水分,再用棕刷排平,这样会使托纸粘得更为牢固。一段完成后,轻轻揭起裱件,下面换上干净的吸水纸以防粘连,再托裱下一段(图12)。整体完成后,晾干,喷水压平(图13),最后用纸筒制作纸轴,卷起收藏(图14)。

图 9　修复前装帧

图 10　破损情况

图 11　干揭覆褙

图 12　分段托裱

图 13　修复后效果

图 14　卷筒保存

修复案例 2：

《豫河南北两岸自黄沁拦黄埝起至兰仪新筑之拦黄埝止河势埽坝情形全图》，清咸丰五年至宣统三年（1855—1911）彩绘本，藏号 SB/981.343/2543。

外观形态：经折装。图幅尺寸纵 28 厘米，横 669 厘米。上下边先各对折 4 厘米，然后折叠成经折装（图 15）。外装红色封皮，红色封皮有大量断裂破损情况（图 16）。原件使用白色熟纸绘制，纸质薄脆，所有折叠部位断裂、缺损；图面粘有红签（图 17）。

修复方案：修补缺损，加固折叠部位，托裱原件，修补红签、封面，还原装帧。

准备材料：米白色混料竹纸、染成米白色的三桠皮纸。

修复过程：对原件拍照，记录红签位置，揭掉红签和封皮。因红签掉色，便选择干揭，用针或竹起子挑起红签，存放于样品袋中。缺损处使用米白色混料竹纸来修补，再用三桠皮纸在折叠处溜口加固（图 18）。因纸质薄脆，整体修补完成后需再托裱一层三桠皮纸使之整体加固（图 19）。修补红签和封皮时，难点是避免掉色，处理方法为先刮掉红签粘的浆糊，直接将浆糊涂抹在纸条上，纸条放在吸水纸上除去水分后，再粘在裂口处。封皮则采取搭托的方式托裱，托完后晾干，

图 15 原装帧形式　　图 16 局部破损情况

图 17 修复前状况　　图 18 红签揭取后补缺并加固　　图 19 整体托裱后效果

在原件背面喷少量水,然后压平、裁齐。最后将红签贴于原位。为避免折口过多,容易损坏,原件的上下边不进行对折,直接按照原件的折叠尺寸折叠成经折装即可。

修复案例 3:

《坤舆全图》,(比利时)南怀仁(Ferdinand Verbiest)立法,清咸丰十年(1860)娄海东刻本,藏号 X/980.389/4092。

外观形态:卷轴装。图面尺寸纵 170 厘米,横 154.5 厘米;外廓尺寸纵 214 厘米,横 160.8 厘米。图面上部天头处不规则缺损长 30 厘米,宽 70 厘米,还有一道 40 厘米长的纵向裂口(图 20);绫子脏污缺损;无天杆;覆褙上部脏污,有水渍,并粘有沥青(图 21)。下半部分完好。

修复方案:局部修复,揭掉脏污破损部分的覆褙,更换天头,还原成立轴。

准备材料:三桠皮纸、四尺净皮单宣、高丽纸、瓷青纸、天杆。染制补纸,净皮单宣染成灰白色。覆褙选择,原件使用高丽纸做覆褙,为保持整体一致,此次修复也采用单层高丽纸做覆褙。托裱绫子,原件天头绫子缺损不多,清洗脏污,揭掉旧裱,配制颜色相近的瓷青纸托裱,绷平(图 22)。

修复过程:因为卷轴下半部完好,为防止破损处的脏污污染下半部分的原件,案子上需先垫上吸水纸,再铺上原件,下半部分则覆盖吸水纸,并用铅坨压住。然后清洗上半部分的正面,吸干水分后,再更换干净的吸水纸。原件翻过来用直尺按压着揭掉破损部分的覆褙,露出画芯(图 23)。画芯破损处用染色皮纸补缺,并托一层薄皮纸加固(图 24)。

修完画芯后,由于下半部分没有喷湿,上下部位的连接处难免会出现水印,这就需要整体喷水。喷水时需注意上半部分要多喷,逐渐过渡到下半部分,而后趁着潮湿用手轻拍水印部分使之化开,再用吸水纸吸干水分,这样水印就去掉了。晾干后,再整体喷潮,随后铺盖吸水纸,并用重物压平。然后将画芯和绫子裁齐,镶天头(图 25),天头和画芯连接的部位,左右两边各粘一条绫子,长约 4 厘米,宽度和两条边的宽度一样,以增加连接部位的拉力。随后转边、粘搭口纸,上覆褙纸(图 26)。由于只修破损部分,不能整体刷湿,所以采用局部搭覆,破损部分稍微喷湿,用排笔展平。覆褙纸不能刷得过于潮湿,一旦过湿,可用吸水纸衬在下面吸去水分,随后晾干。晾干后喷水压平,打蜡砑光,上下连接部位多砑几次,以免出现硬梗,而导致卷起时裱件不平。

最后,裁齐、上天杆,修复完成(图 27 至图 28)。

图 20　修复前原装帧形式

图 21　上半部破损情况

图 22　托裱绫子

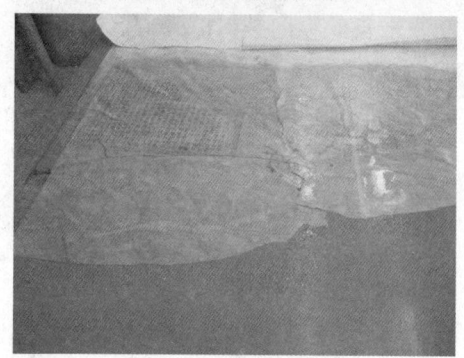

图 23　揭除覆褙后

图 24　局部补缺与加固

图 25　镶天头后

图 26　局部搭覆法上覆褙

图 27　修复后幅面效果

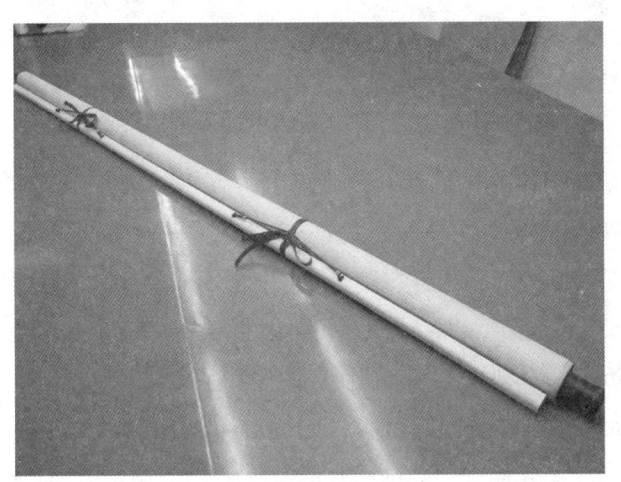

图 28　修复后整体外观

修复案例 4：

《邢西得胜图》，彩绘纸本，未编目。

外观形态：横批（图 29）。图面尺寸纵 106 厘米，横 182 厘米。原件整体脏污；画芯横向有 170 厘米长裂口，右下有长约 45 厘米、宽约 8 厘米的不规则缺损；右边绫子、天杆缺失，卷轴上部水浸，多处糟朽；画芯裂有近百道破口（图 30），经测试不掉颜色。

修复方案：拆除旧裱，修补画芯，重新装裱成镜心，做纸轴卷起收藏。

准备材料：四尺夹宣、四尺净皮单宣、棉料、三桠皮纸、淡黄色绫子。染制托画芯的托纸，根据画芯的底色，净皮单宣染成土黄色；覆褙以四尺棉料托双层来制作；托裱绫子。

修复过程：首先，拼接原件，裁掉旧裱。案子上铺一层夹宣纸，可几张拼接在一起，比原件略大即可，用稀浆糊刷平。将原件正面朝上贴在夹宣上，拼接对齐裂口，注意裂口不能有缝隙，用排笔刷实。在另一案子上铺一层稀薄绫子，刷湿展平，擦干水分。拼好的原件带着夹宣揭起，翻过来扣在绫子上。这时原件正面朝下，用鬃刷排平，揭掉夹宣。

然后搓揭覆褙，露出画芯（图 31 至图 32）。托画芯，托纸裁方闷湿后待用，在画芯上刷浆糊，因是旧图，浆糊要稍稠一些，需来回多刷几遍，再检查裂缝是否拼接整齐。把周边浆糊擦干净，拿一根线沿着画芯的边缘位置拉直，对比一下画芯的横竖边是否平直，如有不直处，用排笔轻推找直。随后将闷湿的托纸展开，排平，用地杆卷起来。放纸时，需一人提杆转动，一人用鬃刷排刷，随放随刷，直至上完刷平。

随后，修补缺损，采用隐补。因画芯较厚，补缺时使用了净皮单宣，搭口宽2毫米左右，用马蹄刀刮出毛边后刷平。由于原件经过托裱后，纸的伸缩程度不同，横竖边会轻微变形，这就需要镶上锔条。镶锔条有两点好处：一是避免画芯单边上墙因干燥而崩脱；二是裁方时可露出一点锔条裁齐，不会伤到原件，也能使原件和边的厚度一致。具体做法是：将宣纸裁成跟画芯四条边等长、宽约1寸的纸条，粘在托好的画芯四边，覆盖吸水纸并充分排刷，接口处用鬃刷蹾实；完成后翻过来揭掉绫子，晾干。锔条镶完后，再嵌折条——将净皮单宣裁成5毫米宽的纸条，并将纸条粘在裂口上，最后用吸水纸盖住排实即可。

由于原件的破损程度比较严重，因此画芯没有上墙绷平，而是采用喷水压平。压平后裁方、镶绫子边、上覆褙，上覆褙时采用搭覆的方法（图33）。因原件修补的地方太多，幅面很大，容易崩裂，所以上墙时先将其贴在一块画板上，再平铺到桌子上以保安全。上墙后需用吹风机吹干搭口，并多洒几次水，使其缓慢干燥。干透后下墙，打蜡砑光，裁边，至此修复完成（图34）。最后做纸轴卷起收藏（图35）。

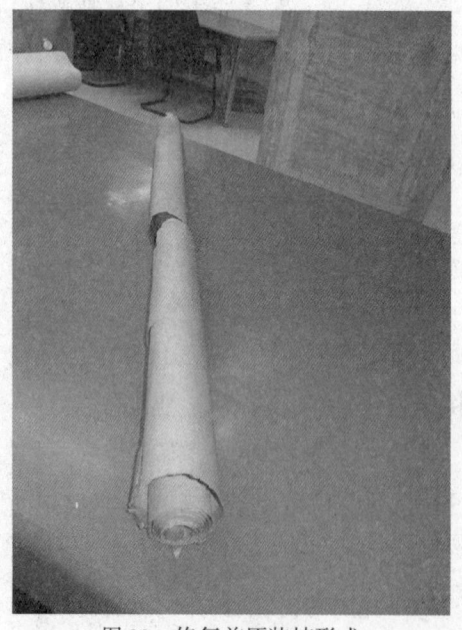

图29　修复前原装帧形式　　　　图30　破损状况

图 31　搓揭覆褙　　　　　　　　　　图 32　覆褙揭除后

图 33　重新上覆褙　　　　　　　　　图 34　修复后效果

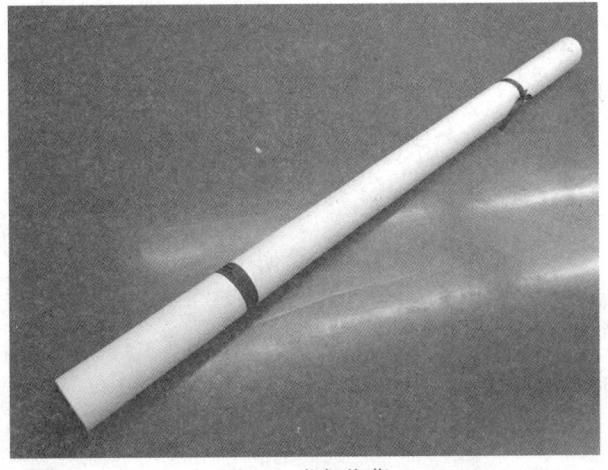

图 35　卷起收藏

修复案例 5：

《坤舆东半球地图》，民国初（1912—1927）上海商务印书馆编制，彩印本，藏号 X/980.389/0175a。

外观形态：卷轴装。图幅尺寸纵 107 厘米，横 96.5 厘米；外廓尺寸纵 120 厘米，横 96.5 厘米。机制纸，纸质脆硬，图面有很多折痕，豆包布做覆褙装裱，整体老化，局部发霉、缺损。

修复方案：清洗，揭掉旧裱（图 36），局部补缺（图 37），重新装裱。机制纸地图一般纸质较为厚硬，为了防止原件由于纸质脆硬或卷轴装裱过厚而折断，以前修复此种类型的地图大多是把画芯背面揭薄一层，再进行托裱。这样做的难点是机制纸有时不能整片揭下，只能采取搓揭，揭薄后的地图很多地方薄厚不一，也容易损坏图面，还失去了原件纸张的厚度，所以现在不使用这种方法。此次修复为了减少裱件的厚度，修补后直接上覆褙，需要覆褙纸薄而结实、柔软。综合考虑以上因素，选择豆包布作为覆褙托裱材料。

准备材料：深黄色竹纸、四尺棉连、豆包布。

覆褙纸使用织纱稀疏的豆包布托裱。若按照托绫子的方法托裱，刷上浆糊后，因豆包布网眼稀疏，浆糊会渗到案子上，上完纸揭起时，纸和布粘不结实，容易分离。为避免出现这种情况，几经实验后采取了一种新的操作方法，即先将塑料布铺到案子上，豆包布按上面的方法托裱后，直接揭起塑料布扣在吸水纸上，再揭掉塑料布晾干即可。因为有塑料布垫在下面，浆糊不会渗出，这就解决了纸、布容易分离的问题。

修复过程：展平原件，闷湿；清洗霉斑；揭掉旧裱，修补缺损；上覆褙，晾干；上墙绷平，裁齐，做纸轴卷起收藏。

图 36　揭除原覆褙　　　　　　　图 37　局部补缺

修复案例 6：

《扎什伦布寺全图》，清光绪间（1875—1908）彩绘本，藏号 SB/981.263/1424。

外观形态：镜片。图幅尺寸纵 47 厘米，横 56 厘米；外廓尺寸纵 61 厘米，横 90 厘米。画芯完好，四边镶的绫子损坏脱落，褙纸浆糊失效。

修复方案：此图是矿物颜料彩绘，绘制在粗布上。为了增加图面的立体感，颜料用得比较多，整体效果和油画一样，覆褙纸也用得较厚。如果按原来的厚度修复，并做卷轴卷起收藏，时间久了会出现颜料断裂脱落或图面损坏的情况，所以需要尽量减少原件厚度，使其易于卷起收藏。方案确定为：揭掉原有覆褙纸、命纸，用一层厚皮纸代替托纸、覆褙纸托裱原件，更换绫边。

准备材料：厚皮纸、白色绫子。

修复过程：首先，喷水闷湿原件，揭掉原有覆褙纸、命纸。然后裁方厚皮纸，四周比原件外扩尺寸大 5 厘米，刷上浆糊待用，因原件的材质是粗布，浆糊的浓度和托绫子的相同即可。再把原件铺在厚皮纸中间按平，覆盖吸水纸并用鬃刷排实，注意只刷原件的部分，然后在原件四边刷上 2 毫米宽的浆糊，再将托好的绫子裁成 4 厘米宽的绫条，直接粘在皮纸上，并且搭在原件 2 毫米处（图 38 至图 39）。最后，盖上吸水纸用手抚平，吸去水分，翻过反面，排实，晾干，喷水上墙绷平，裁齐四边，做纸轴卷起收藏。

图 38 绫条镶边　　　　　图 39 绫条镶边局部细节

修复案例 7：

《自河南府至潼关驿程图》，清前期（1644—1735）彩绘本（墨绘着色），藏号 X/981.213/3140。

外观形态：长卷。图幅尺寸纵 98 厘米，横 985 厘米。对景法绘制，各地粘有里数路程签。卷轴首、尾、天、地绫子缺失、损坏,上下部分水浸,局部糟朽破损。

修复方案:局部修复,换绫子边,补糟朽部分。卷轴曾被水浸,打开卷轴后,可见糟朽部位基本是等距,卷首部位损坏面积大,越到卷轴尾部损坏面积越小。这样修补糟朽部位的补纸应比原件要薄一些,因为卷起时破损在同一位置,如果按通常办法补平缺损,累加起来,局部就会增厚,从而造成卷轴高低不平。

准备材料:淡黄色皮竹混料纸、三桠皮纸、深蓝色绫子。

修复过程:首先,揭掉破损的绫子边(图40)、糟朽部位的褙纸,随后修补缺损,在破损处周边搓出坡口,用混料纸沿着缺损部位的边缘补好,再刷一层浆糊、补一层皮纸作为褙纸。需注意这层褙纸的修补面积要比先前的补纸面积大一些,然后盖上吸水纸吸干水分,排实,再修下一处破损,直到全部修完。

其次,更换天地绫边、卷首尾绫子、撞边。裁齐画芯,镶边。镶边时先将绫子裁成4厘米宽的长条,将画芯正面朝上,并按原来的镶边宽度刷上浆糊,再粘上绫子条(图41)。接着翻过来背面朝上,将绫子条对折,在下半部分刷上薄浆糊后,再翻过绫子粘牢(图42)。注意,底边要碰在画芯的边上。另外,在卷子首尾处需各镶一段绫子(图43),并在绫子背面局部托一层覆褙,使其与原件其余部位厚度一致。

最后,晾干,喷水压平。因为手卷尺寸太长,只能分段压平。具体做法是:铺上两层吸水纸,展开一段原件正面朝下,喷少量水后,再盖上两层吸水纸,上面用纸板压住后,压上铅砣。压平一段卷起来,再压下一段,依此类推,直至压完。压平后制作卷轴时,选取直径10厘米的纸筒,原件卷曲次数越少,越不容易产生裂痕,利于长久保存。

图40 揭破损绫子边　　图41 正面镶绫子边

图 42　背面绫子边处理　　　　　图 43　卷首尾镶绫子

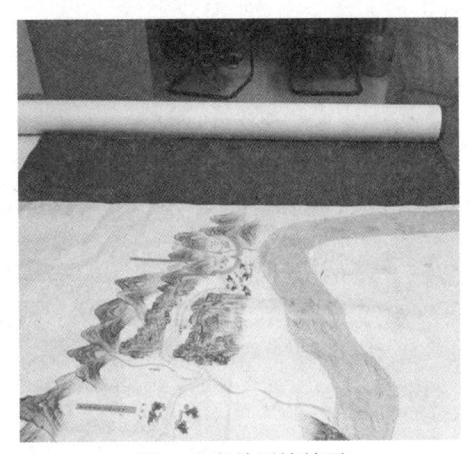

四、结语

古代地图的制作材料、制作方法及尺幅形制与装帧形式具有多样性和复杂性的特点，其修复工作也充满了灵活性与挑战性，所用材料与技法无法一概而论。笔者通过多年的修复实践，也探究出了修复古代地图的几大要素，具体可总结为三点：

一是在修复材料的选择上要因"材"制宜。充分了解古地图原材料的类别、特性及老化情况是选取修复材料的基础和依据，因而，修复人员具有一定的经验积累是十分必要的。此外，随着现代科技在古文献保护修复中的应用日益广泛，修复人员也要重视对纸张厚度与色度分析、酸度检测等现代分析技术的学习，以科学数据为依据来选择修复材料。

二是在修复技法的应用上要融会贯通。去污、展平、洗、揭、补、托、锔、镶、裁、压、上墙、上杆等都是古地图修复的必备基础技法。修复者要重视基本功的训练，不断积累总结书画装裱与古籍修复的技法和经验，只有在熟练掌握各项技能的基础上融会贯通，才能做到修复起来得心应手。

三是在修复思路上要灵活创新。古代地图材料和装帧的多样性决定了修复对象状况的复杂性，这种情况下要特别注意避免思维僵化，应在遵循古文献保护修复大原则的前提下，根据每幅地图的具体情况来制定保护方案，并发挥创造性思维，巧妙解决修复过程中遇到的各种难题。

（吴晓云，北京大学图书馆古籍修复师，馆员）

参考文献:

[1]李哲,熊明.浅析《重庆历史地图集·第一卷 古地图》对古地图的修复[J].测绘与空间地理信息,2014(9):69-72,75.

[2]陈健.世界上最大的一幅地图——《福建舆图》[J].大地纵横,1996(3):43.

[3]张平,吴澍时.古籍修复案例述评[M].北京:国家图书馆出版社,2012:7.

我国古籍文创产品开发现状调研报告

——以古籍元素研发的实体文创为中心[*]

A Current Survey Report of the Develoment of Cultural and Creative Products in China: Based on the Elementns of Ancient Books

赵大莹　曹菁菁　朱默迪　朱婷婷　孟　月　孟　化

摘　要：调查研究是谋事之基、成事之道。近年来，随着人们对文化产品的需求日益增长，国内各文博机构在国家政策的指导下，正加大文创工作力度，开发元素多样，产品类型丰富。本文通过对国内各机构同行的调研以及国家图书馆古籍馆文创开发工作实践，深入总结了文创产品研发和销售的经验和教训，并结合当前市场对文创产品的接受和需求，积极探索文创工作的合理性与可持续发展性。

关键词：古籍元素；文创产品；调研报告

随着社会经济的发展和人类文化水平的普遍提升，人们对文化产品的需求日益增长。2009 年，国务院常务会议讨论并原则通过了《文化产业振兴规划》。这是中华人民共和国成立 60 年以来第一次对文化产业发展做出规划，标志着文化产业已经上升成为国家战略产业。2016 年，国务院发布多个文件明确指出文化创意产品开发的重要性，旨在弘扬中华优秀文化，传承中华文明，推进经济社会协调发展，提升国家软实力。这些政策和文件的出台，为发展文化创意产业提供了支持与保障，同时也指明了方向。

---

[*] 本篇调研报告为国家图书馆古籍馆文创小组赴各地实地调研后总结完成，前后历时一年半。作为国家图书馆的专题报告，本报告荣获全国文化系统 2017 年度"十佳调研报告"称号，本文即以此为基础修订而成。

近年来，我国港台地区及国外优秀文化创意产品进入人们的视野，刺激和促进了国内文化产业的层次提升。早在20世纪80年代，欧美国家开始向全球输出其文化产业。1997年，英国前首相布莱尔工党内阁推出鼓励政策促进创意产业。亚洲金融风暴期间，韩国也开始从电影与数字化等产业开始发展"文化内容产业"。2009年，台北"故宫博物院"启动了"文创产业研习营"计划，受其影响生产出一大批兼具文化性和趣味性的文创产品，一如引爆两岸的"朕知道了"手账胶带。

在这样的背景下，国内文博机构纷纷拓宽思路，加大文创工作力度。本文在调研分析各文博机构文创开发样例的基础上，将国家图书馆古籍馆文创产品开发工作的实践加以总结，供业界同人参考。

一、国内文博机构的文创产品开发工作

对国内文博机构的文创产品开发工作，我们侧重调研的内容包括：一是各博物馆文创产品的品类及所面向的受众，包括是否有品牌或专题系列产品；二是各博物馆文创产品的营销方式和推送内容，包括纸媒、网页、社交媒体等；三是各博物馆文创产品商店的经营状况，包括是否有实体店铺，是否有网店，销售额如何；四是各博物馆文创产品商店所提供的各项附加服务，包括会员优惠、国际邮递、退免税、门票预订、讲座沙龙活动等；五是大众对博物馆文创产品及其营销方式的满意度和期望；六是各博物馆保障文创产品权益的办法，包括是否注册商标，是否有外观专利、美术著作权等。为保证调研内容的有效性，主要采取实地调研和深入访谈的形式进行。

（一）国家级综合馆——国家博物馆、故宫博物院

1.国家博物馆文创产品开发

（1）国家博物馆文创工作简介

国家博物馆（以下简称"国博"）文创工作起步较早，但是为公众熟知的程度略低于故宫博物院。后者作为"中国最强IP（知识产权）"，目前具有无可争议的影响力。因此，2010年国博文创产业起步后，经过三年多的积累和三年多的发展，从2016年起，国博更侧重在"博物馆IP资源+互联网"方面发展文创新模式，一直努力与全国文博机构合作，发掘各自IP优势，推出"文创中国"联合品牌。2017年1月，我们实地走访调研国博，8月国博负责人在全国图书馆文创联盟培训班上也做了介绍。他们对文创工作坚持三个基本点：一是文化事业与文创产业"双轨同向""互相支持"；二是统一认识，树立正确的文化产业"非营利"经营

观,强调非营利机构不等于没有盈利,非营利经营的关键在于如何保证优惠条件经营所得"盈余"转化为再发展的新资源;三是充分认识文创产品的"媒介"作用和"传播"功能。

基于此,国博着重发挥文创产品开发的长远影响,主要有两个方面:一方面深入挖掘馆藏资源,注意资源的"衍生"功能,使博物馆无形资产得以充分发掘与利用;另一方面将文创产品作为"移动的博物馆",将"把国博带回家"的理念最大化,传播文化,服务大众,更好地延伸博物馆展览和教育功能。

(2)文创经营业务开展情况

A.组织机构

国博有六家馆属全资企业:国博(北京)文化产业发展中心、国博(北京)饮食文化中心、国艺斋(北京)文化艺术有限公司、北京雅集文物有限责任公司、国博(北京)商贸服务部、北京天大广告艺术公司。六家企业全部由国博经营与开发部代表国博实行统一管理,履行监督管理服务职能。

B.管理模式

概括起来是事企分开、财务独立、集中管理、协调机制、风险控制。

经营与开发部作为国博的一个部门,其负责人同时兼任企业管理负责人,以便于企业利用馆藏资源的开发与使用授权协调,和事业、企业两种编制人员的灵活管理。工作中注意人性化管理,兼顾不同人员的需求和职业发展规划,工作待遇与机遇可调,激发员工能动性。

分工明确,不交叉管理,减少内耗。处、科室不插手企业运营的具体事务,只是监督和服务,大大提高了企业运营效率。企业财务人员由馆资财处统一配置和派驻,企业管理人员不干涉财务管理工作,杜绝腐败。

C.经营模式

国博已经突破传统的自主或合作研发与销售的经营模式,逐渐过渡到IP授权合作模式,主要是线上、线下双轨经营,范围包括有形产品和无形的知识产权资源。

通过与市场的充分接触,国博及时调整商品结构,完善价格体系。无人问津的商品果断下架,热销产品的柜台扩大面积,单价百元以下商品在价格体系中的比例增加,单价3000元以上的商品比例降低。通过上述调整,提高了柜台的零售业绩,同时弥补了团购市场零业绩的损失(图1)。

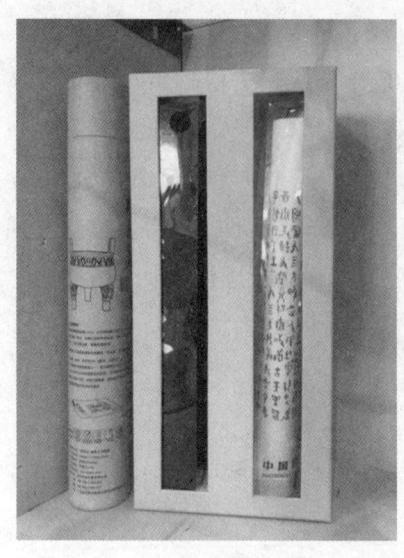

图1　国博零售柜台文创产品

据介绍,2013年国博与香港某知名集团合作开发古钱币版权,五年合作期内,国博企业净收益达数千万元。截至2016年底,国博开发馆藏文创产品3000余款,拥有完全自主设计版权的有1800余款。实现累计收入2.6亿元。国内市场具有国博元素的文创产品市场销售额累计实现29亿元。

(3) 面临的问题

A.政策瓶颈

许多文博单位实施收支两条线,缺乏发展原动力;缺乏合理的激励机制,不能充分调动从业人员的积极性。与国博不同,许多文博机构无自己的全资企业,缺乏经营实体,经营活动合法性受到广泛质疑。

B.管理人才瓶颈

在编人员不愿意离开业务岗位去经营,社会招聘的职业经理人不能保证合格监督、有效管理。

C.设计瓶颈

专业设计力量不足,产品创意含量不高,产品同质化泛滥。

D.投资瓶颈

好的创意产品需要强大的资金支持才能实现并形成市场价值。没有资金跟进,就不能形成产业规模。事业单位本身自有资金有限,企业缺乏大量的资金投入来源和长期支持。

E.生产瓶颈

制造工艺水平直接影响文创产品质量。好的设计方案、可靠的厂家、生产过程中的监督把关、生产批次不同导致的差异、优质工艺与成本价格之间的矛盾等，都是亟待解决的问题。

F.营销瓶颈

好的产品制作出来，如何销售？谁来销售？销售不好怎么办？产品营销的高额宣传资金从哪里出？而销售量达不到预期，则面临库存成本增加和资金流转风险。

(4)未来发展思路

A.推进有形资产的线上交易，形成线上、线下互动销售。

B.推进无形资产的线上授权，解决产业资源对接整合问题。

C.利用博物馆无形资产优势，形成有形、无形资产互动经营。

D.整合政府、市场与产业资源，实现文创产品"走出去"的战略。

E.梳理自身资源，与市场优质成熟产业合理对接，实现双赢共进和可持续发展。

F.打造专业的授权经营团队，探索"互联网+馆藏IP"文创发展新模式，创建新的文创产业生态体系。

2017年3月1日，国博与阿里巴巴集团签署全面战略合作协议。6月3日，下属企业签署商务协议，共同打造"阿里鱼·国博云文创设计研发中心"和"文创中国"品牌。

通过强强联合，发展文创产业新道路。现阶段国博公布了近400个文物IP资源，经过阿里巴巴招商和国博推荐，已有80余家品牌商与国博进行了品牌合作，200余个授权商品面市销售。

国博公布的文物IP资源，主要为"热门IP图库"，含有文物基本信息、实物照片，揭示文物特点，同时提供经过提炼、设计后的文物元素商品案例，例如款式、材质、元素解读等，使商家可以快速了解并选择适合自己品牌的元素，对产品制作和市场能够有初步的感性认识，从而方便地进入申请授权流程。

此外，国博与上海自贸区实现了跨界合作，共同启动"文创中国"中国大区运营中心等项目，同时开启线下文创产品开发合作以及艺术品跨境交易合作，发挥自贸区优势，让中国优秀传统文化以产品为载体走出国门，讲好中国故事。

国博通过多个平台陆续推进、落实相关合作，对促进文博行业的文创产业发展转型产生了重大影响。

2.故宫博物院文创产品开发

故宫博物院(以下简称"故宫")文创产品开发起步较早、类型多样，特别是与阿里巴巴合作以后,针对阿里巴巴的全球5亿终端客户,开发的各类实体文创产品五花八门,在社会上掀起一波高于一波的故宫热(图2)。然而,所有实体文创产品的开发,都离不开基础的元素图像。而随着"数字故宫"的推出,数字文创产品让故宫更加深入人心,成为电脑端、手机端可以实时连线、研赏的优质产品。因此,2017年3月,我们对故宫的调研工作,重点放在数字文创产品的开发工作上。

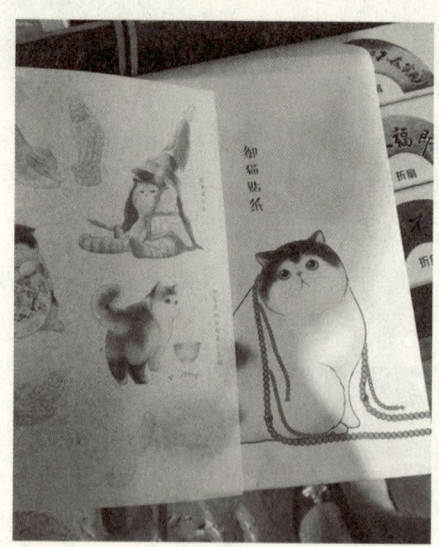

图2 故宫文创产品

(1)数字图像采集专业队伍的创建

故宫文物收藏量极大,仅就采集文物影像资料而言,以20世纪90年代的人力、技术和工作模式,184多万件文物估算起来,也要花费将近100年。1998年,故宫在"照相室"的基础上创建起资料信息部,初衷即是尽快利用数字化手段,记录院藏文物信息。

资料信息部成立之初,银盐胶片拍照已逐渐过时,数码影像开始兴起。随着数码照片累积到一定数量,资料信息部开始建立数据库进行管理,业务操作日益规范化。后来部门覆盖的工作范围越来越大,目标越来越明确,其中最重要的是运用数字技术记录古建筑和文物信息。

2000年,资料信息部发展为五个科组,当年故宫官网正式上线。从那时候起,在已有的数据库基础上,故宫开始通过网站与公众分享文物资料。同时通过与日本凸版印刷公司合作,探索博物馆的VR技术应用,包括沉浸式剧场VR、"CAVE"VR体验以及基于互联网的VR、通过VIVE头盔的VR等,在不同展示案例的开发过程中,逐步推进设备、引擎等方面的升级换代。除应用于展示之外,还与故宫考古、古建修复等研究工作密切结合,探索 VR 在博物馆应用的多种可能。

(2) 新媒体时代数字文创产品的拓展

2013 年,资料信息部业务又开始了新的拓展。数字化产品的日益多样化,新媒体技术的更新换代,使大众不再满足于单纯的官网推送,于是部门开始投身"新媒体",把数字服务分成线上和线下两个小组,直接与公众对接和服务。

一批热爱故宫文化、具有绘画和信息基础专业背景的人才加盟数字化团队,在十余年的资源积累基础上,陆续推出各种创新设计,除了数字故宫的 VR 资源,还先后打造了故宫"猫保安"原创手绘卡通形象,开发了"故宫社区""每日故宫""皇帝的一天"等手机 APP,制作《穿越故宫来看你》H5,等等。这些新兴的数字文创产品,以生动有趣的形象,讲述故宫故事,将宫墙内的一草一木、小猫小鸟等动物元素都加以整合,从而立体地推出数字文创产品,与实体文创交相辉映,受到各层次大众的喜爱,也得到了故宫老专家乃至院领导的欣赏。

(3) 转型期文创工作

2016 年,国家正式要求开展文创产品试点单位工作,故宫的文创产品开发与经营也开始转型。此前,故宫文创分资料信息部(主要是数字产品)、经营管理处、出版社等几个单位同时运作,各自的产品特色不同,因此在阿里巴巴平台上也分别有淘宝店和天猫店两个线上店铺,虽各有独创,但也有部分产品交叉在架。数字文创产品多属公益服务,目的在于扩大故宫的社会影响力,吸引更多的故宫粉丝。

2017 年,故宫文创工作开始整合,拟由经营管理处统一负责所有文创产品的授权和销售,但短期内却没有规定细则来划分不同部门的责、权、利,使文创产品原创部门和资源收藏部门的积极性遭受不小的打击。以资料信息部为例,其设计的多款卡通形象、APP,被要求"无偿"提供给统管部门使用。且不说设计这些形象和软件耗费了原创人员多少心力和体力,单是他们为项目研发而经常加班,都得不到基本的回报,这让当年的设计师们心绪难平,实际上造成了人才流失的潜在风险。

长远来看,有机构专门负责文创运营也是事业发展的需求之一,但是与国博相比,故宫在这个方面仍处在转型的探索之中,如何协调好各个部门之间的关系和利益,建立好激励机制,仍是需要基于自身实际情况切实调研后,进行反思和深思的工作。

(二)具有专题特色的文博机构——以恭王府、鲁迅博物馆为例

与国家级综合性文博机构相比,具有专题特色的中小型文博机构数量庞大,各有千秋。这些机构大多以遗址、故居等为依托,既拥有实体物理空间,又具备文化内容空间。文创销售场所融入景区之中,是文化与旅游结合的有机体。此外,它们大多具有十分鲜明的主题特色,在文创开发方面可以针对其某一专题特色进行深入挖掘,而较少遇到重点 IP 选择的问题。在这类文博机构中,我们选择了恭王府和鲁迅博物馆进行考察,它们分别代表了遗址类和故居类两种场馆类型。

1.恭王府

作为北京市重点旅游景区,恭王府的特点在于游客量大、消费意愿强。以康熙御笔"福"字为代表,恭王府文创工作重心放在商标注册与管理方面。以"福"元素注册的商标已有 138 项之多,每年商品注册维护费用都超过 20 万元。不仅如此,恭王府经营处专门设立 1 人岗位,集中负责各种商标在当年被侵权的情况调查,并及时运作相关法务流程。

走访调研过程中,恭王府经营处负责人对文创产品的开发,反复提到的就是"困难重重"。他认为,文创产品最重要的是摸清市场定位和潜在客户需求,设计产品的层次要精细化,来满足不同客户的多样化需求。但是重中之重,在于产品质量必须严格把关,不能因为定价低而因小失大,砸了品牌。因此,恭王府对于商家申请授权都要进行严格审查、业绩评估和质量跟踪。

恭王府的文创产品营销渠道,主要依赖实体柜台。以旅游纪念和为亲友送福的游客心理为突破口,恭王府设计的主流文创产品多为"福"字的吊坠、钥匙扣、折扇、手机壳,以及康熙御笔的各种复制品,售价主要在 10 元至 500 元之间。近两年新设计的部分文创产品突出揭示馆藏品中的书札、拓片,例如制作的一些小拓片画芯、高仿拓片、书札明信片等,但是问津者寥寥。

从具体的从业人员来看,由于招聘限制,目前恭王府缺乏专业设计人员,因此主要依靠 IP 授权和产品监督方式,由商家申请授权和设计相关产品,再依托恭王府和自有渠道加以销售。这虽是不得已而为之的办法,但对恭王府而言,也的确降低了产品滞销风险。

2016 年以来,恭王府继续拓展文创产品类型,尝试与国内动漫品牌"阿狸"合作,制作了一批阿狸形象的恭王府文创产品,拟发展"恭王府×阿狸"的联合品牌开发之路。

恭王府未来的文创产品发展计划,仍然是立足于旅游纪念产品,完善产品价

格体系,在快速消费品上下功夫,搜集更多的"福"字元素,打造"福"文化,研发具有更多王府特色的产品,着力提高文化品位,满足游客对美好生活的期待和对文创产品的更高需求。

2.鲁迅博物馆

1992年,北京鲁迅博物馆(以下简称"鲁博")成立了馆直属企业北京鲁博文化中心。十余年来,北京鲁博文化中心主要是配合展览设计制作一些简单的纪念品,2014年开始开展全馆文创产品系统性的研发、制作、销售和营销工作。2016年,该馆又在政策引导下,全面加强文创工作,进行企业化运作尝试,形成产品研发、策划设计、包装生产、营销推广和法律知识产权保护全面探索。2017年5月,我们在走访过程中重点考察了特色元素的开发情况。

(1)产品分类

按照产品用途,除书籍图录以外,北京鲁博文创产品分为纪念品、学习用品、生活用品和高端产品四类。

纪念品是各大博物馆必备的基础衍生品,也能最直观地反映博物馆特色。北京鲁博的纪念品有以鲁迅诗稿手迹、鲁迅故居为主题的明信片,新文化运动系列冰箱贴,鲁迅设计的北大校徽和鲁迅雕像,等等。这些产品基本上未经二次艺术加工,售价合理,又有一定纪念意义。

学习用品品类丰富、数量众多,分为书签、铅笔、笔记本、笔筒、便笺本、尺子等。定价适中,如新青年元素的铅笔16元6支、北大便笺本售价30元等;又有层次,使用鲁迅先生散文小说封面设计的简装笔记本售价在15元至19元,使用鲁迅肖像设计的高档笔记本售价在44元至69元之间。

北京鲁博文创产品中的生活用品有T恤、丝巾、帆布包、零钱包、行李牌、钥匙链、杯子等。其中,"夕拾朝荷——鲁迅手摹纹样系列衍生品"是在原藏品黑白底色的基础上进行创意涂色再加工设计的,推出了手包和行李牌等,在各类文创中较为引人瞩目。

高端产品主要是文房类,如鲁迅用笺纸、"金不换"毛笔、文房四宝、紫砂壶、非洲花梨木名片盒等,定价也相对合理,如包装精美的文房四宝一整套仅售180元。鲁迅先生一生对笺纸情有独钟,曾与郑振铎合作编印了《北平笺谱》,共收人物、山水、花鸟笺332幅。在给朋友的信中,他曾说:"我并无大刀,只有一枝笔,名曰'金不换'。"鲁迅先生的生平故事及名言警句,都是其高端产品的创意来源。

总的来说,北京鲁博文创产品开发元素众多,定价较为合理,但仍存在产品类型较为单一现象。以纸质书签为例,使用的元素包括印章、鲁迅著作、"五四"

文人著作、鲁迅书法、箴言等。木质书签有普通木质和四联木质等产品。在目前电子书受众广泛的现实市场条件下,书签使用频度本来不是很高,而同类产品的替代性又强,不若同一元素的多样化产品更能引起消费者的关注,刺激选购欲。

(2)产品定位与开发

作为爱国主义教育基地,北京鲁博吸引的游客中,学生群体占到了百分之三十,故而在目前的衍生品中重点开发针对学生的学习用品,售价也相对合理。这是基于游客年龄、职业、收入等情况做出的产品定位分析,有利于针对特定人群把握好市场消费规律。

目前,北京鲁博开发出来的衍生品大致可归纳为以下 IP:

A.鲁迅漫画肖像。本系列产品创意设计的基础素材来自鲁迅简笔肖像画和馆藏日本画家堀尾纯一为鲁迅创作的漫画肖像。特别是在对漫画像的处理上,不仅保留了画中的鲁迅神态与造型,还设计出四个色彩鲜明、亲和可爱的鲁迅卡通形象,寓意读书、演讲、行路、战斗(图3)。

图3 鲁迅卡通形象

B.鲁迅摹绘作品。鲁迅多才多艺,喜欢描摹古代版画,他对线条有很深的感悟,曾利用中国汉画像、西洋画等元素设计过许多书刊封面。本系列衍生产品以馆藏的黑白"鲁迅手摹外文书籍纹样"为底本,结合传统装饰图案的色彩设计,不仅最大限度地保留了鲁迅手绘纹样的轮廓与细节,还鼓励读者进行创意涂色,形成一幅新的填色画。

C.新文化运动元素。新文化运动纪念馆馆区藏有大量新文化运动时期代表人物的手迹和相关文物,以及当时书刊的重要版本。此系列产品提取了新文化运动时期代表人物、名人手迹、《新青年》杂志等元素,针对青年学生群体采取色彩鲜明活泼的设计风格,针对成人观众采取保留历史特征的设计思路。

值得关注的是,2017年北京鲁博首次尝试与社会企业合作开发文创产品。在"五四青年节"与"国际博物馆日"期间,北京鲁博联合社会企业策划了一场主题为"新文化、新美学、新生活"的展览体验式营销活动,由北京鲁博提供文化资源、平台及专家,企业负责活动运营及产品的设计与开发。此次主题活动以展览的形式将藏品、历史知识、互动项目、实体文创产品串联起来,是有益的尝试。

(3) 营销渠道

北京鲁博在两个馆区均设有实体店铺,从 2016 年全面加强文创工作后,实体店的营业额实现大幅度增长。虽然北京鲁博的客流量在各大博物馆中不算大,实体店装潢简易,售卖人员专业水平参差不齐,传统记账方式亟待升级,但设置实体店铺便于游客在参观结束后购买文创产品,在宣传鲁迅文化上产生了不错的效果。2018 年末,北京鲁博与中原传媒集团合作,在鲁迅故居馆址内开设鲁迅书店,集图书、餐饮、文创销售于一身,成为北京鲁博文创销售的新阵地。

与实体店经营蒸蒸日上相比,北京鲁博暂时还没有在淘宝、天猫、京东和微店等线上平台开展经营。官网上"文创产品"一栏中只有产品图片和联系方式,没有各产品的详细说明和购买链接;微信公众号有"创意鲁博"分栏,但仅有产品图片,不能直接线上交易。

目前,北京鲁博文创事业发展迅速,但呈现出开发产品投入大、线上销售较弱的特点。其文创产品走平价路线,容易吸引更多热爱鲁迅文化的消费者。从增强销售力度来看,如今物联网发达,开设线上商店应当成为北京鲁博文创事业发展的当务之急。此外,对销售人员需要加强专业培训,让他们能主动讲好产品背后的故事,推广鲁迅文化,满足消费者的深层次需求。

(三) 商品经济发达区域的文创产业发展情况——以温州、杭州为例

1. 温州市文化创意产业发展

温州为东瓯国故地、南宋"永嘉学派"的诞生地。温州亦是百工之乡,"温商"遍布海内外。这些都是温州文化产业发展的基石,也决定了温州文化产业发展的特点。正如永嘉学派提出的"事功"思想,温州人自古以来都主张经世致用、通商惠工,如今发展文化产业也注重实用性,创意与生活密切结合的项目更加受到当地人欢迎。

(1) 温州市图书馆

温州市图书馆系国家地市级一级图书馆,建筑面积 32000 平方米,藏书规模 300 万册,与科技馆、博物馆、大剧院连成一片环绕在市行政中心大楼周围,是温州市标志性建筑之一。温州市图书馆每天 8:30—20:20 开放(周五上午闭馆),日均接待读者达 8000 人次。

2017 年 8 月,调研组主要考察了温州市图书馆古籍地方文献部及社会教育

部。其中，古籍地方文献部主要功能为提供相关类型书籍的典藏和流通，而社会教育部主要负责读者活动、社会教育、公益培训、展览展示等活动。社会教育部有6名工作人员，分别负责讲座、展览、媒体等工作。据该部工作人员介绍，温州市图书馆正在改建展览厅，面积约为500平方米。该部门并无专人负责文创产品开发，图书馆衍生品均系配合展览活动推出，多为免费发放，种类也主要是笔记本、书签、钢笔等与图书馆功能相关的文具类产品。设计则交由生产厂家简单印制商标，并未进行专门设计。可以说，温州市图书馆在文创产品开发上尚未起步。

值得一提的是，由温州市图书馆牵头在全市建立的24小时"城市书房"，是颇受市民欢迎的文化场所。目前，温州已有17个24小时免费开放的"城市书房"，温州市民凭市民卡或借阅卡，即可免费进入书房阅读。书房无人值守，通借通还。此外，"城市书房"也在探索新的合作模式。东瓯智库分馆就是目前唯一一家市图书馆与企业合作的范例：东瓯智库创意产业园提供160多平方米的场地及装修服务，市图书馆负责图书供给。这种合作模式结合了双方的优势，满足了市民的文化需求，未来可以以此为契机进行文创产品开发、文化体验等文化消费活动，是潜在的优质文化创意产业发展机遇。

（2）温州博物馆

温州博物馆是一所综合性地方博物馆，分为历史馆、工艺馆、自然馆和临展馆四大区域，展区总面积约为12000平方米。开放时间为每日9:00至17:00（16:00停止入馆，周一闭馆）。

温州博物馆一层设有一处商品售卖摊位，面积约为40平方米。据了解，此处并非温州博物馆官方文创售卖点，而是由私人承包的工艺品及文化用品摊位，主要出售具有温州特色的手工艺品及其他商品，如茶具、绣品、手表以及少量文化产品与展览图录等。

（3）温州市非物质文化遗产馆

温州市非物质文化遗产馆于2012年12月正式对外开放，总面积8000平方米，设有11个县（市、区）分展厅、3个专题馆、百工一条街、互动区等展示区域，共展出150多项、上千件温州"非遗"展品。

温州市非物质文化遗产馆本身并未设置文创产品展示或售卖区域，但其所在建筑同时是温州文化商品市场。该市场一层为文体文具城，二层为温州茶城，主要经营范围包括办公文具、商务礼品、体育用品、工艺产品、花卉茶叶、旅游商品等。其商业形态为个体小商品市场，所售商品价格低廉、质量一般。考察期间,该区域正在进行施工改造,门可罗雀。据悉,由于经营效益不佳,很多商户相继撤出,未来发展前景尚不明朗。

(4)东瓯智库("黎明92"文化创意产业集聚区)

东瓯智库("黎明92"文化创意产业集聚区)位于原温州打火机生产基地(黎明工业区,1992年兴建),是由废弃的厂房经过改造而成的创意产业集聚区。截至2017年8月,入驻企业已达35家,年营业额达25259万元,形成了品牌企划、平面设计、动漫制作、创意设计、广告策划、电子商务、文化会展、时尚生活等文化创意产业链。

其中"心工场"文创集成综合体为街区内地标性建筑,共分为三层,一层为特色餐饮区,二层为创意时尚生活空间,三层为创意设计工作坊。入驻"心工场"的大多为原创设计师品牌,展示和售卖相结合,是温州一处时尚的艺术体验地,代表了温州文化创意产业的前沿水平。

(5)浙江创意园

浙江创意园于2009年11月正式开园,系由原温州冶金机械制造厂的部分厂房改造而成。该园毗邻温州高校区,整合了温州日报报业集团和浙江工贸职业技术学院两大平台优势(双方共同出资850万元成立浙江创意园文化传播有限公司),尝试走出一条交流、设计、产品、科研各方面相结合的创业之路。园区内入驻的42家文化创意类企业,涵盖品牌策划、动漫制作、商业摄影、影视传媒、平面设计、艺术品展示与发布等方面。

考察期间,园区内正在举办"第三届工贸创意市集(创客文化节)暨学院路文化创意街区艺术巡礼活动"。参与展示的均为温州大学生团体,所售大多为自主创作的创意商品。园区内还设有浙江文化创意学院,多方面多渠道开展各类培训、学术合作交流等活动。浙江创意园不仅是温州创意产业的集聚地,更是未来创意人才的孵化器,很具发展潜力和活力。

(6)"米房cei"创意街区

"米房cei"即温州话"面粉厂"的谐音,系由原温州市面粉厂改造而成。创意街区总投资1.5亿元,占地面积2万平方米,集艺术、时尚、餐饮、娱乐、运动于一体。目前,"米房cei"园区内已有十余家商家入驻,其中大部分为餐饮类,也有少量文化品牌入驻,是温州最新潮的餐饮、文化综合消费场所。

总体来说,目前温州的文化创意产业仍处于起步阶段,博物馆、图书馆等公立文化机构尚未建立起具有产业化特征的文创部门或公司,创意产业园区也多以餐饮、购物为主进行开发,尚有较大的提升空间。

2.杭州市文创产品开发

(1)浙江图书馆

浙江图书馆创办于1900年,前身为杭州藏书楼,以曙光路新馆为总馆,另有孤山路、大学路馆舍和湖州市南浔嘉业堂藏书楼。建筑总面积4.7万平方米,在全省各地设有6个分馆、27个流通站。浙江图书馆现有藏书逾421万册,古籍珍藏丰富,地方文献齐全,馆藏珍品首推文澜阁《四库全书》。接待读者平均每天5000人次,双休日高达8000人次,最高达13000人次,发放各类借阅证10多万张。

2017年6月,我们调研的是曙光路总馆和孤山路古籍部。因服务对象不同,总馆读者流量相对较大。出乎意料的是,在馆区参观过程中,未见文创产品或文创产品商店,大厅右侧较醒目的位置是提供教育培训活动咨询的区域。古籍部、咨询台以及展厅的工作人员对文创相关问题并不十分了解。

然而在两个月后的8月北京国际书展的文创展区,浙江图书馆展出了以芸香草为原料制作的香囊(图4)和文澜阁《四库全书》笔记本(图5)。经询问,是浙江省政府发文要求文博机构大力发展文创,浙江图书馆和宁波市图书馆都成为第一批试点单位,香囊和笔记本便是第一批文创产品。这与国家图书馆防虫香囊和《四库全书》系列笔记本的设计不谋而合,市场售价也几乎一致。对比来看,国图在产品质量上把关较严格,但在产品包装设计上还需提升。

图4 浙江图书馆的香囊　　图5 浙江图书馆的《四库全书》笔记本

(2)浙江省博物馆

浙江省博物馆新馆占地面积2万多平方米,建筑面积7360平方米,分为孤山馆区、武林馆区、黄宾虹纪念室等七个区域。

我们走访的是位于西湖边上的孤山馆区,该馆区主要由主楼、西湖美术馆和文澜阁组成。主楼主要展出陶器和漆器,分三层,每层都有3D触摸板,可全方位观看展品。西湖美术馆主要展示一些书画作品。此外,博物馆主楼和西湖美术馆每年会不定时举行不同的临时展览(观览者多为西湖风景区游客)。或许是囿于位置狭小,在浙江省博物馆内未见文创产品实体商店,工作人员也表示不清楚。另检索淘宝、微店等电商平台,也未发现其产品在售。

同浙江图书馆类似,浙江省博物馆文创同是两个月之后直线向上发展。例如,为配合2017年8月的"盛世天子——清高宗乾隆皇帝特展",浙江省博物馆特别开发了百余款文创产品,并在特展展厅门口的文创商店内出售。10月10日,由浙江省文物局指导、浙江省博物馆主办、浙江省各有关博物馆商店自愿加盟组成的行业战略联合体"浙江省文澜阁博物馆商店联盟"在浙江省博物馆孤山馆区成立。目前已建立"文澜阁"文创品牌,为联盟商店提供统一标识,并入驻省内有场地条件的博物馆,以形成连锁的文创商店平台。丰富的文化资源和人才,再加上统一销售平台的搭建,预示着浙江省博物馆即将强势进军文创市场。

(3)杭州博物馆

杭州博物馆前身为杭州历史博物馆,坐落于西湖风景名胜区吴山,与吴山广场和河坊街历史文化街区相邻,占地面积2.4万平方米,建筑面积1.3万平方米,展区面积7000平方米。

杭州博物馆馆藏文物逾万件,涵盖了陶瓷、书画、玉石、印章、钱币、邮票等各类文物。2012年起,杭州博物馆每年的观众参观流量逾百万人次。

杭州博物馆门口有文创展柜,陈列的都是价格在200元以上的中高端产品,如瓷器等,然而我们走访期间未见相关工作人员,未能了解更多详情。

(4)三个国家级专题性博物馆

中国刀剪剑博物馆、中国伞博物馆(图6)、中国扇博物馆这三个博物馆由杭州市政府出资建设,馆址均位于浙江省杭州市拱宸桥桥西历史文化街区,西临小河路,东至桥西直街,南至通源里,北接同和里。博物馆功能定位主要为宣传和弘扬我国悠久的精湛技艺,保护和发掘传统手工艺,同时兼顾展示和收藏的职能。去时正值杭州雨季,游客较少。

这些博物馆利用现代传媒技术宣传传统工艺,非常有特色。如中国伞博物馆以白墙灰瓦为主色调,有虚拟雨景、小水雾等作为渲染。中国扇博物馆内有明清扇街,设立了玻璃视觉解说系统,站在展示折扇的陈列橱窗

图6 中国刀剪剑博物馆、中国伞博物馆

前,玻璃面受到感应,会投影出相应的解说词。博物馆还有机器人解说,传感器检测到有人路过时,就会有打扮像扇店工作人员的机器人来招呼。

在这些博物馆旁边,另有一个工艺美术博物馆手工艺活态展示馆。该馆由杭州第一棉纺厂2、3号厂房改建而成,现属省级文物保护单位,是浙江省最大的手工体验基地。其作为前述三大博物馆的活态展示区,以剪刀、油纸伞、丝绸、扇子等传统手工艺的制作与销售为主,与现代艺术相结合,对于保护与传播中国特色传统工艺,尤其是非物质文化遗产工艺有着重要意义。

馆内一层划分为手工体验区与工艺品展示区。手工体验区提供了油纸伞制作、陶艺彩绘、布艺挑染、丝绸手绘、剪纸、织布、手绣等36种国家级非物质文化遗产手工体验项目,老少皆宜。工艺品展示区则对应手工体验区,陈列了相关手工艺产品,供游客选购。此种体验互动与展示售卖相结合的方式值得我们思考、借鉴。另据观察,上海博物馆的部分文创产品也在此零售,价格适宜,产品有笔记本、书签等,制作较精美。

(5)西泠印象(武林体验店)

西泠印社,创立于清光绪三十年(1904),坐落于孤山南麓,南至白堤,西近西泠桥,北临里西湖。作为百年老字号品牌,西泠印社专业从事各类篆刻、书画创作、文物艺术收藏与研究,是中国传统文化的重要符号。

我们此次走访的是位于杭州武林广场的西泠印象体验店。为了适应市场年轻化、时尚化的趋势,西泠印社开始更多地考虑年轻人对艺术品的审美需求,给传统文化注入艺术创新元素,创立了子品牌"西泠印象"。"西泠印象"被定位为"中国文化创意礼品专家",礼品类型包括新概念印章系列、情感礼品系列、城市礼品系列、企业礼品系列等。他们发挥优势,以印章为元素进行各种形式的再创造,设计出品类较多的文创产品,且在产品包装上重视设计成礼品样式。这都值得我们学习。

杭州自古以来文化气息浓厚,经济发达,是文创产业发展的沃土。据悉,"十二五"期间,杭州文创产业增加值年均增速高于全市GDP年均增速7.74%。根据杭州市文创产业发展"十三五"规划,到2020年,文创产业增加值占GDP比重达26%左右,经济效益将十分可观。但囿于我们走访对象均为杭州市内文博机构,这些机构的文创产业起步相对较晚,故而不如预期般收获满满。我们试图从以下几个角度对此次杭州之行进行总结:

从布局上,杭州文创积极打造环西湖文创产业圈、运河文创产业带等特色产业聚集区。以聚集区为单位,充分开发提取产业元素,进行产品再创作。围绕

"创意生活",将文创开发融入人们日常生活当中,以走访的几家文创店为参考,大多数产品都是一个元素一用到底,从吃、穿、用进行多角度、多形式、多次开发设计。这样做的优势是可以充分利用元素,保证了产品的多样化,也扩大了顾客的选择范围。

从产品设计上,值得借鉴的是其精致的包装设计。包装设计在文创产品开发中占有重要地位,但也容易被忽略。好的包装不一定要多么华丽,但一定要注重细节,例如西湖周边文创店中插画帆布包的包装就很巧妙,将帆布包卷放在袋子里,并设计产品说明小卡片,方便顾客了解产品信息,既便捷又不失美观。

从产品形式上,杭州的文创开发不仅表现在市场化层面,还体现在精神化层面。杭州作为"工艺和民间艺术之都",将民间艺术也融入文创产业发展当中,做各种特色小镇、产业聚集区等。这种互动性强的文创活动,不仅增加了文创开发的趣味,吸引顾客了解文创产业,更将文化进行了正能量的推广与传播,是文创发展中不可忽略的力量。

相信在浙江省政府和杭州市政府的大力支持与引导下,这些文博机构的文创事业在不久的将来即会迎来质的提升。我们也要积极吸收其优势,寻求机会进行合作,互相进步。

二、国家图书馆古籍馆的文创产品开发工作

(一)古籍馆文创工作概况

国图古籍馆在1998年善本部时代就已经开始开展文创的尝试,初期只是制作一些适于馆际交流的伴手礼;2006年"文明的守望"开展后,古籍文创又围绕展览进行纪念品开发,类型更加丰富。截至2018年底,古籍馆文创开发推广主要通过两个渠道:一是IP授权,将馆藏资源中的一部分授权给出版社、文化公司设计制作经营,签署正式合同,产出书籍或产品由出版社或文化公司经销,部分产品或通过代销方式实行共同销售。这种方式在文创收入中占比较大,并随着目前方针政策的提倡,呈现较好的增长态势。二是自创自营,由部门统筹,经典文化推广组负责设计制作产品。在充分把握馆藏资源的基础上,近年来古籍馆也积极吸纳设计和营销人才,试图打造专业文创团队。销售为展、销结合,主要辐射专业读者、观展群众和文艺爱好者。这种方式重在追求社会效益最大化,让古籍文创更好地进入大众视野,宣扬古籍文化。

早期文创产品种类集中在书籍、展览图录、高仿或影印古籍、邮品等产品,更关注权威性和收藏价值,如《资治通鉴》手稿高仿件。2016年文创团队初具规模

后,逐渐在产品转型升级上发力。这类文创产品不是对古籍的简单复制,而是提取古籍中的传统元素进行创意设计,使其更适应当代普通人的审美和需求。为了响应国家关于文创产业发展的号召,古籍馆对文创工作也做了一些调整,具体如下:

1. 资金模式

资金多来自有合作关系的社会企业,主要模式有:(1)社会企业、出版社申请IP授权,古籍馆获得版权费;(2)社会企业自行设计与制作,部分产品交由古籍馆代销,古籍馆获得销售利润;(3)由社会企业出资,古籍馆文创团队设计,古籍馆独家经营,利润分成;(4)企业或单位定制,利润部分以实物或资金方式返回。

2. 工作团队建设

总负责:部主任牵头,对文创内容、进度统筹、经费进行规划并最终决策。

专人负责:在经典文化推广组专设文创岗1人,直接负责文创产品的相关工作,尤其是线上店铺经营管理和代销对接。

团队配合:古籍馆相关文史专业人员配合。

组长:2位,负责"设范立制",包括安排合理的工作流程、细化微店经营管理方案、规范化馆外单位代销合作协议、定期管理订单和财务,同时对文创工作的任务分解、进度安排、人员调配进行管理。

组长助理:1位,负责微店财务管理。

其他数字化岗位配合:7位,负责承担部分文创方案、文创销售、公众号等新媒体管理以及营销文章撰写等。

"文津街七号"的软文对文创产品的推广非常重要,主笔的多为年轻人,他们通过撰文提高了对藏品的认知,业务水平得到提升。经过一年多的磨合,现在已经初步形成了相对稳定的工作团队、业务流程和工作规范。

3. 发售渠道

(1)馆区发售:部门办公室、国图文创产品商店、"文津讲坛"讲座、稽古厅展览。

(2)馆外发售:随展会销售、为兄弟图书馆等单位组织产品。

(3)网上发售:微店平台。

(4)实体店合作:东方华韵文创店、布衣书局、全民畅读书店、中华书局伯鸿书店等。

(5)团队定制。

4. 法务

明确的法律保障,尤其是知识产权、美术著作权方面,能够保障文创工作者的权益,鼓励创作积极性。为此,在2016年,调研同行机构的文创相关法务工作建设,成为第一步工作。通过走访国家博物馆、故宫博物院,咨询专利局相关工作人员、律师,当面请教部分设计师等途径,最终确定以申请"文津街七号"古籍元素文创产品注册商标与部分新研发作品申请美术著作权二者相结合的法务保障方式。

此外,所有与馆外机构合作的文创产品销售等相关工作,均在咨询馆律师后开展。

5. 品牌建设

结合古籍馆地理坐标"文津街七号",以此重点打造古籍元素为核心设计的文创产品品牌,包括注册商标、Logo设计,以及各渠道宣传;注重品牌质量建设与多元设计,增强用户体验与品牌认知,从而有效提升品牌影响力,扩大古籍文创的影响。

目前,"文津街七号"Logo已经申请美术著作权;以打造四大专藏之一《四库全书》品牌(纪晓岚、四库色、四部分类法、四库七部等IP)为重点,继续设计研发新的形象,提升"纪晓岚"的形象竞争力,这批设计作品也已申请美术著作权。

通过参加中国图书馆学会组织的"创客大赛",培养设计人才,增加古籍文创知名度。在文创产品开发方面,古籍馆在图书馆界起步较早,取得了一定的经验,但随着文创大潮的来临,也具有很大的提升空间。首先,文创产品可开发的层次可以再进一步细分,除高端和快速消费产品,还可适当进行中端产品的开发。这类产品应具备较高的审美水平和产品质量,更加凸显购买者消费"文化"的意义。其次,文创开发的广度亦可拓宽,目前仍以书籍周边产品为主,实用的、接近生活的文创产品需要尽快设计开发。

(二)古籍馆文创产品主要类型

截至2018年底,古籍馆文创已经形成了以古籍元素为核心,品类多样的文创产品,可销售产品400余种,线上销售200余种。以"古籍中的故事,生活中的体验"为旨,我们将这些产品汇总为如下主题:

(1)让记忆与古籍相伴——笔记本系列。

(2)让文化在人群中流动——帆布包、文具、T恤、围裙、胸针、钥匙链等。

(3)让办公变得更加有趣——文房产品、和纸胶带、文件夹、变色杯、工艺扇等。

(4) 让书中的文化漂流到世界的每个角落——藏书票、邮品系列。

(5) 认识古籍——留真、古籍装帧教具、DIY 线装本等。

(6) 让传统文化装饰空间,美化生活——贴在墙上的古籍(画芯)、杯垫等。

(7) 汲古润今——原来经典离我们很近(复制古籍)、抄书系列、描红系列等。

(8) 原来古籍这样有趣——我们的讲座和讲座文集。

(9) 这里是北京(我们居住的城市)——北京主题系列文创。

这些商品按照产品属性,又大体可分为五大类:

(1) 古籍馆原创文创产品。是指根据国图馆藏元素,由古籍馆文创团队自主设计的文化创意产品,主要有各题材笔记本、铅笔、信笺、和纸胶带、文房四宝、明信片、背包、古建筑拼插件、藏书票、文件夹、贺卡、邮折、杯子和钥匙链等。这类产品讲求文化创意和设计感,贴近生活,价格较亲民,多为 10~200 元,主要面对年轻消费群体。

2017 年推出的西夏文帆布包(图 7)、"印·光阴"周历簿,以及 2018 年推出的系列抄书套装、"行走的书房"便携式文房套装(图 8)等都是古籍馆的明星产品。值得一提的是,以国图馆藏文津阁《四库全书》为蓝本,古籍馆文创团队设计开发了高仿样书、随身笔记本、手包、系列和纸胶带、抄书套装、铅笔等各种周边产品,形成了与博物馆文创截然不同的特点鲜明的古籍图书周边产品。这些产品都随着"走近《四库全书》"巡展走进全国高校,深受学生和学者喜爱。

图 7　西夏文帆布包　　图 8　"行走的书房"便携式文房套装

(2) 精品古籍高仿。是指根据馆藏古籍,与合作单位联合推出的高仿复制的一系列产品,有舆图、金石碑帖、敦煌写本(图 9)、卷轴和线装古籍等,着眼在收藏和研究价值,主要面向包括图书馆、古籍收藏与爱好者们在内的高需求客户。

这类产品对制作工艺要求高,价格也相对较高,顾客在没有看到实物的情况下很难产生购买欲望,产生实际购买的场合都是图书馆年会或其他展销会。线上店铺主要起宣传作用。

(3)画芯、留真和年画等中端产品。此类大多以彩绘书画作品或图像为素材制作(图10),价格较亲民,销量较好。

图9 敦煌写本《心经》高仿件

2016年以来,国图古籍馆每年年末推出福筒、福袋(内含年画、对联和红包等产品),通过全古籍馆员工的大力宣传,采取薄利多销的形式,使得"文津街七号"在馆外也获得一定关注度,网店浏览量大增。但筒装画芯、年画等纸质产品对包装和运输要求高。

图10 《明容与堂水浒版画集萃》

(4)书籍图录系列产品。包括配合古籍类展览出版的展览图录、古籍专业相关著作、"文津讲坛"与"中国典籍与文化"等讲座的文集等。其中《文津演讲录》(图11)、《冀淑英古籍善本十五讲》和《国家图书馆名家藏书辑印》等书销量较可观。这些书价格多为50元以内,又与国图古籍馆密切相关。《文津演讲录》和《中国典籍与文化》在讲座现场展销情况较好。展览

图11 《文津演讲录》

图录虽然价值很高,但价格也不低,几乎无人问津。眼下当当、京东、孔夫子旧书网等电商在进行书籍营销时都大打价格牌,我们的书籍图录原价出售几乎没有任何优势。

(5)团体定制及合作开发产品。经过一年多的努力经营,"文津街七号"品牌原创产品得到了更多消费者的肯定,因此承接了多项团体定制原创产品,如财通证券有限公司定制春节福筒及芥子园笔记本,VESTAS公司定制台历等。

古籍馆经典文化推广组2017年共准备文创产品设计方案43项,共推出16项(含3项委托定制),在文创产品的研发和监制方面还有很大的空间。截至

2018年10月,该组准备文创产品设计方案19项,重点推出以典籍书写和书写用具为主线的系列文创,关注书与人的互动,推出了以"行走的书房"中国传统文房套装为代表的系列文创产品,受到了用户的热烈欢迎。

(三)古籍文创市场分析(问卷调查)[①]

1.问卷调查与结果

该项调查由国图古籍馆发起,旨在针对当今文博机构的文化创意产品的设计和营销情况,向公众广泛征求反馈意见,并借此对古籍馆文创品牌"文津街七号"提供改进意见。开放调查时间为2017年3月10日,截止时间为2017年4月17日,回收有效问卷共计103份。

2.反馈情况

参与者概况:参与调查者以中青年居多,女性所占比例较高。

职业分布:职业占较大比例的依次为事业单位员工、学生和企业员工,这也是图书馆等文博机构服务的主体人群。其中文化教育行业的居多。

月薪:参与调查者的月薪水平集中在5000~10000元,而他们能够接受的文创产品价位大约在50~500元这个区间。

最受欢迎文创产品类:最受调查者欢迎的文创产品依次为文具办公类、装饰摆设类、家居日用类和馈赠收藏类产品。促使他们购买文创产品的因素是设计美观的外形、精良的做工以及丰富的文化内涵。

文创产品存在的问题:质量存在瑕疵、形式单一刻板、设计单调乏味是受调查者普遍反映的文创产品存在的缺陷,另外许多人还反映文博机构文创产品价格设置偏贵,性价比不高。

对国图文创产品认知程度:对于销售和宣传,网络线上销售和实体店线下销售旗鼓相当,也有许多参与调查者建议在便利店设置专柜、建立体验店等。值得注意的是,许多人都提出了国图文创产品的宣传力度不够这一问题。

3.建议改进和发展方向

第一,适当调整市场定位。现今"文津街七号"的文创产品面向的群体大多是中高收入阶层,产品多为小批量定制的收藏品,价格偏高,使得许多普通企事业员工和学生望而却步,从而丧失了一批潜在客户。今后可以增加设计一些价格低廉、方便实用的文创产品,比如卡包、零钱包、钥匙扣等,这些产品开模后可大批量制作,瑕疵率和成本均较低,而且容易受大众欢迎。通过这些物美价廉的

---

① 市场调查问卷由实习生刘清尘在文创小组的指导下设计完成。

产品先招揽一批顾客,增加品牌知名度,之后中高端产品的推广才会相对顺利。

第二,改进设计理念。原先单纯照搬素材的设计理念,要转变为更注重素材的特征元素提取和再设计。比如,可以在提取画谱中的图案后,进行抽象和组合,设计成花纹繁复的丝巾等。产品的形式可以更贴近潮流。近几年,日本的手账及相关产品在文艺青年中十分流行,可以借此良机设计推广手账本、台历、和纸胶带、贴纸、笔类等相关产品。另外,产品形式也不应拘泥于办公文具,可以向家居日用品、装饰品等方面拓展,比如用《芥子园画谱》中图案设计的餐垫、桌旗等。

第三,增加销售渠道。古籍馆"文津街七号"的产品销售方式主要为微店和孔夫子旧书网的线上销售,线下在国图的文创商店和阅览室有少量寄售。这些销售平台相对隐蔽,受众较少。而且调查显示受调查者参观博物馆的频率并不高,因此在实体店铺购买的机会不多。综上,可以考虑首先发展线上销售,如在淘宝注册店铺并进行认证;线下在国图文创商店寄售的同时,可以在北京各高校的商店中尝试租借货架进行销售。日后在品牌有一定知名度、资金充足的情况下,可以扩大租借场地销售,或采取线下体验、线上交易的方式。

第四,加大宣传力度。问卷调查中普遍反映"文津街七号"品牌宣传力度欠佳,这也是全国各文博机构文创产品推广的通病——所在博物馆官网无任何相关信息,若非实地到访,或由熟人推荐,则根本无从得知产品信息。针对这种情况,首先应考虑与国图网站进行联动,借此平台推介"文津街七号"的品牌。其次在人手足够的情况下,可考虑注册微博公众号,进行知识科普、展览宣传和产品推广。同时可与"文博圈""考古大师姐"等文博相关公众号合作,借助相关平台进行产品推介。

第五,扩大文创销售平台服务范围。现如今博物馆、图书馆服务的多元化已成趋势。大英博物馆等国际知名文博机构的网上商店,不仅提供产品销售,而且还有门票预订、有偿邮寄、积分优惠、私人定制等丰富的服务内容。因此建议在"文津街七号"的平台上,对展览、"文津讲坛"讲座、音乐会、体验教学等国图的文化活动定期进行宣传,同时尝试提供参观、讲座、体验教学等文化活动的票务服务。对于文创产品,向中高端客户开放私人定制服务,以满足顾客的各种需求。

(四)不同销售渠道的收益报告

在古籍文创完成设计制作、推向市场的过程中,我们观察到不同渠道销售均各有特点,按照上文不同发售渠道分析如下:

1. 馆区发售

依托国图主体,馆区发售有部门办公室、国图文创产品商店、"文津讲坛"讲座和在稽古厅举办的不定期展览等几个途径,相关市场分析如下表:

表1 馆区发售情况

编号	销售渠道	消费群体	用户特点	热销文创产品类型	效果
1	古籍馆部门办公室	馆内员工	对产品内涵把握较好	各类高仿	流水最高
2	国图文创产品商店	读者	消费欲望不够强	文具等实用型产品	介绍相对薄弱,营销效果一般
3	"文津讲坛"讲座	讲座听众	多为中老年读者,现金支付者多	讲座相关书籍	观众热衷买书,对文创产品兴趣较小
4	不定期展览	相关爱好者	文化层次较高	实用型和纪念型文创产品	辐射目标消费群体最广

一方面,国图作为国家总书库,每天吸引大量读者前往。这些文创销售渠道,不仅能满足读者对讲座文集、背包文具等实用型文创产品的需求,也能打开古籍与传统文化宣传的另一扇窗户。另一方面,图书馆的整体定位导致读者对图书馆文创产品的消费欲望不大,给图书馆带来的经济效益不够显著。

2. 馆外发售

自2016年安徽铜陵图书馆年会至2018年全球INS大会"好好工作节",古籍馆文创团队先后参与了近十次馆外展会推广工作,其中较为典型的有历届图书馆年会和北京国际图书博览会(以下简称"BIBF书展"),不仅增强了同行交流,也扩大了古籍文创的知名度。以铜陵图书馆年会销售情况为例,此次交易额4万元,其中,销售额最高的为高端定位的高仿古籍及空间装饰品,销售件数最多的为创意类文具及文创笔记本,古籍留真和甲骨文钥匙链销量之高,也出乎我们的意料,这与在馆区出售的情况相比,非常不同。

这类展会往往需要在前期进行精心筹备,现场对产品进行介绍,以便取得较好的宣传效果。与馆区文创发售相比,其辐射范围更广,距离目标消费群体更近。因篇幅所限,各馆外展会推广特点暂不详述,参见表2所列:

表2 馆外发售情况

编号	销售渠道	消费群体	用户特点	热销文创产品类型	效果
1	图书馆年会	以兄弟单位为主	用以补充自己的馆藏	高仿古籍	流水较高
2	BIBF书展	文艺爱好者	文化层次较高	200元以下的文创	面向目标群体推广效果最佳
3	文博会	文博爱好者	对产品设计和内涵要求高	同上	同上
4	"好好工作节"	时尚爱好者	年轻有活力	定制产品	企业采购产生订单,现场零售效果不佳

3.网上发售

为解除顾客无法亲临销售现场的烦恼,2016年4月,古籍馆"文津街七号"在微店和孔夫子旧书网同步上线。截至2018年底,在不到两年的时间里,古籍馆文创线上运营取得了跨越式的发展。产品宣传至关重要,线上店铺上架后,文创团队还通过微信公众号、微博、头条号等多个平台对产品进行推广。通过小小的手机屏幕,消费者即能对该产品的文化内涵、设计理念、规格材质等有所了解。顾客在微店购买商品时,有疑问均可咨询客服。下单后,我们也会尽量将产品包装得更美观、结实,确保产品能安全送到顾客手中。

线上店铺在为顾客选购提供便利的同时,也为古籍馆文创吸引了大批流量。截至2018年底,微店收藏量达5000人,店铺等级为四钻,总流水近30万元(不含企业订单)。

西夏文帆布包和"行走的书房"便携式文房套装是微店当之无愧的爆款,销售数量可观,并得到顾客不少好评。微店的主要消费群体是20~45岁的中青年群体,受教育程度普遍较高,其中又以女性消费者为主,消费重点在200元以下的快速消费商品。这类产品是潮流所趋,能较快打入市场,在为微店带来流量的同时,也能让顾客在浏览过程中了解到"文津街七号"还有其他产品,或可成为精品高仿等文创产品的潜在客户。

4.实体店合作

目前,古籍馆已与永新华韵体验店、布衣书局、全民畅读书店和中华书局伯鸿书店等展开代销合作,其中以永新华韵体验店和全民畅读书店最为典型。

永新华韵体验店位于北京前门旅游区,装修环境注重文创体验,陈列方式类似博物馆,因而"体验"和"宣传"的效果较好。但囿于游客众多,古籍文创解读相对难度较大,销售额不高。与其相反,全民畅读书店的代销情况则比较可观,该书店的读者定位与古籍文创的目标消费群体相对一致,短短一月,补货三次。

5.团队定制

自2017年承接VESTAS公司定制台历以来,古籍馆文创团队凭借过硬的设计理念和制作工艺把关,接连承接了多项来自企业或团体的定制订单。

这类合作的特点是前期设计制作磨合时间较长,后期一次性交货,最终成交货款较高,客户黏着性较强。有些团体还多次寻找定制合作机会。

(五)"文津街七号"微信公众号文章推送与宣传效果分析

作为古籍馆业务工作和文创产品对接读者的新媒体平台之一,古籍馆"文津街七号"微信公众号自2016年4月4日试运营。从当日推送第一篇古籍文创故事开始,截至2018年1月15日,公众号共发布各类文稿300篇。两年多的时间里,公众号借助展览、展会、"文津讲坛"讲座等渠道进行现场宣传,通过朋友圈转发推向更多的用户。为做到"专业而有趣""实时而不杂乱",公众号保持周更一文的频率,宣传效果日渐凸显,文章送达人数、图文阅读人数、分享人数都有较大幅度的提升,对古籍业务工作交流和文创产品的宣传都发挥了重要的作用。

1.数据统计

2017年12月,"文津街七号"公众号对文章推送效果做了统计。从数据来看,推文中图文阅读人数最多的是2017年5月31日的一篇悼文《深切悼念黄明信先生》,其阅读人数达8799人。其次是2017年4月20日发布的展览通告《"传承与保护——山西寺观艺术暨文献展"即将开幕》,阅读人数为3691人。第三为古籍知识类的文创故事《永乐攻略》,阅读人数为3242人。其中文创故事阅读人数变化最为剧烈,从2016年4月4日首篇《〈四库全书〉里的风月事》阅读人数为235人,到最后一篇《朕的盛世,就要文脉一统、满汉一家》阅读人数为2472人。

如果以送达人数100为一个统计拐点,可以发现,前三个季度人数增长的拐点都在"讲文献"类型的文创故事中。

第3篇《泗州爱情故事》送达104人,图文阅读人数213人;第13篇《司马光的朋友圈》送达204人,但令人惊喜的是图文阅读人数高达902人;第22篇《如果你和我一起从西四走到东四》送达301人,但图文阅读人数高达1875人。前三季度60篇推文中,只有第59篇为文创产品广告信息,夹在《最炫异域风》和《一部古籍的逆袭》两篇文创故事之间,送达555人(表3)。

表 3 "文津街七号"2016 年 4—9 月文章统计

发布序号	文章标题	类型	发布时间	送达人数	图文阅读人数
3	泗州爱情故事	讲文献	2016-4-16	104	213
13	司马光的朋友圈	讲文献	2016-5-14	204	902
22	如果你和我一起从西四走到东四	讲文献	2016-6-5	301	1875
35	说说《四库全书》的"四"(上)	讲文献	2016-7-8	404	489
36	说说《四库全书》的"四"(下)	讲文献	2016-7-10	408	306
48	最炫异域风	讲文献	2016-8-12	500	281
59	庆十一,限时优惠!	打广告	2016-9-29	555	24
60	一部古籍的逆袭	讲文献	2016-9-29	555	1231

2016 年第四季度,公众号推文 15 篇,送达率持续增加,公众号内容也日益丰富,除文创故事类型外,讲座预告信息也颇受读者欢迎。第 67 篇《闻良言如沐春风——文曲星们的劝学簿》讲述的是"文津讲坛"纪念笔记本文创产品的来历,将送达人数提高到 722 人。第 70 篇《2016 年 12 月"文津讲坛"讲座》将送达人数直接增加到 940 人,跳过 800 人大关。最后一篇《难忘的福建舆图作业》既与业务相关,又推送了文创产品《福建舆图》高仿件,将送达人数提升至 1007 人(表 4)。

表 4 "文津街七号"2016 年 10—12 月文章统计

发布序号	文章标题	类型	发布时间	送达人数	图文阅读人数
61	古人藏书避蠹之法——芸香	讲文献	2016-10-13	616	271
67	闻良言如沐春风——文曲星们的劝学簿	讲文献	2016-11-8	722	290
70	2016 年 12 月"文津讲坛"讲座	宣讲座	2016-11-24	940	289
75	难忘的福建舆图作业	讲文献	2016-12-30	1007	289

2017 年第一季度与 2016 年相似,推送的 23 篇文章中,送达人数的 100 人增长拐点,仍然集中在文创故事栏目(表 5)。

表5 "文津街七号"2017年1—3月文章统计

发布序号	文章标题	类型	发布时间	送达人数	图文阅读人数
80	芥子园中纳须弥,十二楼上一笠翁	讲文献	2017-1-26	1142	294
90	看了命运的底册也难成人生赢家	讲文献	2017-3-3	1207	335
97	聊聊我们最熟悉的十二属相	讲文献	2017-3-24	1321	399

第二季度由于展览、讲座和文献交叉推送,尤其是借助4—5月展览期间对公众号的宣传,推文的送达人数在4月增长217人,5月突破2000人大关。截至6月23日,推文送达人数突破2200人(表6)。

表6 "文津街七号"2017年4—6月文章统计

发布序号	文章标题	类型	发布时间	送达人数	图文阅读人数
100	中国传统建筑拼插文具之牌楼	打广告	2017-4-1	1400	193
106	世界读书日的正确打开方式——书单	讲文献	2017-4-22	1527	654
107	山西寺观艺术暨文献展背后的故事	展览公告	2017-4-24	1540	1972
109	山西寺观壁画——跨文化的视觉档案	展览公告	2017-4-26	1617	622
116	"中国典籍与文化"系列讲座2017年5月预告	宣讲座	2017-5-4	1709	463
121	帘卷薰风夏日长 应接风光赖有诗——"文津讲坛"月度撷英	讲座回顾	2017-5-12	1800	199
125	山西寺观艺术暨文献展导览活动直播	展览公告	2017-5-18	1901	192
129	山西寺观艺术暨文献展讲解服务回顾	展览公告	2017-5-24	2012	177
135	"文津讲坛"2017年6月讲座安排	宣讲座	2017-6-1	2117	202
141	颤抖吧,妖怪!——四神瓦当	讲文献	2017-6-16	2195	647
143	从甲骨到名人手稿——一场穿越千年的对话(上)	讲文献	2017-6-23	2203	383

通过一年多的推广宣传和粉丝积累,至第三季度,全部 29 篇推文(包括纯粹介绍文创设计缘由、产品形式和用途等内容的文章),送达人数都保持在 2000 人以上,如 8 月 18 日《专属你的光阴印记——"印·光阴"周历簿的设计缘起》和 8 月 24 日《古籍装帧、修复教具使用说明》(表 7)。

表 7 "文津街七号"2017 年 7—9 月文章统计

发布序号	文章标题	类型	发布时间	送达人数	图文阅读人数
145	从甲骨到名人手稿——一场穿越千年的对话(下)	讲文献	2017-7-1	2213	135
155	古典的声音——"文津讲坛"2017 年 7 月讲座撷英	讲座回顾	2017-8-4	2313	92
159	专属你的光阴印记——"印·光阴"周历簿的设计缘起	打广告	2017-8-18	2403	546
162	古籍装帧、修复教具使用说明	打广告	2017-8-24	2447	415
163	国家图书馆"文津讲坛"2017 年 9 月讲座安排	宣讲座	2017-8-31	2510	311
173	搞事情,我们是认真的!	打广告	2017-9-22	2550	583

2017 年第四季度,推送的 25 篇文章保持送达人数持续增长,并且送达人数短期内有较大增幅。如 12 月 22 日发布的《四库故事——少年天才起河间》,推送 5 日,送达人数已达 2704 人(表 8)。

表 8 "文津街七号"2017 年 11—12 月文章统计

发布序号	文章标题	类型	发布时间	送达人数	图文阅读人数
182	(有人@你)我有一份礼物要送给你	打广告	2017-11-4	2606	812
197	一部佳作的诞生——明"金山本"《茶经》的幕后团队和逸事	讲文献	2017-12-16	2697	306
198	四库故事——少年天才起河间	讲文献	2017-12-22	2704	410

2018 年伊始,以"观四库 抄经典"国家图书馆 2018 年元旦读者活动及"看《永乐大典》 迎戊戌新年"永乐大典展为契机,公众号开展了相关古籍知识系列推文。公众号送达人数一跃突破 3000 人大关,并持续快速增长(表 9)。

表9 "文津街七号"2018年1—3月文章统计

发布序号	文章标题	类型	发布时间	送达人数	图文阅读人数
202	"观四库 抄经典"国家图书馆2018年元旦读者活动	展览公告	2018-1-5	2778	266
209	《四库全书》中《永乐大典》辑本目录(含存目)	讲文献	2018-2-1	2835	309
210	看《永乐大典》 迎戊戌新年	展览公告	2018-2-2	2840	2879
211	"天才儿童"解学士的苦与乐——聊聊《永乐大典》总纂修解缙的故事	讲文献	2018-2-5	2873	550
212	2018年1月"文津讲坛"讲座月度撷英	讲座回顾	2018-2-6	2907	153
213	做个合格的"抄书匠"——手把手教你抄《永乐大典》	讲文献	2018-2-7	2920	1162
214	《永乐大典》抄书叶简介	展览公告	2018-2-7	2920	712
215	原来你失踪的蛙儿子正在这里看展览	展览公告	2018-2-7	2920	696
216	国家图书馆《永乐大典》收藏史话	讲文献	2018-2-8	2991	558
217	大典的诞生——《永乐大典》编修缘起	讲文献	2018-2-9	3003	545
218	《永乐大典》在明朝的微信朋友圈	讲文献	2018-2-11	3040	593
219	内阁首辅与黑衣宰相:《永乐大典》的两位主编	讲文献	2018-2-13	3098	343
220	谁偷了朕的《永乐大典》——说说《大典》是怎样遗失的	讲文献	2018-2-15	3170	179
221	贺图《戊戌吉祥》	其他	2018-2-15	3170	629
222	如果皇上也用搜索引擎——《永乐大典》真的是一部百科全书吗?	讲文献	2018-2-17	3201	465
223	终于等到你,还好我没放弃——藏在《永乐大典》中失而复得的书籍	讲文献	2018-2-19	3213	556
224	汉庭顿图书馆观书记	讲文献	2018-2-21	3231	1029

(续表)

发布序号	文章标题	类型	发布时间	送达人数	图文阅读人数
225	《永乐大典》国内影印出版情况	讲文献	2018-2-23	3241	213
226	彩蛋答案请戳这里	展览公告	2018-2-24	3244	62
227	震惊！对这部书，他曾经做过这样的事情——鲁迅与《永乐大典》的故事	讲文献	2018-2-24	3244	308
228	《大典》寻踪——袁同礼与存世《永乐大典》的查考	讲文献	2018-2-26	3256	176
229	久客思归——《永乐大典》"湖"字册重回海内	讲文献	2018-2-28	3282	379
236	词与创作人：你喜欢哪种风格？	讲文献	2018-3-17	3341	261
230	灵芸针线绝 名书好手装——回忆《永乐大典》的修复工作	讲文献	2018-3-2	3303	236
231	《永乐大典》修复始末	讲文献	2018-3-2	3303	646
232	永乐大典展圆满闭幕 恭祝诸君上元"有鱼"	其他	2018-3-2	3303	244

公众号送达人数4000人拐点在2018年8月北京国际图书博览会期间突破（表10），公众号粉丝数量增加速度较此前有明显提升。

表10 "文津街七号"2018年8月文章送达率破4000篇数统计

发布序号	文章标题	类型	发布时间	送达人数	图文阅读人数
276	脉脉此情书诉	讲文献	2018-8-17	3968	429
277	情之所拓	打广告	2018-8-22	4003	712
278	我们在BIBF等你	展览公告	2018-8-22	4003	736

2018年6—10月，"讲文献"类型的文创故事软文都表现出较好的阅读数据，多篇文章阅读人数接近或超过送达人数的一半，如《古籍里的土味情话》《永乐攻略》《朕的盛世，就要文脉一统、满汉一家》等（表11）。"文津街七号"公众号在加入国图微传播矩阵中后，有多篇"讲文献"类型的文章授权给国图官方微信公众号进行转载，得到了更多人的关注和认可。

表 11 "文津街七号"2018 年 6—10 月文章统计

发布序号	文章标题	类型	发布时间	送达人数	图文阅读人数
260	纪晓岚的布衣之交	讲文献	2018-6-8	3844	597
261	古诗词里的端午	讲文献	2018-6-16	3836	772
262	《论语集说》——国家图书馆藏宋淳祐六年湖州頯官刻本	讲文献	2018-6-16	3836	193
265	《史记》中关于蹴鞠的记载	讲文献	2018-6-25	3841	177
266	古籍里的土味情话	讲文献	2018-6-29	3848	1907
267	古文也拦不住的少女心	讲文献	2018-7-6	3887	1134
270	是几时,孟光接了梁鸿案	讲文献	2018-7-27	3932	492
273	郑振铎与《十竹斋笺谱》	讲文献	2018-8-4	3953	235
275	郑振铎先生藏《酣酣斋酒牌》说略	讲文献	2018-8-12	3963	194
276	脉脉此情书诉	讲文献	2018-8-17	3968	429
279	《四库全书》编纂前传之《文津阁四库全书样本》	讲文献	2018-8-25	4045	417
285	《十竹斋书画谱》与《十竹斋笺谱》	讲文献	2018-9-8	4126	188
287	一位唐朝的麻辣教师	讲文献	2018-9-10	4160	438
288	小话镇纸	讲文献	2018-9-15	4165	746
289	诗人乾隆皇帝的中秋节	讲文献	2018-9-23	4178	396
290	壕,我所欲也;雅,亦我所欲也。二者可以兼得	讲文献	2018-9-23	4178	104
291	永乐攻略	讲文献	2018-9-27	4188	3242
293	Happy Birthday to Confucius——说一说宋刻本《四书章句集注》	讲文献	2018-9-28	4228	328
294	震惊!《永乐大典》也曾惨遭退货?!	讲文献	2018-9-29	4241	389
295	药食同源之"果品争奇"	讲文献	2018-9-30	4241	154
296	朕的盛世,就要文脉一统、满汉一家	讲文献	2018-10-8	4265	2472

2.数据分析

通过上述数据可以发现,首先,文章的内容对增加粉丝人数有至关重要的影响。作为讲述古籍文创故事的重要平台,"文津街七号"广受关注的主体内容仍是"讲文献",而这类文章中,恰如其分的标题无疑更是锦上添花。

其次,一些实时消息,因为涉及的人物或事件的社会关注度高,其及时推送对文章的送达人数也有非常大的影响。例如《深切悼念黄明信先生》,由于黄先生是藏学界泰斗,深受学人景仰,且公众号推送及时,因而送达人数和阅读人数都非常高。而"山西寺观艺术暨文献展",因为内容跨艺术与文献,对美术界、文献学界、史学界等都有较大的吸引力,公众号连续推出展览前后的相关内容,引起公众的持续关注。并且,从这个展览开始,公众号尝试推出直播服务,更加提升了内容的时效性,受到公众的欢迎。

第三,内容优质的文创产品广告同样受到读者喜欢。通过后台的用户留言,我们看到,有些读者特别喜欢这类的广告,例如对西夏文帆布包的设计和解读,让用户通过一个实用品了解了古老的西夏文字,满足了用户的求知体验。再如有些读者非常喜欢"印·光阴"周历簿的设计,评价其为"有温度的文创产品"。因此,具有专业知识、用户体验关注以及得体的照片,都是用户喜欢这类文章的基本要素。

第四,微信要符合古籍元素文创的服务定位。微信朋友圈转发的文章,吸引的必然是志趣相同的用户。正是考虑到这一点,古籍文创作为小众服务,也是在古籍爱好者之间传播,进而扩展到对古籍和传统文化有兴趣的用户中间。这种基于中心向外围辐射的影响力,能够使相关文章的传播更加直接和有效,提升推送的精准度。

第五,将古籍业务和文创研发相结合,将讲座、展览等社会教育活动与学界交流等多种活动相结合,能够使"文津街七号"推送的文章保持专业可靠、内容集中、类型多元、风格不拘的特色,保证长久的生命力。

(六)存在问题与未来工作计划

1.问题

(1)市场不规范,需要防盗版。

(2)缺少跨界的设计人员(全面掌握传统文化、新技术、艺术设计的跨界人才,最重要的是对内容的了解)。

(3)没有专门的推送平台。国图推出统一的网上发售宣传门户,各部门可用。

(4)需要更多的经费支持,以开发新的产品。

(5)各部门的主观能动性有待加强,需要建立激励机制。

(6)报批环节过多,难以适应瞬息万变的市场和商机。

2.未来计划

有明确的计划和工作导向,才能够更合理地分流不同岗位工作,更有效地发挥人才与业务特长密切结合的优势。因此,对于是否要引进设计和营销人才,是否要着意发展对外合作,是否要扩大驻馆实体经营,等等,都应提前做好相关规划。

重点需要开展以下内容:

(1)人才引进

目前,文创工作还是主要靠兼职方式来"集团作战",时间上和业务上都不足以与其他机构抗衡。若要有更大进展,目前亟待引进设计人才、营销人才。而随着线上、线下店铺的增加,客服人员也需要考虑增加。

(2)营销信息渠道继续拓宽

目前,古籍馆的新媒体渠道包括微信公众号"文津街七号"、"头条号·文津街七号"、"经典文化推广"的官方微博、豆瓣小站、孔夫子旧书网等,多限于自媒体。

未来,可考虑全面拓宽、打通既有信息渠道。例如在《文化报》《北京晚报》《北京青年报》《中国美术》等纸媒继续加大宣传,以增加用户关注。

(3)继续考虑参加文创产品产销会

通过与市场接触,一方面扩大古籍文创的宣传,另一方面深入研究受众群体心理和销售办法,对未来新设计文创产品可以更加合理地规划。

(4)继续增加实体文创销售途径

未来除了对公的实体代销,对个体法人是否提供代销,可以纳入考虑。

(5)组织宣讲古籍文创工作,向古籍数字文创方向发展

如何将既有成果转化为讲座、微课等古籍数字文创产品,值得继续考虑。目前,我们已经开始与爱迪科森教育科技有限公司合作,包装讲座资源对外发售。

(6)完善高仿古籍的监制制度,以保护版权

目前,高端用户对高仿古籍的需求与实际购买有一个犹豫点,即我们限量制作的古籍并没有相应的"限量"说明或官方"监制"声明,乃至收藏证书等。为了实现收藏品的增值,这个问题应该引起重视并加以解决。可对每一批次高仿古籍的监制和收藏情况建立登记制度,在部门办公室备案。

三、分析与总结

(一)关于古籍文创产品市场需求的分析

1.特别顾客类型分析

购买古籍文创产品的顾客有公家也有私人,有学者也有儿童,他们的需求肯定是不同的,他们对文创的关注点也非常不同。就古籍馆文创产品的设计和销售来看,顾客的主要类型有如下几种比较值得重视:

(1)地方图书馆对文献的补藏需要

地方图书馆普遍有补充自己馆藏的需求。从他们对于高仿古籍的热衷来看,我们觉得,具有补充地方馆藏作用的特定品种的高仿古籍,在市场开拓上很有发展的空间。

(2)地方群众对国图文创产品的需求

在地方举行的展会售卖中,地方群众对国家馆的文创产品往往有比较浓厚的兴趣。一方面是因为国家馆的文创产品质量比较好,另一方面则是出于对国家馆藏品及文创产品的"文化权威性"的天然信任。

(3)发达地区青少年教育对古籍文创产品的需求

国学培训机构也是购买的主力之一,文具类和古籍 DIY 产品比较受到这类顾客的青睐。由此可见,青少年教育领域是古籍文创产品的潜在市场。即使是在北京、上海这种发达地区,青少年教辅中的国学内容也是水平较低的,我们完全有能力推出内容质量更好的产品。

(4)社会热点对古籍文创产品的需求

书法热、国学热、影视热这些社会热点随时都在更新群众头脑中对传统文化关注点的信息。每当有热点出来时,相关的文创产品就会成为热销品。对于制作周期较短的产品,应该适度关注社会热点并及时推出适当的产品。其次,一些传统的节日及消费节日,如春节、元宵、清明、端午、七夕、中秋,以及西方的情人节、感恩节、万圣节、圣诞节,都会促发热销产品的产生,应该早做准备。

(5)海外对古籍文创产品的需求

虽然立足中国传统文化的古籍文创产品在海外属于非常边缘的文化消费类型,但是就我们现在的销售情况看,外籍华人也是一个消费群体。可以说,古籍文创产品的海外市场还是有的,但是怎么打开,还需要高层的力量去推进。

2.古籍文创产品市场定位分析

（1）古籍馆文创产品应当坚持"雅趣"的路线

雅趣，必须是雅正之上的有趣。我们不能为了有趣，就庸俗化、媚俗化，否则我们就失去了立身之本，只能和别的竞争者在设计、价位以及营销上去激烈竞争，而这些方面，不得不说，是我们古籍馆的短板。但是，如果我们坚持"雅正"，坚持文创的深度文化内涵和高质量的文化推介，那么我们就占有了有利的地势，可以以己之长搏人之短。高仿品和高品质空间装饰品的热销，充分证明立足正统文化的"雅趣"是有着极大的市场的。

（2）实用、精致、美观的低端文创产品是文创快速消费品的无冕之王

从文创文具的热销来看，物廉价美的实用型文创产品是最受欢迎的。虽然它的销售额并不惊人，但是利润还是不错的。此类文创产品市场需求量大，覆盖面广，男女老幼都愿意购买。当然，我们在细节上也要改进，比如销售一空的书包，很多人反映部分产品胶印的效果比较差，有的拉链容易脱落，有的帆布包没有内袋，很不方便，甚至有人抱怨一个包上公主的头像印歪了。"细节精致""功能优化"是我们需要在下一步改进的重点方向。

（3）"工匠精神"是古籍文创产品的生命，永远要放在第一位

质量是文创产品的第一生命。既然我们是国家馆，我们的产品就应该有质感、有品质。有质感，才能让人产生买的欲望；有品质，才能吸引回头客。比如高仿本《孝经》的选纸、印墨、装帧都远远优于其他书籍，所以，即使它售价999元，而且一分钱也不打折，也很快售罄。反观别的高仿古籍，一打开就有一股刺鼻的味道，显然是用胶和用墨都不好的缘故，定价在500~700元，打七折也少有人问津。现在，出版社也好，文化公司也好，都想在高仿古籍这个领域分一杯羹。如果我们做的和他们一样，那么我们还有什么发展的空间？一定要精益求精，以"工匠精神"去要求我们的高仿品才行。

（4）让人们亲眼看见，亲手摸到，才可能激发他们的购买欲望

文创产品，特别是高端的文创产品，一定要"走出去"，给公众提供直接面对、直接感受的机会，才可能促进成交量。因为网络照片和实物相比毕竟是有差距的。虽然我们极力推广微店，但是人们仍然只相信他们看见的、摸到的。他们宁可带走只有一件的展品，也不想在微店上下单。这就是我们的展会现场销售交易额单日就可以破万，而微店同期却只有数千元的原因。

（5）现有文创体系缺乏定价合理的中低端产品

定价为100~200元的这个价位，可以算作中低端产品。这个价位的文创产

品种类匮乏。我们需要调整产品设计,在这个价位多做文章。从调查问卷和销售情况来看,这个价位是普通消费者消费的上限,所以必须做到品质和创意兼顾,用低廉的价格造就高端的视觉或者触觉效果。简单地说,就是把高端的古籍产品,用性价比较高的方式制作出一些低配版;或者把低端的产品提高质量,制作出一批精品版。如此,这个价位的空白就可以填补,也可以满足一些中端消费者的需求。

(6)视觉艺术的中低端产品更容易销售

古籍版画、老照片、地图、年画、金石拓本这类藏品的文创产品价格一般在200元以内,较受市场欢迎。产品的成本固然是决定价格的重要因素,但是其市场受欢迎程度也应当成为其定价的标准之一。目前,市场更欢迎视觉类的文创产品,因为理解及感受这类产品的文化意义并不需要多少文史类知识,只要稍稍具备审美情趣就可以了。我们应该从馆藏之中找出更多的视觉类素材加以开发利用。

(7)精美的设计很重要

设计的美观、实用是直观的,设计对用户体验的多方面关注则比较隐性。隐性,不等于没有。我们的产品要走得更远,就必须在设计上下功夫,在设计人才培养上下功夫。

(二)关于营销模式的分析

1.互联网背景下的销售模式

(1)互联网的销售优势

A.互联网渠道能有效地克服实体渠道成本高、受时间空间限制、口碑营销功能差的劣势。无论在馆内还是馆外开实体店,都需要一定的场地,在馆外开店需支付高昂的租金、水电费用,而在馆内开店也需考虑店面经济成本。此外,开实体店需配备一定的管理人员与销售人员,这无疑也增加了成本。依托互联网,开设虚拟市场,可减少场地成本,人工调配更加方便,可以减少管理与服务人员,增加经营利润。

B.互联网口碑营销功能最强。在实体渠道,优质产品也能通过顾客的口耳相传获得口碑营销效应,但其只能发生在熟人圈子,传播范围有限,速度慢。信息时代,在网络论坛、微信、微博等社交圈内进行古籍文创产品的分享所形成的口碑营销效应,成本低,速度快,效率高,范围广。

C.互联网渠道有较强的用户黏性。互联网快捷、高效、超越时空的特性,将整个人类的生产和生活都纳入其范畴,人们对其产生了强烈的依赖感。在网络购物领域,网上店铺已遍地开花,与之相配套的支付体系与配送渠道也日益完善,网上购物逐渐成为人们日常消费的主流模式。古籍文创事业要利用互联网消费极具用户黏性的特点,以高质量的古籍文创产品吸引回头客,加强用户对本馆古籍文创产品的忠诚度。

(2)互联网销售模式

A.网上直营店

网上直营店,便于管理,也便于维护自己的知识产权。目前淘宝、微店等大型电商平台提供了很好的机会。同时,也可以依托孔夫子旧书网、当当网等专业书籍营销电商平台进行销售,以保证古籍文创产品的曝光率。

B.配置网络宣传,推广网上销售

积极利用各种网络新媒体如微信、微博、新闻平台等推广文创产品。推广定位以文化推广为主,按时按量更新有质量保证和品位保证的内容,固定一部分受众,并持续发布文创产品的相关信息。在此基础上,固化受众心中的品牌形象。

2.线下实体店

(1)实体店的销售优势

A.便于整体策划,确定主题

实体店往往有固定的客流人群,他们具有明显的偏好。这有利于文创产品的精准投放。在设计体验产品及体验项目上都可以从消费者需求出发,通盘考虑,整体规划。

B.在体验中能充分体现出消费者的参与互动性

线上营销与实体店营销的最大区别点就是消费者的参与互动性,体验成功的关键就是充分调动起消费者的积极性与热情,让消费者能够参与其中,亲临感受,获得不一样的购物体验。在设计体验活动时,一定要考虑到消费者不是被动地接受信息,而是要设法吸引他们。

C.利用多种手段打造最佳的消费空间

实体店应及时捕捉和掌握消费者的真正需求,利用多种手段为顾客提供定向的设计,实现并营造难忘的购物体验。因此,实体店应运用多种手段,在产品特色、空间设计、背景音乐、商品陈设等方面营造最佳效果,带给消费者不同的心理感受,促发他们的消费欲望。

(2)实体店的"坐下来"与"走出去"

现实决定了我们的直营实体店只能在本馆进行建设,那么空间肯定是有限的。但是作为文创产品的研发基地和官方对外窗口,我们的实体店应当具有鲜明的品牌色彩和文化定位。我们应当"坐下来",扎扎实实地把自有的直营实体店打造成古籍文创销售空间的样本。目前我们可以从如下几个方面设计空间:

第一,以展代销的展陈模式。由于古籍文创是商品与艺术品的结合,出于对传统文化的推广目的,以展览的方式揭示文创产品的文化内涵是很重要的一部分。这部分知识产权的实现,主要依靠展览的方式引导观众或顾客进入文化语境。

第二,保证体验空间。浸入式的体验,其实是实体店的一个重要手段。古籍文创产品在实体空间中共同形成了一个文化空间,很多顾客的消费需求是对空间本身的消费。这部分顾客的需求必须引起我们的重视。

第三,互动活动促生文创的产与销。实体店提供的空间也可以保证各种主题的活动得以开展。对于需求不明确的顾客,我们应当帮助他发现需求,从而提供文创产品服务。这种对需求的发掘,在线上不太好实现,但是组织一次线下活动,就可以精准地探知。所以,无论是文创产品的生产还是销售,都不是无源之水,应该在既有实体空间的各种活动当中发掘机会。

实体店还可以"走出去"。目前我们发现至少有三种实体商业对古籍文创产品有固定需求:一是大型公立图书馆内设的纪念品商店;二是各种大型书店内设的文创产品柜台;三是大中城市的文创产品商业街,以北京南锣鼓巷、什刹海商圈以及上海新天地、田子坊等为代表。古籍文创可以针对不同实体商业的需求,与他们展开代销合作。这不但可以节省推广文创产品的成本,而且可以在全国范围内打通文创产品的销售渠道。

通过上述调研,我们认为古籍元素文创产品的开发,在以下方面值得注意:

第一,古籍元素挖掘根本上属于文献内容的研究和提炼,因此必须扎根于可靠的专业研究,保证元素解读的准确性,以及由此而形成的客户认知和体验。

第二,专业设计人员和营销管理人员的培养,是时代之需,应在政策支持和激励机制等方面加以保障。尤其是知识产权保护方面,只有对原创设计加以有效管理和保护,才能留住人才,长远发展。

第三,优质的产品质量是品牌口碑形成的基础,而品牌的影响力需要持续的投入。经过一年多的积累,"文津街七号"国图古籍元素文创已经形成了一定的客户基础,未来应在资金投入、人力保障等方面加以扶植,支持参加不同类型、不同地区的展览展销会,以扩大品牌影响与交流,同时增加与优质厂商合作的机会。

第四,团结全馆力量,将宣传、销售与研发部门的关系做好协调和同步,避免同样产品不同价格、消息彼此闭塞的情况,形成切实有效的合力,共同打造国图古籍元素的文创品牌。

第五,从现在开始要考虑品牌问题和维权问题。要有效避免市场恶意抢注我们的品牌,以及各种各样故意侵犯知识产权的行为。

(赵大莹、曹菁菁、孟化,国家图书馆副研究馆员;朱默迪、朱婷婷,国家图书馆馆员;孟月,国家图书馆工作人员)

收束与发端

——刘家真著《古籍保护原理与方法》平议

An Enlightening Summary and Generalization: A Review on Liu Jiazheng's *Conservation Methods and Principles for Ancient Chinese Books*

凌一鸣

摘 要：刘家真著《古籍保护原理与方法》是国家古籍保护中心规划出版的古籍保护系列教材之一，目的是用于古籍保护及纸质文物保护的教学与工作实践。该书全面论述了纸质文献损坏的原因，并针对这些原因制定了不同藏品的保管与维护方案。该书以对技术原理的分析和评价为主要特色，通过大量的图表及案例，力图建立最为优化的古籍保护技术体系。古籍保护相关研究近年取得了一系列成果，《古籍保护原理与方法》的问世既从技术角度对以往研究进行了总结与收束，也给相关从业者提供了科学依据与思路启发。

关键词：《古籍保护原理与方法》；书评；古籍保护人才培养

《古籍保护原理与方法》是武汉大学教授刘家真撰写的一部有关古籍保护工作的教材，也是其多年研究的提炼与总结。该书的编纂是在国家对古籍保护事业日益重视的背景下展开的，是国家古籍保护中心规划出版的古籍保护系列教材成果之一。该书对以往的古籍保护方法做了系统的总结，并从科学角度对其原理和效用进行了评估，可以说是对此前古籍保护技术相关研究的收束。同时，该书又试图甄选与制定更为合理的古籍保护方案，建立更加科学的古籍保护体系，也可以说是古籍保护研究新理路的发端。

一、背景与目的

国家及相关部门对古籍保护工作的关注和相关项目的推进，是《古籍保护原理与方法》编纂的国家因素。近年来,国家对古籍保护事业日益重视,并从国家层面对古籍保护工作与古籍保护人才培养做出了指导,推动了相关实践和研究的进展。2007年1月29日发布的《国务院办公厅关于进一步加强古籍保护工作的意见》(国办发〔2007〕6号),标志着"中华古籍保护计划"正式启动。这意味着我国首次由政府主导、在全国范围展开的古籍抢救工程付诸行动,是我国古籍保护事业发展史上的里程碑。此后十余年间,古籍保护事业在国家推动下取得了一系列成果,其中之一即古籍保护人才培养工作的进展。为了解决古籍保护人才匮乏问题,建立人才培养长效机制,完善古籍保护学科体系,国家古籍保护中心规划了古籍保护系列教材的编纂与出版,延请各相关领域的一流专家主持撰写工作。《古籍保护原理与方法》就是在这种背景下产生的,正如作者在与人合撰的论文中所论说:"'十一五'期间我国古籍保护工作虽已取得了一定的成就,但其可持续发展还面临着一些障碍。……我国古籍保护工作应由外延式发展走向内涵式建设。为实现这一目标,本文建议:启动古籍保护事业的顶层设计;制定保护措施与财政优先支持政策;制定规划古籍再生性保护的格式变换策略;总结经验、分析问题、凝练知识;降低古籍保护中的风险,让有限的资金发挥更大的效益。"[1] 刘著对古籍保护方法的论述正是服务于这一意旨,是从属于整体规划之下的一项研究。

作者对古籍保护相关领域深厚的积淀是《古籍保护原理与方法》编纂的个人因素。该书作者刘家真系武汉大学信息管理学院、政治与公共管理学院教授,多年来一直致力于传统文献保护和电子文献管理的研究。她曾受国家教育委员会委托主编了我国第一部文献保护学教材《文献保护学》[2],该书作为高校图书馆学、档案学、情报学等专业的文科教材得到广泛使用。该书分上、下两编,每编五章,上编为文献保护学基础知识,下编为应用技术。该书已经涉及古籍保护学的基本理论、纸质文献耐久性、保存文献的环境条件、危害文献载体的有害生物、危害文献生物的防治、温湿度的调节与空气的净化、纸质文献的修复以及水火灾后文献的抢救等与古籍保护工作相关的内容。但由于其还属于相关领域的开拓之作,许多原理的分析与结论的提出未能得到充分展开,缺乏足够的案例支持与验证。此外,该书在实践层面更侧重于抢救性保护而非预防。因此,《文献保护学》既是作者撰写《古籍保护原理与方法》的基础,也是作者在此后进一步完善与突破自己研究的动力。

古籍保护工作中存在的问题,是《古籍保护原理与方法》编纂的现实因素。在很多人甚至相关从业人员的认知中,古籍保护工作是一种经验性工作,是从长期具体的实践中总结出来的。这一观念认可了古籍保护研究极强的操作性和实验性,但是却反映出古籍保护工作对于原理阐述与分析的欠缺,堕入"知其然而不知其所以然,知其此时然而不知其彼时然否"的怪圈。与原理同样欠缺的,还有对于先进技术的及时引进与理性分析。目前业界对于不断发展中的先进技术,有的处于认知相对滞后的状态,有的则表现为一味地盲从,这都是对技术不甚了解造成的,能够从古籍保护角度理解先进技术才是将其付诸实践的前提。此外,古籍保护工作是一项渊源久远的工作,许多观念从古代的藏书家传承到现代的古籍收藏单位已经相对陈旧,这也要求从业者在理念上进行自我更新与超越,对传统观念进行反思,正如刘家真指出的,古籍保护亟待"从传统中走出"[3]。

基于上述因素,作为教材的《古籍保护原理与方法》,其编纂是为古籍保护人才培养服务的,它致力于"培养古籍保护人才、普及古籍保护知识以及提升古籍保护能力"[4]1,也就是说兼顾指导性、普及性和实践性。具体而言,就是要做到"理论联系实际、科学系统;能全面地反映该领域的先进理念,针对性强、适用性广;可读性、实用性较强,便于公众阅读,促进古籍保护的知识在全社会传播"[4]1。这既是"中华古籍保护计划"对于古籍保护教材的要求,也是古籍保护工作本身发展的需要。为实现目标,该书不仅运用了物理、化学、生物等学科的理论与方法展开论述,还使用了106幅图、122个表与139个相关案例,以期使读者更为直观地了解与理解此书的内容。

需要注意的是,与前著《文献保护学》相比,刘氏此书特别把文献修复从正文内容中排除,她强调此书主要针对"适宜古籍保存环境的选择及调控、虫霉防治以及天灾人祸的应对与抢救方法"进行论述,"古籍修复不在本书的既定范围之内"[4]1。这样的设计,在一定程度上提高了此书的针对性,避免内容过泛过杂。

二、构架与内容

作为一部以古籍保护为专题的著作,《古籍保护原理与方法》较全面地论述了纸质藏品损坏的原因,特别针对古代纸张与古代墨迹材料变质的原因进行了剖析,为保护古籍方法的选择进行铺垫。在对古籍保护方法的分析与评估上,刘著既有针对不同藏品的不同保管方式、维护措施的论述,也有保护技术原理及其技术评价的阐述,更注重对这些技术选择原理的论说。其最终目的,是在对现有古籍保护方法进行梳理、分析、评估的基础上,建立更具科学依据和实用性、可行性的古籍保护技术体系。

全书共六章,每章前有概要、关键词与导言。

第一章"古籍载体的耐久性及保护路径"分三节：古籍载体的损坏、保护古籍的基本策略、古籍的装具。

对保护对象本身特性的了解，是对其进行针对性保护的基础与前提，因此刘著首先对此展开介绍。在首章各节，作者根据古籍文献载体（主要是纸张）和书写材料（中国古墨、墨水、天然矿物质颜料、纯金属颜料、天然植物色料、动物色料、血经等字迹色料）的特性，对古籍载体损坏状况、类型、程度展开分析，在此基础上对保护古籍的基本策略进行了界定与划分。值得注意的是，刘著对于装具给予了充分重视，不仅探讨了装具的类型、特点、原材料、结构与工艺，还为装具配置制定了一套基本原则，并明确指出，在任何环境下，"将大量古籍裸放在书架上都是不可取的"（第61页）。这为实际工作中尚无统一标准的装具配置与使用提供了参考。

该书的第二、三、四、五、六各章针对光、温湿度、生物侵害、空气污染、突发性灾害等可能影响古籍保护条件与环境的因素分别展开讨论。

第二章"光的利用与限制"分四节：光对材质的破坏、藏品的光环境、光源的特点、减少藏品光损的基本措施。

光对古籍的危害又称"光损"，主要沿两种渠道进行：光的化学效应和光的热效应。作者通过对案例的选择罗列与科学分析，认为光损对古籍的破坏程度与书籍的总曝光量、光的波长、光的强度、光照时间以及藏品对光的敏感度有关。基于此，作者针对上述各要素做了一系列实验与统计，以期设计最有利于古籍保护又便于利用古籍的光环境，力求实现兼顾波长、照度、眩光、色温以及显色性等各方面条件的最优化。为达到此目的，刘著从最易于调控的电光源角度入手，通过将其与自然光进行对比，展现电光源特点，制定应对方法。

第三章"温度与相对湿度的调控"分三节：温湿度对藏品长期保存的影响、适宜藏品保存的环境温度与相对湿度、环境温湿度的调控。

温湿度对古籍保藏的影响，已经日益受到收藏单位和从业人员的重视，但是对其进行原理分析、系统解说乃至原则拟定的研究目前还付之阙如。刘著在介绍温湿度对藏书保存影响的同时，强调了温湿度测量在操作层面需要注意的基本要求以及如何利用与分析测量数据。这是确定与衡量温湿度环境是否适宜的前提，也是作者所重点讨论的"藏品保存场所环境温湿度的调控手段"展开的依据。该书首次把对不同空调系统特点及适用范围分析引入古籍保护领域，针对空调系统运行中影响恒温恒湿效果实现的各个因素，进行了一系列实验分析，解析了某些操作疏失出现的原因，并制定了解决方案。

第四章"生物侵害与防治"分三节：虫霉的危害、虫霉的预防、去霉消毒与杀虫。

虫患与鼠害是古籍生物侵害乃至所有威胁中最易为人注意的种类，古人即常常困扰于蠹鱼之灾并采取了各种各样的防范措施。作者通过图表展示了霉菌、虫患、鼠害对古书触目惊心的伤害，指出了解虫霉的生存条件是防治虫霉的前提，并列举了危害古书的几种昆虫。值得注意的是，刘著的论述并非停留在技术操作层面，在引介技术手段的同时也论述了这些手段能够展开的理论基础——综合虫害管理（IPM）思想，阐述了应对霉菌和害虫这两大"古籍杀手"应采用的综合管理策略和实施方法。尤为可贵的是，刘著运用物理、化学、生物科学原理对传统古籍保藏采用的各种方法进行了一次系统评价，这恰是古籍保护领域相对匮乏的内容。该书制作了"我国古代驱虫杀虫法"（表4-11，第188页）和"传统防虫环境下的生虫统计"（表4-12，第189页）两个表格，前者使用检索文献和实践调查编成，后者通过几组实验结果统计编成，这样直观的方式使得各种传统驱虫方法的效用一目了然，也弥补了传统除虫方式缺乏科学统一评价的缺憾，适应了古籍保护从经验科学到实验科学发展的趋势。此章还对现今较为常用的除霉和杀虫方法进行了评价，包括熏蒸法、冷冻杀虫、气调杀虫、微波杀虫、辐射杀虫、远红外线辐射杀虫等。稍显遗憾的是，刘著虽然已经分析了各种方法的优缺点，但并未在此基础上提出如何按需应变、因地制宜地使用这些手段，从而实现最为有效地杀虫和除霉。

第五章"空气污染与防治"分四节：空气污染源、空气污染物对藏品的危害、保存场所空气污染物的防与治、空气净化技术及特点。

空气污染是传统古籍保护中相对被忽视的一种危害方式。作者认为，"只要是某一种物质在空气中存在的量、性质及时间足够对人类或其他生物、财物产生影响者，就可以称其为空气污染物"（第219页）。对于空气污染物这种比较隐性的损害因素来说，刘著特别用大量篇幅论证了古籍保存场所内污染物的来源及其对藏品的危害。作者采用分类说明的方式，对每种气态污染物和微粒物质对藏品的危害进行了介绍，并缕述了国内外保藏单位的空气质量标准。作者从污染发生的前、后两个阶段出发，介绍了如何在污染发生前控制污染物进入保藏区域，在污染发生后又如何降低其危害，由此引出国内外净化空气的手段，并分析了这些技术手段的原理、应用对象以及是否适用于古籍保护。

第六章"灾害的应对"分四节：灾害及其对藏品的破坏、灾害的预防与危害的控制、灾害袭来的紧急应对、浸水馆藏的稳定与恢复。

相对于第二至五章提及的各种危害因素,有些灾害的发生具有突发性,对于古籍保藏的破坏也更为直接与明显。刘著从各类灾害中选择了火灾、水灾和地震这三种破坏力最大、后果最为严重的类型分别展开论述,向非相关领域研究者介绍了这些灾害的成因以及它们对古籍可能造成的损坏。作者认为灾害对古籍造成的损坏不仅体现在灾害过程中,还可能表现在抢救过程中所造成的二次伤害,进而从预防和抢救两个方面进行探讨,首先介绍了灾害预防方案的制定及一些特殊藏品所应采用的高级别防护措施,之后重点针对水火灾害,介绍防火、灭火和防水、避水的各种方法。考虑到灾害的突发性和某些情况下的不可避免性,灾后的抢救同样是不可小觑的问题。该章的最后一节即针对浸水馆藏,论述了如何对其进行稳定与干燥,以最大限度降低灾害对古籍的损坏。

三、拓展与探讨

如前所述,《古籍保护原理与方法》具有科学性、指导性、全面性、前沿性的特点,对实践工作的展开、人才培养的进行、学科理论的构建,都有着显而易见的重要效用。但是,要准确评价其对古籍保护学科发展的影响和意义,还需对学术史做一简单的回溯。

古籍保护被分为原生性保护与再生性保护,刘著所及的"古籍保护"主要指向原生性保护中的古籍保存与保藏范畴。近十余年来,古籍的原生性保护取得了累累硕果,除了体现在实践操作角度上的革新,也表现在对实践工作的总结与整理愈趋完善。据学者统计,"中华古籍保护计划"实施的前十年,就有如下产生一定影响的重要著作:《档案文献遗产保护理论与实践》(周耀林,2008)、《中国古代文献保护研究》(林明,2012)、《文献保护与修复》(林明、周旖、张靖等,2012)、《档案文献遗产保护》(周耀林、戴旸、林明等,2012)、《云南少数民族古籍保护研究》(沈峥,2012)、《中国古籍装具》(陈红彦、张平,2012)、《古籍修复案例述评》(张平、吴澍时,2012)、《中国少数民族古籍保护与发展报告(1982—2012)》(黄建明、邵古,2013)、《中国古籍修复与装裱技术图解》(杜伟生,2013)、《古籍修复与装帧》(潘美娣,2013)、《古籍修复技术》(童芷珍,2014)、《古籍保护原理与方法》(刘家真,2015)、《中国古代文献的保护》(王国强等,2015)、《历史文献修复保护理论与实践》(陶建强、陶伟成、陶仁和,2015)、《北京非物质文化遗产传承人口述史:肄雅堂古籍修复技艺》(汪学军,2015)、《档案学视野下的东巴古籍文献遗产保护研究》(胡莹,2016)[5]。

虽然在概念上,古籍保护已经包含了古籍修复,但在上述成果之中,"保护"

与"修复"却常被当作两个并列的重要主题。这是因为在很多研究中,古籍保护更多地偏指古籍保藏。虽然也有林明、周旖、张靖等合撰的《文献保护与修复》[6]等试图覆盖"保护"与"修复"两大主题,但多数学者还是选择将两者分割或有所侧重地加以讨论。

林明的《中国古代文献保护研究》[7]主要以中国古代的文献保护方法为研究对象,从制作、收藏、修复三个角度切入。尤其在收藏角度,林著注意到了以往研究中被相对忽视的建筑与装具,并对古代藏书机构的建筑、装具进行了分类讨论和案例剖析。尽管有此等创见,但林著还是没完全摆脱"有技术,没科学"的局限,技术的描述已臻详尽,原理的解说却有所不足。此外,由于主要针对"古代文献保护"展开论述,对于先进技术和前沿趋势的预见与展望难免有所缺失。王国强等合撰的《中国古代文献的保护》[8]也有同样特点,作为"中国图书文化史"丛书中的一种,此书触及了包括古籍修复在内的古代文献保护各个方面,但同样未能深入探索科学原理和引介先进技术。

除了前面所引,有关古籍保护工作的论著还有梁爱民、向辉合撰的《古籍保护工作概论》[9],此书具有更开阔的视野和大局观,运用历史的眼光,综观国内外古籍保护研究的相关情况,从古籍保护事业的发展历程入手总结过去的经验,对未来发展的可能方向做出了展望。但是,此书在技术层面的理解与分析较为浅显,无法深度揭示技术方法背后的科学原理,这也在一定程度上削弱了书的可信度,容易被指为未脱"经验之学"的窠臼。

综上,相比于同时期相关研究,刘家真著《古籍保护原理与方法》以其对古籍保护技术的科学分析独树一帜。然而,对于技术层面的深入分析,也或多或少掩盖了作者在拓宽研究视阈与发掘理论深度方面所做的努力。实际上,作者虽然以雄厚的传统与现代技术作为基础,但也没有忽视理论的归纳与总结。刘著对技术原理的分析、对未来趋势的前瞻、对理论基础的建设都做了很多工作,并运用了大量图表和案例。这些优势,使刘著问世后立即受到学界的高度关注,短短数年间已经启发了很多学者的相关研究。例如张诺、陈潇俐从古籍除霉角度对刘著进行了发挥[10],李晶、贾智慧、李玉虎从木质装具使用角度对刘著的实验与结论进行了延伸[11],闫智培、田周玲、易晓辉从冷冻杀虫法和纸张耐久性的关系角度验证了刘著结论的正确性[12]。除了这些从纯技术层面对刘著的拓展,杨敬还沿着刘著理路提出应"及时调整古籍库房环境、理性看待古籍修复热潮、切实解决管理过程中的实际矛盾",以"促进古籍原生性保护可持续性发展"[13]。这些都足以证明,刘著试图实现的实践性与指导性相结合的目标,已经在短期内产生了一定效果和影响。

虽然刘著已然产生了积极的影响,在学术史上起到了收束已有研究、启发新研究模式的作用,但其也不乏可以讨论之处。如刘著可能出于提高针对性的考虑,明确排除了古籍修复及相关内容,但是古籍保存毕竟不能等同于古籍保护,刻意搁置古籍修复以及再生性保护内容,是否会导致古籍保护逻辑链的断裂?这恐怕是需要探讨的。特别是此书名为"古籍保护原理与方法",而讨论的内容非但未能体现古籍再生性保护,而且在原生性保护方面也只顾及古籍保藏这部分内容,这可能会让一般读者误以为保藏与修复的原理与方法是互相孤立的。尤其是考虑到古籍修复同样需要着眼古籍用纸的物理和化学属性,还有古籍修复之后也存在保藏问题,因此保藏与修复之间关系的紧密显而易见,很难完全割裂开来。回避修复这一问题,使刘著的部分篇章显得言而未尽。如涉及防治虫霉之害的章节,详尽地讨论了灭虫、除霉、防蠹的方法,却偏偏未提及被虫霉破坏的古籍如何修复,这不能不说是个遗憾。另外有待考察之处是,刘著推荐和设计的最佳保藏方案是否能够在实际工作中充分使用。尽管作者反复论证了最佳方案在理论上的可行性,也试图把资金因素等最为现实的问题考虑在内,但是古籍保藏单位尤其基层古籍保藏单位的条件千差万别,许多单位古籍保藏条件的落后、实施理想方案的难度可能会远超出作者预想。如何把理想方案落实到现有条件上,因地制宜地展开古籍保护工作,同样是需要深入探讨的问题。

(凌一鸣,天津师范大学古籍保护研究院讲师)

参考文献:
[1]陈红彦,刘家真.我国古籍保护事业可持续发展思考[J].中国图书馆学报,2012,38(2):107-116.
[2]刘家真.文献保护学[M].武汉:武汉大学出版社,1990.
[3]刘家真.从传统中走出——论文献保护发展的方向[J].中国图书馆学报,1999(2):21-23.
[4]刘家真.古籍保护原理与方法[M].北京:国家图书馆出版社,2015.
[5]王国强,石庆功.十年来中国古籍原生性保护技术研究综述[J].图书馆理论与实践,2017(12):29-33,60.
[6]林明,周旖,张靖,等.文献保护与修复[M].广州:中山大学出版社,2012.
[7]林明.中国古代文献保护研究[M].桂林:广西师范大学出版社,2012.
[8]王国强,等.中国古代文献的保护[M].武汉:武汉大学出版社,2015.
[9]梁爱民,向辉.古籍保护工作概论[M].北京:北京燕山出版社,2012.
[10]张诺,陈潇俐.纸质文物霉斑清洗效果研究[J].中国文物科学研究,2018(4):70-74.
[11]李晶,贾智慧,李玉虎.松木装具对档案纸张的影响研究[J].档案学研究,2018(3):100-108.
[12]闫智培,田周玲,易晓辉,等.冷冻对纸张耐久性影响的研究[J].纸和造纸,2018,37(2):28-32.
[13]杨敬.论古籍原生性保护的可持续发展[J].新世纪图书馆,2018(12):44-47.

《海峡两岸中华古籍保护论著提要(2011—2015)》说略

A Brief Introduction of *The Abstracts of Research Papers and Works on the Protection and Conservation of Ancient Chinese Books Published in the Mainland and Taiwan (2011-2015)*

王永华

摘 要:本文从《海峡两岸中华古籍保护论著提要(2011—2015)》编纂工作的缘起开始,叙述了该书的收录范围、收录文献的类型、分类情况、核心作者及其主要研究方向,并从古籍修复人才培养、古籍存藏环境和修复方法三个方面,透视了该书收录的有关古籍保护研究论文著作的核心内容。

关键词:《海峡两岸中华古籍保护论著提要(2011—2015)》;古籍保护;提要

中国古代有"四大发明",其中"造纸术"和"印刷术"两项都与书籍相关。古人对知识的渴望和对书籍的需求,催生了优质的文字载体——纸张,通过对在纸张之上更为便捷地加载文字技术的不断探求,华夏文明进程中产生了浩如烟海的古代典籍和丰富多彩的书籍文化。古籍——这两个连在一起的汉字,在中国人的印象中,就是记录中国古代文明的代名词。当我们读懂古籍中的文字时,就如同时空穿越一般,古人的思想就会呈现在我们的脑海中,无形之中给我们打开一扇探寻自己过去的窗户。但是,纸质文献具有易得也易失的特点,保存下来的古籍虽然数量仍然很庞大,但是与历史上实际存在过的书籍相比,有学者认为存者不到十分之一,许多孤本异椠只能在文献记载中了解一二。因此,对于传世的古籍,如何做好保护工作,将珍贵文献传承下去,便显得尤为重要。

一、编纂工作的缘起

2007年发布的《国务院办公厅关于进一步加强古籍保护工作的意见》(国办发〔2007〕6号),提出实施"中华古籍保护计划",2016年又将"中华古籍保护计划"的实施列入中国第十三个五年规划的100个重大工程及项目,体现了国家非常重视古籍保护的战略意图。古籍保护工作因此得到大力推动和长足发展,也取得了重要的阶段性成果,有关古籍保护的论文、论著不断涌现。

2015年4月,应台湾古籍保护学会邀请,中国古籍保护协会会长,国家图书馆副馆长、党委副书记兼纪委书记刘惠平率团赴台参加"第四届古籍保护与流传学术研讨会"和"第一届海峡两岸古籍高峰论坛"。与会期间,海峡两岸专家学者一致认为,为推动中华古籍保护,加强两岸交流合作,应该策划一些实质性的合作项目。会议就共同编纂《海峡两岸中华古籍保护论著提要》达成共识[1]。

在国家古籍保护中心的重视和支持下,中国古籍保护协会承担了该项目的立项和编纂出版等具体组织工作。中国古籍保护协会秘书处对编纂工作进行了认真调研,于2015年7月组织召开第一次编纂工作专题研讨会,来自国家图书馆、上海图书馆、复旦大学图书馆、天津图书馆、中国古籍保护协会以及台湾古籍保护学会的专家就编纂目的、收录原则、收录范围、著录项目、编纂体例、名称署名等进行了认真的讨论,并确定了相关原则。第一辑计划收录2011年至2015年海峡两岸发表的与古籍保护有关的论文、论著。第一辑出版后,视实际情况再制订其他年度编纂计划。中国古籍保护协会和台湾古籍保护学会分别负责收集大陆和台湾地区论文、论著,然后合并编辑,分别出版[2]。

2017年7月,《海峡两岸中华古籍保护论著提要(2011—2015)》(以下简称"《提要(2011—2015)》")已经由国家图书馆出版社正式出版,受到古籍保护领域相关人士的欢迎。笔者作为编委会成员之一,有幸参与了文献资料的收集和筛选、著录标准的统一与规范、文字内容的校对与修正、条目顺序的编排与调整等工作。在近两年的时间里,对书中所收录的2011年至2015年海峡两岸发表的与古籍保护有关的论文、著作,有了初步的了解和认识。在此,谨就全书内容做简要叙述。

二、收录范围

关于《提要(2011—2015)》的收录范围,在立项之初的第一次编纂工作专题研讨会上,与会专家已经给出明确界定,就是2011年至2015年海峡两岸发表的与古籍保护有关的论文、著作。但是,"古籍保护"这个概念却有广义和狭义之分。如果从广义的范围来看,凡是涉及古籍的论文、著作都具有古籍保护的属性;如果从狭义的范围去理解,古籍保护又可以分为原生性保护和再生性保护。原生性保护是不改变文献的原始特征和载体形式的保护,主要对古籍原本进行妥善保存和修复;而再生性保护是改变文献的原始特征和载体形式,进而对文献内容进行保护的一种方式,这里主要指的是对古籍进行影印、数字化和整理出版等情况[3]。不可否认的是,有人认为只有对古籍原本进行妥善保存和修复,也就是狭义范围内的原生性保护,才是真正的古籍保护。经过探讨,专家承认这里所说的原生性保护是古籍保护的"核心内容",但也认同凡是涉及古籍的论文、著作都具有古籍保护的属性,所以,收入《提要(2011—2015)》的内容尽量从广义上更全面地收罗殆尽,以全面反映古籍保护的研究成果。

三、收录文献的类型

根据《提要(2011—2015)》收录古籍保护文献的不同载体,我们把它们分为专著和论文集中的析出文献、论文集、学位论文、期刊文章、报纸文章、专著等六种类型。当然,从文献的本质属性看,也可以将"专著和论文集中的析出文献"与"期刊文章"合并为"论文"一种;而我们这里收录的"学位论文",大都篇幅较长,一定程度上具有"专著"性质,也可把它们与"专著"合并为"著作"一种。下面是我们根据收录文献的六种类型进行的分年统计(见表1)。

表1

文献类型	年份					总计	占比(%)
	2011	2012	2013	2014	2015		
专著和论文集中的析出文献	43	43	75	30	79	270	7.00
论文集	10	13	12	15	16	66	1.71
学位论文	66	55	53	50	19	243	6.30
期刊文章	527	658	589	636	566	2976	77.16
报纸文章	8	18	21	13	9	69	1.79
专著	52	45	51	53	32	233	6.04
总计	706	832	801	797	721	3857	100

从表1的分年文献总计中,我们不难看出,2011年至2015年这五年,每年古籍保护文献的出版和发表数量变化不大,基本维持在相对平稳的状态。而从文献类型的占比数量看,论文占84.16%,著作仅占12.34%。不过,著作占比虽然不高,数量相对较少,但是每种著作分量较重,更不容忽视。

四、收录文献的分类

《提要（2011—2015）》在立项之初，是计划要对收录文献进行分类的。本书收录的文献总量高达3857种，如果进行有效分类，使主题相同的条目相对集中，就会令全书条理更加清楚，更方便读者阅读和使用。但是，我们经过尝试，发现分类比较困难。首先是难以准确立目，在古籍保护这同一主题内容范围内，再准确区分出不同的子主题是无法做到科学合理、眉目清楚的。其次，文献内容也难以准确区分和界定。也就是说，即便我们对古籍保护这一主题内容强行区分出不同的子主题，而对具体的条目进行分类时，每个条目大多会涉及多个子主题，内容交叉的情况会比较多，也很难归入准确和单一的类目。因此，本书最终没有采取分类的编排形式，而是采取了以条目汉语拼音排序的方法。前期我们对条目的分类虽然不尽科学准确，无法实际应用于编辑之中，但是笔者认为，对条目粗浅地分类，对了解本书所收文献的全貌还是有所帮助的，因此这里将前期进行的条目分类进行了统计归纳（见表2）。

表2

类别	数量	占比（%）
一、古籍保护综述	589	15.27
二、古籍普查与编目	211	5.47
三、古籍定级与《珍贵古籍名录》	47	1.22
四、古籍修复人才培养	109	2.83
五、古籍存藏环境	35	0.91
六、古籍修复	199	5.16
七、古籍再生性保护	605	15.69
八、古籍标准规范化建设和保护条例	36	0.93
九、少数民族古籍保护	245	6.35
十、海外中华古籍保护	44	1.14
十一、古籍保护推广	32	0.83
十二、古籍研究	1458	37.80
十三、中医古籍	247	6.40
总计	3857	100

五、收录文献的核心作者

在不考虑本书收录的论文与著作分量悬殊的情况下，将其作为单一条目看待，只对第一作者进行条目数量的统计，结果显示拥有条目在8条及以上的核心作者共 8 位(见表 3)。

表 3

序号	作者	作者单位	条目数量
1	毛建军	河南新乡学院文学院	21
2	葛怀东	金陵科技学院人文学院	12
3	梁永宣	北京中医药大学	11
4	徐忆农	南京图书馆	11
5	杨东方	北京中医药大学基础医学院	11
6	张伟娜	中国中医科学院中医药信息研究所	9
7	陈东辉	浙江大学汉语史研究中心	8
8	胡　露	韩山师范学院图书馆	8

笔者对这 8 位核心作者的论文和著作涉及的主要关键词进行归纳，并总结了他们有关古籍保护研究的主要方向。

毛建军论文的主要关键词为：古籍、版本、古籍数字化、电子古籍、古籍电子文献学、古籍数据库、缩微、数字出版、著作权、知识产权，以及中国古典文献学、高校图书馆、课程建设等体现作者职业特点的内容。由此可见，毛建军有关古籍保护的研究主要集中在古籍数字化、古籍数据库和数字出版等古籍再生性保护的范围。

葛怀东论文的主要关键词为：古籍数字化、古籍数字资源、数据库开发、古籍整理、古籍目录学、学科建设、课程建设、教学体系、人才培养等。从这些主要关键词和论文主题可见，葛怀东有关古籍保护的研究主要集中在古籍数字化、古籍数字资源、数据库建设等方面。

梁永宣论文的主要关键词为：中医古籍、日本收藏。论文主题主要是对《金匮要略方》《千金要方》《千金翼方》等中医古籍的研究和日本各地收藏中医古籍图书馆的介绍。

徐忆农论文的主要关键词为：彩印版画、雕版印刷、活字印刷、古籍展演、推广阅读、古籍善本、金石目录、古籍版本等。其主要研究方向为古籍宣传推广、古籍印刷和古籍版本方面。

杨东方论文的主要关键词为：四库全书、四库全书总目、医家类、医籍提要、藏书家等。其主要研究方向为《四库全书·医家类》，包括对吴鞠通、劳树棠等参与《四库全书·医家类》编纂工作的四库馆臣的介绍等。

张伟娜论文的主要关键词为：中医药古籍、数据库、后控词表、数字化、中医历代典籍、中医药古籍资源数据库、古籍保护等。其主要研究方向为中医药古籍及其数字化和相关资源数据库的建设等。

陈东辉论文的主要关键词为：古文献学、藏书史、目录学家、版本学、古籍版本、中国文献学等。其主要研究方向为古典文献和版本、目录、书史方面。

胡露论文的主要关键词为：高校古籍室、藏书、四库全书总目与四库全书简明目录。其主要研究内容为高校图书馆古籍室工作及《四库全书总目》等提要补正等。

从以上8位核心作者的主要研究内容可以看出，他们的论文和著作较少涉及古籍原生性保护，即我们认为的所谓古籍保护的"核心内容"。

六、收录古籍保护研究论著的核心内容

本文仅从《提要（2011—2015）》收录的古籍修复人才培养、古籍存藏环境和古籍修复三个方面的论著，去透视本书有关古籍保护研究论著的核心内容。

（一）古籍修复人才培养

做好古籍修复的关键因素还是从事古籍修复的人，所以古籍修复人才培养是做好古籍修复工作的先决条件。本书共收录这方面的论著109条，占2.83%，平均每年不到22条。

翻阅这些论著，涉及关于古籍修复人才培养的内容有以下几个方面：一是古籍修复人才现状，包括修复人才队伍严重老化、古籍修复人才流失的原因、古籍修复师职业安全健康方面存在的问题；二是古籍修复人员应具备的基本素质，如王阳等提出，要做好古籍保护工作必须有良好的职业道德素养、精深的古籍保护专业知识、掌握一定的古籍修复技术、能够开展古籍再生性保护工作等[4]；三是古籍修复人才教育方面，包括我国文献保护与修复教育现状及特点、应用型古籍修复人才综合能力的培养、创新古籍修复人才培养模式、古籍修复人才培养的途径与对策、促进高等院校古籍修复专业的开设、加强古籍修复知识的交流与合作、中美文献保护与修复教育之比较等；四是加强古籍修复人才智力资源管理方面，包括优化古籍修复人才机制、修复职业认证制度等内容。

（二）古籍存藏环境

古籍存藏环境的优劣直接影响着古籍存世时间的长短，是做好古籍保护工作的必要条件之一。本书共收录这方面的论著35条，仅占0.91%，年均7条。对古籍存藏环境研究较少，可能是因为经过多年建设与投入，各家单位的存藏环境都有了明显的改善，对目前古籍存藏环境满意度提升，进一步研究创造更优环境

可能性减小，使得大家较少关注古籍存藏环境的研究。

归纳这些有关古籍存藏环境论著的内容，主要有以下几个方面：一是古籍藏书建筑设施方面，包括从古代藏书建筑探析古籍的保护方法、地方高校图书馆的古籍书库建设、基层图书馆古籍室的建立、古籍存藏环境的改造与扩建、文澜阁藏书楼建筑探析、古籍藏书安防监控系统设计等；二是古籍存藏中各种灾害的防护措施方面，包括古籍文献虫害发生的原因和防治、古籍的防霉与除霉、改变库房的环境解决古籍的霉变问题、超低温冷冻柜防治古籍的害虫、古籍存藏中植物防虫的应用、古籍防霉灭菌剂的筛选、古籍书库内的环境污染和防治等；三是中国古代书籍存藏方面，包括明清时期古籍的防蠹技术、中国古代文献存藏方法的现实价值等。

（三）古籍修复

古籍修复是做好古籍保护工作的关键一环，是关系到一部古籍图书存亡的最后防线，是在古籍已经出现损坏情况下所采取的补救措施。本书共收录这方面的论著199条，占5.16%，年均将近40条。古籍修复以手工技艺为主，属于操作性的技术工作，需要理论与实践相结合，进行归纳、总结、分析和论述，才能取得相应的研究成果，因此这个数量也算相当可观了。

综览这些有关古籍修复的论著，主要涉及以下几方面的内容：一是古籍修复基础理论方面，包括古籍修复伦理与实践、古籍修复理念的演变、古籍修复工作存在的问题等；二是古籍修复技艺和工作流程方面，包括古籍修复前的准备工作、古籍修复与装裱技术图解、传统古籍修复技艺与现代化、珍本古籍的修复、纸浆补书技术的推广、古籍六合套制作新技法、天然脱酸剂在古籍脱酸处理中的应用、中文古籍精装合订本的修复、拓片的保护性装潢等；三是古籍修复用纸方面，包括古籍修复用纸及纸库的建立、古籍修复用竹纸的现状与问题、古籍修复用竹纸性能的比较、纤维组分对古籍纸质老化的影响、中日韩修复用手工纸的比较研究等；四是古籍修复案例分析方面，包括《嘉兴藏》的修复案例分析、稿本《管子校释》修复纪要、袁同礼手稿修复个案说略、满文古籍修复实践、碑帖的修复案例等；五是古籍修复设施设备的建设方面，包括大型古籍修复设备的配建和应用、新型古籍修复案台的研制、古籍修复设备裱墙的制作与维护等。

七、结语

《提要（2011—2015）》编纂过程的第一步就是资料的收集。我们通过上网检索、调查馆藏和向作者征集等方式，尽量追求资料收集的完整性，希望全面反映

2011年至2015年这五年古籍保护的研究成果。但是,要想真正做到网罗殆尽是非常困难的,因此《提要(2011—2015)》虽然正式出版了,而编纂工作并没有结束,还要注意不断发现和补充,以便将来再版时充实内容。另外,虽然资料来源具有多样性,但我们尽量追求条目著录的一致性。港澳台地区条目的标准著录比较麻烦,繁体字在转为简化字时也容易出现问题,尤其是台湾等地的习惯词语在转换时会自动变成大陆的习惯词语,如:数位化→数字化、资讯→信息、线上→在线、演算法→算法、资料库→数据库、网际网路→因特网、注解→批注。还有文字转换时的固有问题,如:著→着、乾→干。所以,繁体字转成简化字后,需要与原文进行逐字校对。这是我们在进行条目著录规范和统一时遇到的相对比较棘手的问题。再有,前文提及本书采用以条目汉语拼音排序的编排方式,虽然我们编制了题名和著者索引,但未能实现以分类方式编排,这是本书编纂的主要遗憾,也是我们今后继续探索和努力的方向。

另外,正如《提要(2011—2015)》的"后记"所言,本书编纂过程中除在编委范围内征求意见外,还在古籍界征求多位专家意见。特别是浙江大学陈东辉教授,提供了近2000字的审读意见;刘家真教授、徐忆农研究馆员、谢水顺研究馆员等,把自己的研究成果提供给我们,使本书离资料收集完整性的目标更近了一步。目前,《海峡两岸中华古籍保护论著提要续编(2000—2010)》已在着手进行,我们期待通过经验的积累和总结,我们的编纂工作会做得越来越好。

(王永华,天津图书馆副研究馆员)

参考文献:

[1]刘惠平.中国古籍保护协会一届二次理事会议工作报告[EB/OL].[2016-5-6].http://www.nlc.cn/chinaabp/dtzx/xhdt/201606/t20160622_124276.htm.

[2]中国古籍保护协会秘书处.《海峡两岸中华古籍保护论文论著索引》编纂紧锣密鼓[EB/OL].[2016-3-31].http://www.nlc.cn/chinaabp/dtzx/xhdt/201603/t20160331_118073.htm.

[3]张秀华.浅析古籍原生性保护[J].科技情报开发与经济,2012(16):15-16.

[4]王阳,金英姬.对古籍工作人员素质培养的再认识[J].图书馆学刊,2014(4):26-28.

"黄装"技艺流程浅探

An Preliminary Analysis of Huang Pilie's Technique of Book Decoration

王雪华

摘　要:"黄装"是指曾经由黄丕烈递藏并整修过的古籍,其独特的装帧形式被后人习称为"黄装"。学者们对"黄装"的理解不尽相同。本文试图在黄丕烈藏书题跋文献中寻觅"黄装"整理修复的过程,且从还原"黄装"制作步骤入手,结合黄丕烈藏书题跋中有关"黄装"的相关记载,探索"黄装"技艺的价值和特点。

关键词:黄装;黄丕烈;装潢;古籍装帧

一、"黄装"的定义与理解

装潢,也称"装裱""装褫""装池""裱褙"等。《通雅·器用》对"装潢"一词有简明扼要的解释:"潢犹池也,外加缘则内为池,装成卷册,谓之装潢。"[1]

以现在的眼光来看,"装潢"一词除去可以指对古今书画作品的保藏,也可以指书籍的装饰与修复技艺。在我国的藏书历史中,有不少藏书家在书籍装潢领域做过探索,清代黄丕烈(1763—1825)就是其中典型的代表。

清乾隆时期著名藏书家黄丕烈的藏书生涯历时四十余年,其间收藏了大约两百多部宋版书和上千种元、明刻本以及大量的旧抄本、旧校本[2]。在收书藏书之余,黄丕烈还喜为所藏善本书籍撰写题跋。经历代藏书家、学者的整理汇总,现今可考的"黄跋"大约有八百余篇。据笔者统计,其中有164篇记录了古籍装潢的相关内容。黄丕烈在整理修复书籍过程中,逐步发展形成特定的装帧风格,后世习惯称之为"黄装"。但对"黄装"一词的具体理解,至今众说纷纭,莫衷一是。

大体来看,"黄装"有两层含义:一是指现存明确由黄丕烈装潢过的古籍善本,二是指一种特定的书籍装潢形式。而就"黄装"的形式特点而言,也有两种意见。据肖振棠和丁瑜《中国古籍装订修补技术》[3]一书提到的"黄装"具体装潢过程,它是蝴蝶装的一种做法,特点是"不浆背"。潘美娣《古籍修复与装帧》[4]和杜伟生《中国古籍修复与装裱技术图解》[5]两书都认为,习称"黄装"的装潢方法是蝴蝶装的"空浆背法"。尽管表述的方式不同,但究其实质,"黄装"的特点可以用两个关键词来概括——"蝴蝶装"①与"不浆背"。另一种观点则认为"黄装"是类似于"金镶玉"的一种装潢形式。金镶玉装又称"惜古衬""袍套装",是在书页里衬上一张比原书纸幅更大的纸张以达到保护原始书页的目的,就像给书穿上衣服。这种装潢形式的书籍在书页的天头、地脚和书脑部分都护有衬纸,旧的纸张通常颜色发黄,而新衬的纸张洁白如玉,看上去就像把金镶在玉上,故称之为"金镶玉"。可以看出,这两种理解并不是完全对立不相容的。本文拟在前人论述的基础上,侧重工艺流程的分析,给出对"黄装"的理解。

二、图解"黄装"

(一)"黄装"修复举要

如上所述,明确由黄丕烈所装修的古籍可被称为"黄装"。对这一类古籍,典型的例子是现藏于南京图书馆的黄氏旧藏《乐府新编阳春白雪》。

黄丕烈为此书撰写跋语说:"元刻《阳春白雪》,为钱塘何梦华藏书,矜贵之至,因其是惠香阁物也。……今展读一过,实餍我欲,虽多金,又奚惜耶?书仅五十一番,相易之价亦合五十一番,惜书之癖,毋乃太过。命工重装,并志缘起。"[6]659此跋语中只说明了此书经过他重新装潢,没有关于具体装潢过程的描述。但此书被公认为是"黄装"。南京大学图书馆邱晓刚先生曾撰《"黄装"略议》一文论述"黄装"特点,其中就以此书为重要例证。邱文认为此书装潢古雅,书页残损的地方修补技术高超,达到了整旧如旧的要求。关于此书的装潢形式,

---

① "蝴蝶装"的制作方法最早在《明史·艺文志》中就已提到:"秘阁书籍皆宋元所遗,无不精美。装用倒折,四周外向,虫鼠不能损。"其中的"装用倒折,四周外向"说的就是蝴蝶装。《书林清话》载:"蝴蝶装者,不用线钉,但以糊粘书背,夹以坚硬护面,以板心向内,单口向外,揭之若蝴蝶翼然。"倒折书页是蝴蝶装的一个重要判断依据,也是其制作过程中的一个重要步骤。

邱文分析具体的修补方法是:"首先将书页溜口补洞或缺损,将出边纸条溜于书页的四周,使出边纸与书页成为完整的一体,出边纸条宽窄自定,然后在修补好的书页背后托上一页与修补后的书页大小一样的薄纸;再用与此大小一样的纸对缀后覆于书页背后待用,在每页书脑处用稀浆糊粘实,书口内缀,最后将全书每页从书脑处粘实、裁齐;再包上封面,一部完整的所谓'黄装'古籍将做成。"[7]此处更多的是强调装潢过程中,在托裱的基础上按比例粘接天地和书口。

另一种"黄装"是今人模仿黄丕烈的装潢之法去修复古籍,典型的例证是国家图书馆对元刻本《唐律疏议》残页的修复。该书不是黄丕烈所藏或者装潢过的古籍,原本是蝴蝶装,为了不伤版心,修复者将修好的残页改成更合适的"黄装"样式。修复者崔志宾先生提到具体的操作办法:"将压平的书叶按照蝴蝶装形制折好,以'前三后二'的规制加护叶(构皮纸与超薄桑皮纸托就)。蹾齐书脊,上压平机压两天左右。然后将压好的书叶用裁纸机按照原书第一函33.7×19.7厘米尺寸裁切(地脚处留1毫米左右,以便更好地保护原书),裁好后,用稍稠的浆糊以平均距离在每页版框左右两侧的背面点上三四点,继续夹板上压平机压一周。……尺寸裁成比原书四周宽1厘米的回折余边并留出书的厚度。待书压平整后,四边包边扣皮。因要装为'黄装',因此书脊处不浆背。"[8]崔氏对修复的记录体现了"蝴蝶装"和"不浆背"两个特点。

综合以上两种情况,可简要归纳出两者的共性:其一,书籍展开仍然是蝴蝶装的样式;其二,不浆背。以下即以此为主要标准,体会黄丕烈记录的装潢手法,并结合笔者的具体实践,尝试还原"黄装"的工艺流程。

(二)"黄装"步骤解析

由于笔者并未亲见"黄装"书籍,故此在前人研究的基础上加以分析,对其进行再探析。笔者尝试通过以下两种形式展示"黄装"的工作流程:其一是对传统蝴蝶装的改进,其二是出边纸条衬四围。下面分而述之。

1.第一种形式

选择合适的纸张作为书页,开料,喷水,压平。折口向里,蹾齐。然后在两张书页背面书口部位点浆粘实(图1至图5)。

图1　回折书页

图2　蹾齐

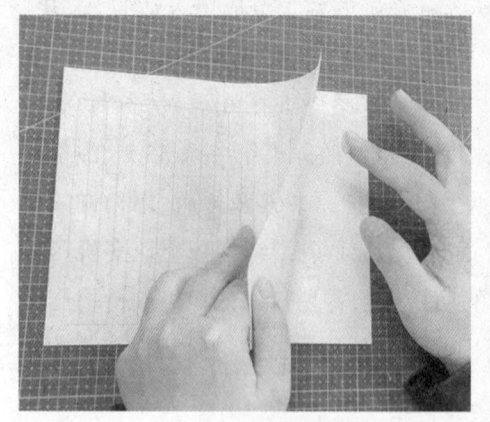

图3　点浆粘背

图4　上书皮

图5　打开效果

2.第二种形式

开料和喷水、压平步骤与第一种形式相同。选择颜色与书页相近或者稍浅的纸张,裁出宽窄合适的纸条溜于四周,使其与书页粘接成一体。在书页背面托上一张较薄的相同大小的纸张。将书页折口向里,蹾齐。最后裁切,包背。书脊处不浆背(图6至图11)。

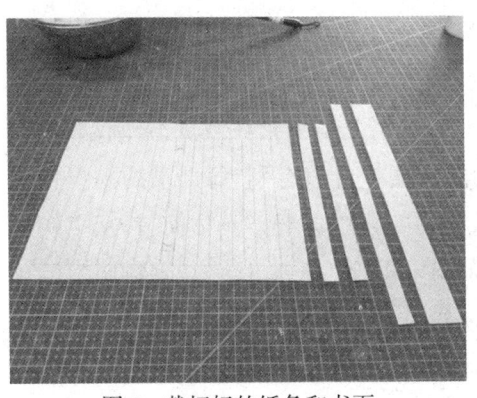

图 6　裁切好的纸条和书页 　　　　　　图 7　接四边

图 8　托纸 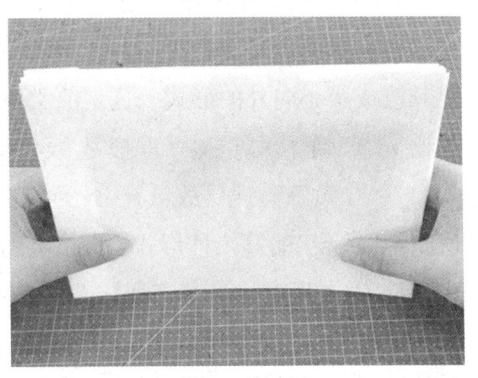　　　　　　　　　　　　　图 9　蹾齐

图 10　打开效果 　　　　　　　　　　图 11　外观

三、结语

　　以上是笔者在前人研究、实践的基础上，总结并区分对"黄装"的不同认知，进而尝试复原"黄装"的工作流程，希望能发掘其中技艺的特点，有助于今后的古籍修复工作。下面结合《黄丕烈藏书题跋集》中提及的书籍重装情况做简单的总结。

　　《黄丕烈藏书题跋集》提到，经过黄氏重新装潢的书籍约有百余部。黄丕烈所指出的古籍重装原因可大致分为：墨敝纸渝；虫蠹；水浸；俗工装潢；补全所阙，合装全璧等。黄跋更提及书籍重装的不同情形：一部分请专业手工匠人装潢，另有一部分乃黄氏请托好友修补、重装，还有一种情况是书籍在被黄丕烈收藏之时已被重新装潢。由于不同书籍的文物属性和文献价值有别，每部书的破损情况也不相同，故不同书籍所采用的装潢方式也有一定的差异。具体而言：从书籍的版式来说，书品宽大的书不能跟书品小的书用相同的处理方法；从书籍版本的优劣来说，宋元善本的修复肯定与普通古籍不同；从书籍的装帧形式来看，蝴蝶装和旋风装的书籍修复方式也不能等同。例如《湘山野录》跋云："后来装潢穿线过进，遂灭此一行……爰重装之，使倒折向内，览之益为醒目云。"[6]323 该书在装订的时候书脑部位过宽，订线过近，导致展开时有一行字迹不能览阅，所以黄丕烈将其改成版心向外的形式。这是前文所述"黄装"的第一种形式。又如《梅花喜神谱》（宋刻本）跋云："重搜故纸付装池。（装工有宋纸条，今取之以副四围。）"[6]770 黄丕烈搜寻故纸补书，为其装书的装工有宋纸，遂用其整书，即是上文所归纳"黄装"的第二种形式。但需要特别注意的是，以"不浆背"和"蝴蝶装"作为标准，并非所有经过黄丕烈装潢的古籍都能够被称为"黄装"。

黄丕烈对古籍装帧和修复技术的创新，让"黄装"成为我国古籍修复史上的特殊类型。他处理不同书籍时的审慎态度和精益求精的工艺要求，值得当代古籍修复工作者借鉴。

（王雪华，天津师范大学古籍保护研究院2017级研究生）

参考文献：
[1] 方以智.通雅[M].北京：中国书店，1990：385.
[2] 姚伯岳.黄丕烈评传[M].南京：南京大学出版社，1998：21.
[3] 肖振棠,丁瑜.中国古籍装订修补技术[M].北京：书目文献出版社，1980：85-86.
[4] 潘美娣.古籍修复与装帧(增补本)[M].上海：上海人民出版社，1993：217.
[5] 杜伟生.中国古籍修复与装裱技术图解[M].北京：中华书局，2013：62-63.
[6] 黄丕烈.黄丕烈藏书题跋集[M].余鸣鸿,占旭东,点校.上海：上海古籍出版社，2015.
[7] 邱晓刚."黄装"略议[J].江苏图书馆学报，1998(1)：55-56.
[8] 崔志宾.元刻本《唐律疏议》残叶修复记要[G]//国家图书馆善本特藏部.文津学志：第9辑.北京：国家图书馆出版社，2016：350-357.

编后记

王振良

国家古籍保护中心主办的《古籍保护研究》，本辑起转由天津师范大学古籍保护研究院承办。我们希望这不仅仅是承办单位的转移，内容也冀望能在前三辑基础上更上层楼。为此研究院经过多方协调，对编委会进行了充实，对编辑部进行了强化。《古籍保护研究》第四辑，就是顾问、主编、编委、编辑以及作者通力合作的成果。本辑共刊出稿件16篇，根据古籍保护工作的特点，分别纳入8个栏目。

"古籍保护综述"栏目刊文2篇。周和平《近年来我国古籍保护工作的探索与实践——在中国古籍保护协会2019年度理事会辅导讲座上的主题报告》，作者以文化部原副部长身份高屋建瓴，从宏观角度缕述了近年我国古籍保护的主要工作、当前古籍保护工作存在的问题，并对今后古籍保护工作提出建议和设想。文章针对当前一些地方对古籍保护的重要性认识不够、重申报轻保护、动员社会力量参与不够、古籍整理和挖掘力度不够等四方面的问题，提出进一步完善鼓励社会力量参与古籍保护的政策支撑体系，尽快搭建社会参与平台，形成有效的工作机制，营造良好的社会氛围，鼓励各地开展创造性探索等建议，以充分发挥社会力量在古籍保护工作中的重要作用。刘惠平《"中华古籍普查文化志愿服务行动"的收获与启示》重点回顾并介绍了"中华古籍普查文化志愿服务行动"的过程与意义、收获与启示，为今后活动的深入展开提供了有价值的参考意见。

"探索与交流"栏目刊文1篇。姚伯岳《关于在高等教育学科专业目录中增设"文化遗产保护"学科门类的建议和设想》认为,国务院学位委员会和教育部历年来制定颁布的各种版本高等教育学科专业目录中,都没有对文化遗产保护相关学科的完整设置,也见不到"非物质文化遗产保护""古籍保护"字样,这是学科设置的严重缺失。建议在今后修订目录时,在现有13个大的学科门类之外另设名为"文化遗产保护"的新学科门类,并在其下设置"文物保护与博物馆学""非物质文化遗产保护""古籍保护"三个学术学位一级学科,以扭转目前高等教育体制不能有效培养文化遗产保护专业人才的困局。这些建议对推进文化遗产保护学科建设具有重要启发和参考意义。

"历史与人物"栏目刊文2篇。向辉《王重民先生1939—1949年的古籍保护实践》围绕1939年至1949年王重民先生在古籍保护事业、古籍调查研究方面的实务,结合时代背景探寻了其研究进路和学术愿景,揭示了其在古籍保护领域发挥的开拓性作用,认为王重民是现代古籍保护工作早期的重要探索者和实践者,以一己之力为古籍保护事业做出奠基性贡献,在古籍编目、古籍整理、古籍研究、人才培养、海外古籍保护与合作等方面均留下宝贵经验。文章利于我们重新审视王重民这位图书馆学家的多方面贡献。赵爱学《国家图书馆藏〈永乐大典〉的旧藏印和旧藏家》根据国家图书馆藏嘉靖本《永乐大典》224册的收藏印鉴和题记,对相关藏家如徐世昌、张元济、冯恕、陶湘、袁克文、方尔谦、傅增湘、刘承幹、徐世章、周叔弢、祁寯藻、李宗侗、刘驹贤、胡若愚、徐伯郊等进行简要考述,对研究存世《永乐大典》递藏过程具有指引意义。

"版本与鉴定"栏目刊文3篇。李开升《明中期苏州新型版刻风格起因考》指出,明中期以苏州为中心出现的新型版刻风格是明代版本史乃至中国古代版本史重要转折的标志,但对于这一变化的起因,前人多认为与明代文学复古运动有关。本文则认为明中期苏州兴起的对宋版书的收藏、赏鉴之风以及由此引起的书籍审美趣味变化,才是新型版刻风格出现的直接动力。文章引证详明,见解可靠,堪称版刻风格演变研究方面的力作。崔晓琳《河南博物院藏〈佛母大孔雀明王经〉来源及时代考述》考察《佛母大孔雀明王经》的刊刻时代,王沛《孔子博物馆藏〈乾隆御定石经〉初拓本的论证及价值》考察《乾隆御定石经》初拓时间,均为版本著录及后续研究提供了重要依据。

"保藏与修复"栏目刊文4篇。刘家真《古籍写印材料的保护与修复:传统与现代》从晾晒、虫害防治、浆糊制作、装具用材四个方面,介绍古代藏书论著中留存的相关信息和文献保护方法,主张以"扬弃"的态度对这些保护方法进行适用性分析，以便从现代科学角度更好地指导当代古籍保护工作。汪帆《从"非遗"手工纸的现状看古籍修复用纸的选购》通过对国内"非遗"手工纸的抽样检测和调研，发现纸品pH值整体偏高，符合要求的不足三分之一，明显影响古籍修复质量。因此选购修复用纸一定要对纸品进行检测，不能光凭经验用事。吴晓云《古代地图的特性与修复案例分析——以北京大学图书馆藏舆图修复为例》基于北京大学图书馆藏两百余幅古代地图的修复实践，对多种地图的修复材料与技法进行了扼要总结，并对典型修复案例的整体修复流程及采用的分段托裱、局部修复等重要技法进行了详细阐释，总结出古地图修复工作中"因'材'制宜""融会贯通""灵活创新"三要素。以上3篇文章对古籍修复都有很强的现实指导意义。刘繁《十年来中国古籍书库研究情况概述》则针对2007年至2017年间有关古籍书库研究的论文进行梳理，总结了十年来所取得的成绩和不足，并就未来古籍书库建设和研究提出建议。

"再生与传播"栏目刊文1篇。赵大莹等《我国古籍文创产品开发现状调研报告——以古籍元素研发的实体文创为中心》通过国家图书馆古籍馆文创开发实践以及对同业的调研，总结了文创产品研发和销售的经验教训，为今后探索古籍元素文创产品的可持续性发展提供了借鉴。由此路径行进，可促进古籍保护工作向社会经济领域延伸，推动全社会对古籍保护工作重要性的认同。

"书评与书话"栏目刊文2篇。凌一鸣《收束与发端——刘家真著〈古籍保护原理与方法〉平议》评述对象是国家古籍保护中心规划出版的古籍保护系列教材之一，其目的是用于古籍保护及纸质文物保护的教学与工作实践。文章指出该书以对技术原理的分析和评价为主要特色，同时通过大量图表及案例，力图建立最为优化的古籍保护技术体系，认为其问世既从技术角度对以往研究进行了总结与收束，也给相关从业者提供了科学依据与思路启发。王永华《〈海峡两岸中华古籍保护论著提要（2011—2015）〉说略》从编纂缘起谈起，叙述了该书的收录范围、文献类型、分类情况、核心作者及其主要研究方向，并从古籍修复人才培养、存藏环境和修复方法三个方面，透视了书中收录的有关古籍保护研究论文著作的核心内容。凌、王的评述和介绍，为了解古籍保护的科学方法和研究方向提供了导航。

"研究生园地"栏目刊文1篇。王雪华《"黄装"技艺流程浅探》在前人基础上重新定义了"黄装"，通过细读黄丕烈藏书题跋文献，寻觅"黄装"的修复过程，还原"黄装"的制作步骤，最后还结合黄跋的相关记载，探讨了"黄装"技艺的价值和特点。

综观全书 16 篇文章,虽然乍看跨度较大,指向各异,但皆从各自视角探讨了古籍保护不同维度的问题,或对整体工作推进提出建议,或对具体保护修复方法予以详解,或对相关人物或版本进行考辨,或对理念的社会传播提供鉴戒……无论何种路径,其宗旨则始终不离"古籍保护"四字。

书稿即将付梓,略书编后观感如上,未妥之处望方家正之!

最后,还要感谢大象出版社的通力合作以及编辑和校对人员的精心编校!

2019 年 12 月 3 日

征稿启事

《古籍保护研究》集刊的编辑出版，旨在推行"中华古籍保护计划"，为古籍保护工作者搭建一个交流古籍保护工作与业务研究成果的平台，广泛宣传古籍保护工作重要意义，总结先进工作经验，及时发表古籍保护研究成果，推进并指导古籍保护工作向纵深发展。

本刊由国家古籍保护中心主办，于2015年底正式创办出版，定为每半年一辑，一年出版二辑，每辑分别在6月和12月出版。兹特向古籍保护工作者正式约稿，并将有关要求公布如下，敬希贤达赐文或推荐佳作。

一、征稿范围及栏目设置

凡与"中华古籍保护计划"业务有关、属于古籍保护新研究成果者，均在征集之列。每辑根据来稿内容和数量，设定相关栏目，计有古籍保护综述、探索与交流、历史与人物、普查与编目、版本与鉴定、保藏与修复、再生与传播、书评与书话等栏目。

二、基本要求

1.本刊要求稿件须为原创文章，论点明确，层次清楚，结构严谨，文风朴实。

2.篇幅一般为5000~10000字，有关古籍保护方面的重要工作和重要研究成果及特邀稿件不受此限。

3.论文层级一般为三级，采用"一、(一)、1"的形式。文章结构为：文章标题（请附英文标题）、作者姓名、摘要（100~300字）、关键词（3~5个）、正文、作者介绍。作者介绍包括姓名、工作单位、职称或职务、联系地址、邮政编码、电子邮箱及电话等信息。

4.来稿请用简化字,避免简繁字转换时引起的舛误。

5.正文用五号宋体,单倍行距;文章标题用三号宋体加粗,居左;作者姓名用小四号仿宋,居左;小标题用小四号宋体加粗;参考文献与注释用小五号宋体。

6.论文中首次涉及的帝王年号,应在括号内标注公元年份。如:光绪五年(1879)。首次涉及重要的外国人名,应在括号内标注西文原名及其生卒年。如:保罗·伯希和(Paul Pelliot,1878—1945)。

三、参考文献与注释

(一)参考文献

参考文献列于文后,著录格式请遵照《信息与文献 参考文献著录规则》(GB/T 7714—2015)的要求,如:

[1]张志清.在图书馆设立典籍博物馆的思考[J].中国图书馆学报,2012,38(6):4-13.

[2]郑樵.通志二十略:上[M].王树民,点校.北京:中华书局,2009:667.

[3]王晓平.日本古写本中的省字与讹字研究[G]//王晓平.国际中国文学研究丛刊:第6集 写本学研究专号.上海:上海古籍出版社,2018:46-72.

[4]王夫之.宋论[M].刻本.金陵:湘乡曾国荃,1865(清同治四年).

(二)注释

注释采用页下注的形式,当页连续编号,均用圈码(①②③……)表示。

四、投稿事宜

请将电子稿件发至gjbhyj2018@163.com,邮件主题注明"《古籍保护研究》投稿"字样。编辑部将于60日内给出处理意见,严禁一稿多投。来稿一经刊用,即按本刊标准支付稿酬,出版后另寄赠样书一册。

五、联系方式

邮箱:gjbhyj2018@163.com。

《古籍保护研究》编辑部
2019 年 12 月 3 日